U0137087

11
傳世經典

南華真經正義

天籟何聞，火傳何指，飛鵬何自夢蜨，何因道德之旨微矣，逍遙之說繼焉，揆厥大端其說有二，乾坤其運處乎，日月其推行乎。

陳壽昌 輯

南華真經正義

識餘附

光緒十九年仲
春怡顏齋開雕

重印南華真經正義記

張起鈞

南華真經正義，清陳壽昌著。清人注莊者無慮數十家，大抵均承乾嘉之習，長於校詁，而昧於理趣。以是工力雖深，每為捫象之談；卷帙雖鉅，竟多還珠之櫝。欲求一既解文義、復通風旨者，殆不可得。有之，其唯陳氏此著乎？

陳氏思想超逸，妙通玄理，深得莊生之正旨。故劉錦藻、清朝續文獻通考曰：「壽昌是論，發明本義，語不離宗。雖明心見性之旨，間或證以釋家言，然詮釋雖同，宗旨自別矣」。可謂公允至當之論也。

然是書原係陳氏自行鏤印，分贈友好者；以是流傳不廣。加之書甫問世，陳氏人歸道山，家遭洗刼，拳亂之後，文物蕩然；而書之傳流益希矣。今中原板蕩，播遷來臺，遍覓其書，僅中央研究院存一孤本而已。（按：錢賓四師「莊子纂箋」所引用者，即為據此孤本）。書丁五厄，曷勝浩歎。曾數發心重印，以續絕學，終未遂願。今夏吳怡來舍，盛讚此書之佳；而其：「語同老、列、者，注明出處；希見之字，附以音讀」，尤大有助於後學。因力主重印，以彰前賢，而存名著。陳氏，余之外曾祖也。吳君尚熱誠如此，況余忝為姻裔乎？因取得中央研究院同意，交由新天地書局影印發行，此本書重印之原委也。

竊念世緣參差，人、書，俱有幸與不幸。此書，傑作也。竟爾隱晦不彰，幾瀕失傳，且併其人之事跡亦皆湮沒不存。風簷展讀，慨何如之！猶憶己亥春某夕，高仲華兄持馬森之「莊子書錄」相示。見其旁徵博引，各端無不詳注；獨於「陳壽昌」名下，僅綴八字曰「直隸宛平人，餘不詳」。噫！何不詳之甚耶？溯自此書鏤版行世，下迄馬君著錄，為時不逾周甲，乃竟事蹟沉迷，不詳至此；寧不令人長歎息乎！余雖所知亦不甚詳，然尚可稍補闕略，庶使後之思古尊賢者得有探索之憑藉。是以值此重印之際，謹一述所聞！

公，諱壽昌，字嵩佺。洪鈞狀元同科之名翰林也。除本書外，尚有「縮臨九成宮醴泉銘帖」鏤版行世。唯不知今尚有存世者否也。公江蘇松江府華亭縣人，通籍後，猶服官江南有年（其五孫，三生蘇州，一生無錫，一生杭州，卽在是時也。）。晚歲始舉家北遷，寄籍京都，故云直隸宛平也。公凡兩娶。元配賀氏，繼配孫氏，皆浙人而落戶保定者。以是公北遷後，實卜居於保定（宅在北街二道口子）。復置塋地涿州，歿後葬焉。公有二子、長慶堯、次穀蓀、均賀氏所生。穀蓀公兩娶皆無出。慶堯公，孝廉也，娶於蕭山施氏，生三子：鈞、善、湘、民國後均供職司法界。二女，芳、清、而清卽余母也。

伏思余自五歲喪父，撫育教導之責，母一身任之。辛酸淒苦，豈止倍嘗而已。然縱使艱困再亟，亦必摒除一切，絕不使余廢學。甚至灑掃沽購之事，皆不畀余，以免分余為學之心。其間嘗數蒙親友關切，使余就業兼職，以蘇困窘，母竟絕不措意，謂書香不可斷也。方日寇之佔領北平、余衷心至為困擾，不知計將安出？蓋余母子相依為命，未嘗寸步相離也。方忐忑間，母竟主動命余立卽出走，以尚氣節。雖古之賢母不是過也。而母之克明禮尚義，賤貨貴學，一至於此者，寧非得自翰林學者家庭之薰陶耶？是則母親育余之宏恩，實亦遠承壽昌公之遺澤也。且余學殖荒蕪、乃以解老之言，謬竊時譽，推本溯源，又寧非受壽昌公血緣之所賜乎？今不圖竟有機緣重印公之遺著、並囑余為記；一時百感交集，真不知從何說起矣。

猶憶兒時，隨母至舅家拜年，見壽昌公影像高懸中堂，朝服貂褂，笑容可掬，印象清新，宛如昨日。而今大陸沉淪，魑魅肆虐，除「舊」非孝，文物蕩然，公之影像、當不復存也。然魑魅魍魎所能毀者，公之影像也；公之精神學術則固流傳四海（按：日本早稻田大學亦有一部，見余著「旅美漫話」。）而非世所能毀也。今又春風再生，重印於數千里外之臺灣。公如有知，將毋微笑於九泉耶？於是乎記。民國六十一年歲次壬子重陽後一日。

天籟何聞火傳何指飛鵬何自夢蝶何因道德之旨微矣逍遙之說繼焉揆厥大端其說有二乾坤其運處乎日月其推行乎化者其圖南乎知者其遊北乎聽以氣乎息以踵乎泛泛乎其無所止乎邴邴乎其若有喜乎能兒子乎能抱一乎是皆載營魄解天弢示綱維明竅妙辨祭祀之非齋擬鑪錘而有造忘適之適無適非天不言之言有言皆道上士勤而行之下士聞而大笑此其說之一端也有暖姝者有濡需者有堅而縵者有緩而針者雉之畜於樊者鮒之困於轍者形之爲此拘拘者侅之悅夫役役者貪者懥

者惴者佚者漸毒頡滑喬詰卓鷙臠卷傖囊匈匈終日是惟醒其醒覺其夢啟其幽昏疏其壅哽殼音以解之俾相忘於是非螳怒以規之使各長其壽命曲繪甚憂以悚物聽又其說之一端也綜斯二說達以三言寄之無端寓言以悟之假之無忤重言以昌之彌之無迹巵言以曼衍之亦虛亦實亦隱亦彰亦奇亦正亦詭亦莊恍兮惚兮不主故常自非耳目內徹言象俱忘將指履而跡誤問影而形藏不且驚若河漢而致歎望洋也哉僕本小夫竊聞大理腐鼠在地嚇者奚來驪龍有珠探之未獲望北方賢者故國永

懷問南郭畸人眞君何處嗟嗟儆精神乎蹇淺我何能無慨然化糟魄爲神奇是自其所以乃

光緒十有三年歲在丁亥孟秋之月宛平陳壽昌序

凡例

一太史公謂莊子之言本於老子漢書藝文志列莊子於道家自是定論是編發明本義語不離宗一洗援莊入儒之弊雖明心見性之旨間亦證以釋家言然派異源同故非淄澠之强合也

一莊子之言有三曰寓言曰重言曰巵言其實重言巵言即在寓言之中而寓言中又有寓言自來註莊者都未道及是編層層解剝不主故常或即愚者之一得也

一莊子以文載道神明變化不可方物讀者但賞其

文猶皮相耳是編卽表測裏略文采而揭心傳以意逆志庶幾近之

一是編於字句中尋常疏解大半采自前人然詮釋雖同宗旨自別識者辨之

一是編凡語本老子者句下加□語見列子者句下加○合音處句下加●間有合音復見列子者句下加⊙俾閱者開卷了然

南華眞經正義

內篇目錄

南華眞經正義

宛平陳壽昌輯

內篇

逍遙遊第一

北冥有魚。其名爲鯤。鯤之大不知其幾千里也。化而爲鳥。其名爲鵬。鵬之背不知其幾千里也。怒而飛。其翼若垂天之雲。是鳥也。海運則將徙於南冥。南冥者。天池也。冥者海也。不曰海而曰冥。以示窈兮冥兮。其中有精也。坎位乎北。離位乎南。言魚言鳥。以類從也。易云離爲雉。飛鵬之象。可類推焉。魚化鳥者。陰盡陽純。所謂坐生羽翼也。海運者。精足而氣自動。化者自化。徙者自徙也。釋南冥以天池者。天爲純陽。以喻元精。非凡水也。漆園開宗明義。寄喻精深。鍊精

化氣取坎填離大道盡在是矣

齊諧者。書名志怪者也。諧之言曰。鵬之徙於南冥也。水擊三千里。搏扶搖而上者九萬里。搏飛而上也扶搖上行風也去以六月息者也。去謂徙而南也周之六月夏正之四月於後天爲巽正氣動風起之時故大鵬乘此氣息而去○引齊諧以證前言藉明精足化氣之理在天爲風在人爲息皆氣也水擊者水中有氣鼓盪也漸充漸滿聚而上行故曰搏扶搖也

野馬也。塵埃也。生物之以息相吹也。天之蒼蒼。其正色邪。其遠而無所至極邪。其視下也。亦若是則已矣。天地間有物卽有息氣息相吹其紛紜蓊鬱浮空無定者野馬塵埃是也蒼蒼非必正色仰觀如是俯視可知彌綸上下之間亦積氣之厚故耳

且夫水之積也不厚。則其負大舟也無力。覆杯水於坳堂之上。坳窊下也則芥爲之舟。芥小草置杯焉。

則膠。黏著於地。水淺而舟大也。風之積也不厚。則其負大翼也無力。故九萬里。則風斯在下矣。言乘此風直至九萬里之上。則風九萬里之下。皆風可知。高以下基。極形其厚。而後乃今培風。培。積也。培風猶積氣也。背負青天而莫之夭閼者。夭。折也。閼。遏也。而後乃今將圖南。圖。謀也。謀南徙也。○積精積氣。道本相需。水風平提。非主客也。蜩與學鳩笑之曰。我決起而飛。搶榆枋。時則不至。而控於地而已矣。奚以之九萬里而南爲。蜩。蟬類。學鳩。小鳩。決起。猶直起。搶。突也。枋。檀木。控。投也。○蟬爲蜣蜋等所化。鳩爲鷹化。二蟲能化而小。故舉之以與鯤鵬相形。適莽蒼者。三飡而反。莽蒼。近郊之色。腹猶果然。飽如果實之綻。適百里者。宿舂糧。隔宿舂擣糧米。適千里者。三月聚糧。之二蟲又何知。以積糧爲積氣之喻。小知不及大知。小年不及大年。不積由於不知不知遂不能得道而壽奚以知其然也。朝菌不知晦朔。蟪蛄不知春秋。菌天陰生糞上見日則死蟪蛄夏蟬也此小年也。楚之南有冥靈者。冥海也靈龜也以五百歲為春。五百歲為秋。上古有大椿者。以八千歲為春。八千歲為秋。而彭祖乃今以久特聞。衆人匹之。思與之並不亦悲乎。湯之問棘也是已。窮髮之北。北方不毛之地有冥海者。天池也。有魚焉。其廣數千里。未有知其脩者。其名為鯤。有鳥焉。其名為鵬。背若泰山。翼若垂天之雲。摶扶搖羊角而上者九萬里。羊角風之旋者絕雲氣。陰氣盡斯陽氣純矣。點氣字○負青天。然後圖南。且適南冥也。斥鴳笑之曰。

斥澤小鳥彼且奚適也。我騰躍而上，不過數仞而下，翱翔蓬蒿之間，此亦飛之至也，而彼且奚適也。此小大之辨也。謂大知小知之分類如此也。○又引湯問以爲齊諧之證。蓋謂陰消陽長，皆於氣辨之易例。凡坎在上卦稱雲，雲猶水也，水氣絕則坎變爲乾，即道所謂精化氣，氣化神也。至於魚鳥同在天池，可知眞精眞氣皆不離元關一竅。彼斥鴳之笑，亦猶下士之聞道耳。故夫知效一官，行比一鄉，德合一君，而徵一國者，其自視也亦若此矣。如斥鴳之自以爲至。而宋榮子猶然笑之。猶然，笑貌。且舉世而譽之而不加勸，舉世而非之而不加沮，定乎內外之分，辨乎榮辱之竟，斯已矣。守內則榮，循外則辱。竟通境。彼其於世未數數然也。謂世人能如彼者不多見也。雖然，猶有未樹也。不能超然自樹於塵垢之外猶未大也。夫列子御風而行。泠然善也。順利無礙之意。旬有五日而後反。彼於致福者。未數數然也。乘虛策空。倏然自得。於清脩致福中求之。如彼者亦不多得。匪但世俗也。此雖免乎行。無行役之勞。猶有所待者也。待風始行。猶非大之至也。若夫乘天地之正。而御六氣之辯。六氣。六時之氣。辯。變也。以遊無窮者。點遊字。彼且惡乎待哉。至大者如此。故曰至人無己。不存我相。神人無功。不為世用。聖人無名。不求人知。○委懷逍遙。詣同量別。屢進益上。大道斯宏。功名附在吾身。常人以為己榮。至人以為己累。足於內。無待於外。神聖之遊心。豈可以塵見測哉。宏識遠志。入道之基。喻以魚鳥。明有作也。證以神聖。示無為也。參差諔詭。連犿無傷。所謂不死之道。此其文也。

堯讓天下於許由曰日月出矣而爝火不息爝炬火也其於光也不亦難乎時雨降矣而猶浸灌其於澤也不亦勞乎夫子立而天下治而我猶尸之吾自視缺然請致天下許由曰子治天下天下既已治也而我猶代子吾將為名乎名者實之賓也吾將為賓乎鷦鷯巢於深林不過一枝偃鼠飲河不過滿腹鷦鷯鳥之小者偃鼠鼠之大者歸休乎君予無所用天下為言君天下者美名歸之予則無需此也庖人雖不治庖尸祝不越樽俎而代之矣此證聖人無名意也

肩吾問於連叔曰吾聞言於接輿大而無當往而不

反。一往直陳更不回顧。吾驚怖其言。猶河漢而無極也。大有逕庭。謂言辭詭異若別有逕庭非尋常出入之所經也。不近人情焉。連叔曰。其言謂何哉。曰。藐姑射之山。有神人居焉。黜神字。肌膚若冰雪。淖約若處子。淖約好貌。不食五穀。吸風飲露。乘雲氣。御飛龍。而游乎四海之外。其神凝。使物不疵癘。而年穀熟。吾以是狂而不信也。連叔曰。然。宜汝不信。瞽者無以與乎文章之觀。聾者無以與乎鐘鼓之聲。豈惟形骸有聾盲哉。夫知亦有之。是其言也。猶時女也。時是也。謂此聾盲之言。猶汝之謂也。之人也。之德也。將旁礴萬物以爲一世蘄祈乎亂。孰弊弊焉以天下爲事。旁礴猶渾同也。蘄求也。亂治也。弊弊經營之貌。

之人也。物莫之傷。大浸稽天而不溺。稽，至也。大旱金石流土山焦而不熱。是其塵垢粃糠。粗迹。將猶陶鑄堯舜者也。孰肯以物爲事。

此證神人無功意也。抱朴子云，求生之道，當知二山。一日太元，一日長谷，皆取象於身者。藐姑射當亦如之。藐，幽渺也。山，艮象。人身中之土也。神人者元神也。淖約若處子，專氣致柔之謂。不食五穀，吸風飲露，呼吸元氣以求仙也。乘雲御龍，形神俱妙。以此言遊，則四海曾不一瞬，何逍遙也。龍乃鯤鵬合象，取義尤精。本魚所化，如鳥能飛，又屬純陽之體，脩證至此，合精氣神爲一物矣。至云使物不疵癘而年穀熟，磅礴萬物以爲一世，蘄乎亂，敷錫之效如此。卻非弊弊以天下爲事。譬猶玉之潤木，珠之避塵。純任自然，并不見其灌溉滌除之迹。神也者，妙萬物而爲言。其妙可窺，其神正未易測也。

宋人資章甫而適諸越。資，貨也。章甫，殷冠名。越人斷髮文身。無所用之。堯治天下之民。平海內之政。往見四子藐姑射之山。四子舊作許由齧缺王倪被衣。汾水之陽。堯都在汾水北。此既見而返也。窅（窵）然喪其天下焉。窅然茫若自失之意。

此證至人無己意也。四子。水火金木也。山。土也。五行以土爲歸。張紫陽所謂四象交加戊己中也。水北曰陽。歸至汾水之陽而喪其天下。喻人至陰盡陽純。則得一以淸。六塵不滓。觀形觀物。惟見於空。身且外之。何論天下。其棄如敝屣也。不猶越人之視章甫哉。

惠子謂莊子曰。魏王貽我大瓠（護）之種。瓠。匏壺也。我樹之成而實五石。實。子也。以盛水漿。其堅不能自舉也。堅重難舉。剖之以爲瓢。則瓠落無所容。剖瓠爲瓢。既失其大。而剝落者復多。故平淺無所容也。非不呺（枵）然大也。呺然。虛大貌。此原其始之辭也。吾爲其無用而掊（剖）

之。今既無用。故更擊而碎之。莊子曰。夫子固拙於用大矣。宋人有善爲不龜手之藥者。龜音均。世世以洴澼絖爲事。平僻曠不龜手者謂冬月以藥澤手。不使凍裂如龜坼也。洴澼漂也。以水擊絮曰漂。絖。絮之細者。客聞之。請買其方百金。聚族而謀曰。我世世爲洴澼絖。不過數金。今一朝而鬻技百金。請與之。客得之。以說吳王。越有難。吳王使之將。冬與越人水戰。大敗越人。裂地而封之。能不龜手一也。或以封。或不免於洴澼絖。則所用之異也。今子有五石之瓠。何不慮以爲大樽。而浮乎江湖。慮猶結綴也。樽。卽浮水之壺。蓋名異而實同也。而憂其瓠落無所容。則夫子猶有蓬之心也夫。猶言茅塞也。

瓠空心之物故以喻心道家以精氣神爲藥故還以藥喻之蓋心之爲用精從其召氣服其竅神依其令者也耗於外者凡翕於內者仙差以毫釐天淵判矣惟能抱一守中混沌不鑿庶大用大效不憂瓠落而積累以成眞也

惠子謂莊子曰吾有大樹人謂之樗山椿其大本擁腫而不中繩墨其小枝卷曲而不中規矩卷通拳立之塗匠者不顧今子之言大而無用人皆厭聞衆所同去也莊子曰子獨不見狸狌生乎狐屬嗜雞鼠者卑身而伏以候敖者何物之遊而攫之東西跳梁跳則跨空似梁之穹然故曰跳梁不避高下中於機辟辟法也機以法罿故曰機辟死於罔罟今夫斄離牛山獸其大若垂天之雲此能爲大矣而不能執鼠今子有大樹

患其無用，何不樹之於無何有之鄉，廣莫之野。廣莫猶曠遠也。彷徨乎無為其側，逍遙乎寢臥其下。點逍遙。不夭斤斧，物無害者，無所可用，安所困苦哉。

道以無用為用，方成大用，以不用用之，方是善於用大小而妄動者死，大而無能者生，即狸狌斄牛觀之可知眾所不顧者，其天獨全，元之又元，眾妙之門，蓋別有藏身地矣。彷徨無為，一念不起也，逍遙寢臥，一念不離也。得此無用之大用，而即以不用用之，故能無老死，無苦集滅道也。

柱下傳道，致虛而已。南華則揭精氣神為始基，而心有天遊，其源清而不滓，故雖有之為利，終以無之為用者，示人以象帝之先，此逍遙之大旨也。太史公曰，其要本歸於老子之言，信哉。

齊物論第二

南郭子綦隱几而坐。隱、憑也。仰天而噓。嗒焉似喪其耦。嗒焉、解體貌。形與神爲耦。喪耦、謂忘形也。顏成子游立侍乎前。曰、何居乎。形固可使如槁木。而心固可使如死灰乎。今之隱几者。非昔之隱几者也。子綦曰、偃。子游名。不亦善乎。而問之也。今者吾喪我。女知之乎。女聞人籟而未聞地籟。女聞地籟而未聞天籟夫。子游曰、敢問其方。求指其處。子綦曰、夫大塊噫氣。其名爲風。言於塊然至大無物之中、噫而出氣以爲風也。是惟無作。作則萬竅怒呺。號而獨不聞之翏翏乎。流長風之聲。山林之畏佳。畏、㟪省。音偉。佳、崔省。音翠。畏佳、山阜盤曲林木叢集之貌。大木百圍。

之竅穴似鼻（兩竅）似口（一竅）似耳（竅斜入〇三者取象於人）似枅（柱上橫木竅方）似圈（屈木所爲竅圓）似臼（檮粟器竅淺〇三者取象於物）似洼者（竅深而曲）似污者（竅下而降〇二者取象於地〇以上分擬竅形）激者（戛而聲止）謞者（去而聲疾）叱者（出而聲粗）吸者（入而聲細）叫者（高而聲揚）譹者（下而聲濁）宎者（深而聲留）咬者（鳴而聲清〇以上分擬竅聲）前者唱于（聲輕）而隨者唱喁（聲重）泠風則小和飄風則大和（風清則相和之聲小風疾則相和之聲大）厲風濟則眾竅爲虛（厲風暴風也濟過也虛寂也〇此蓋合眾竅而言）而獨不見之調調之刁刁乎（調調樹枝搖動貌刁刁動漸微貌聲已不聞其可見者如此〇前後小大自有之無風勢不同聲形亦異）子游曰地籟則眾竅是已人籟則比竹是已（比竹簫管之屬）敢問天籟子綦曰夫吹萬不同而使其

自己也。使聲由竅自出咸其自取。有是竅卽有是聲是聲本竅之自取也怒者其誰邪。言竅之鳴風使之風之怒又誰使之邪可知冥冥中之主宰莫非天也故不更言天籟之何屬也此不答之答也○此蓋以風聲形物論也聲由風生倏起倏滅論由心造何是何非必無風而後衆聲息必無心而後衆論息此淼圓欲齊物論而先言喪我也○引子綦之言止此大知閑閑。廣博也小知間間。分別也大言炎炎。光燄也小言詹詹。詞費也所知所言之事理不無鉅細故知言亦判大小非於此分優劣也其寐也魂交。其覺也形開。與接爲構。相接而營構生日以心鬭。縵者。寬心窖者。深心密者。細心小恐惴惴。憂懼大恐縵縵。迷漫失精其發若機栝。張機省栝巧且捷也其司是非之謂也。司主也日是日非以己爲主其留如詛盟。詛往盟來拘且爭也其守勝之謂也。好勝之念留守於中其殺如秋冬。以言其日消也。其溺之所爲之。不可使復之也。言心鬭者神勞精鑠已如秋冬之衰殺猶復奔馳索死不肯暫休沈溺日深元氣不可復矣其厭也如緘。厭音掩閉藏也以言其老洫也。近死之心。莫使復陽也。鬭心者老而彌工其藏身亦日固眞宰汨沒有如溝洫將涸之水無復生氣也喜怒哀樂。慮多思歎多悲變反復慹慴惶怖姚美好佚縱逸啓開放態修飾樂出虛。蒸成菌。譬喻前人種種情態皆自無而有也日夜相代乎前。而莫知其所萌。日夜循環一來一往其往者又若預止於前以俟更替日日如此究不知起於何日人之擾擾於日夜間者其情態之變迭起環生亦猶是也已乎。已乎。息心語旦暮得此。其所由以生乎。謂此日月推移必默有主張是者人能於旦暮間求得其故則知天之生人以此人之生心亦以此也非彼無我。彼卽所謂生人生心者是自我言之故曰彼耳非我無所取。無以爲領取之地是亦近矣驗造化於己身相去故不甚遠而不知其所爲使究不知使者屬誰若有眞宰而特不得其朕朕兆也可行已信運動我者己信有之而不見其形有情而無形情實也若有眞宰者道之爲物惟恍惟惚也可行已信者其精甚眞其中有信也有情無形者迎之不見其首隨之不見其後也百骸九竅六藏賅而存焉賅備也吾誰與爲親言試以此不可見之情求之於身則外而骸竅內而藏腑皆備於我未知何者爲主而吾獨與之親厚也女皆說之乎其有私焉皆說汎愛也私偏好也如是皆有爲臣妾乎若既非汎愛亦無偏好概不與之親厚如是則皆將畜而有之以爲服役我者乎其臣妾不足以相治乎其遞相爲君臣乎同爲服役則無以昭統攝抑於服役之中使之遞爲主使以互相統攝乎其有眞君存焉眞君者元神之喻即眞宰也凡後天有形之物皆屬幻軀

惟此眞君。虛空同體。一靈自耀。眾妙俱融。人能尊而親之。庶於冥冥之中。獨見曉焉。

如求得其情與不得。無益損乎其眞。

眞君存乎形骸之外。非求而得之。無以知其情實。然得不得在人。其眞固自若也。

一受其成形。不亡以待盡。

其形不敝。其眞不亡。待盡云者。睠睠焉而無可如何也。彼昏不知。胡既受此成形。而轉自速其盡乎。

與物相刃相靡。

靡披靡也。

其行盡如馳。而莫之能止。

不死不休。

不亦悲乎。終身役役而不見其成功。

所行皆幻妄也。

薾然疲役而不知其所歸。

薾然疲貌。日暮途窮。於何歸宿。

可不哀邪。人謂之不死奚益。

雖生猶死。

其形化。其心與之然。

形神俱敗。

可不謂大哀乎。人之生也。固若是芒乎。

芒昧也。

其我獨芒。而人亦有不芒者乎。

神依形立。形不盡則神不亡。然第循分待終。亦可傷矣。若之何相刃相靡者。更自速其死也。眾生顛倒。覺

者其誰惟至人超然物外薪盡火傳其斯為善知識與○此蓋曲繪物情以明物論之所由生也夫
隨其成心而師之人非能自得師無以復其明然師亦不待外求也即此天理純全無
少缺欠之心從而師之可也誰獨且無師乎人人俱有奚必知代而心
自取者有之不待知相代之化能自領取者有之愚者與有焉未成乎
心而有是非失其成全之心而妄生意見是今日適越而昔至也
未嘗實到全是臆度之詞此當時辯士語取之以為妄言之證是以無有為有無有
為有雖有神禹且不能知吾獨且奈何哉人惟眞君迷失故强
立是非是非生物論起矣夫言非吹也天籟自然非言可比言者有言生是生非
其所言者特未定也是非無定果有言邪其未嘗有言邪
矢口而道何有何無其以為異於鷇寇音鷇初生之鳥亦有辯乎其無

辯乎。異乎不異乎。○此言物論生於人心、本不足據也、道惡乎隱而有眞僞。何所隱蔽、而有眞僞之名、言惡乎隱而有是非。何所隱蔽、而有是非之辯、道惡乎往而不存。觸處皆是、本不須言、言惡乎存而不可。一言一道、亦不須辯、道隱於小成。偏見之人、言隱於榮華。浮誇之說、故有儒墨之是非。儒墨二家、乃起而是非之、以是其所非。而非其所是。是彼所非而非彼所是以正之、欲是其所非。而非其所是。則莫若以明。正是非者莫若明、能明則道言俱無所隱矣、○此言物論有齊之之法也、○明字一見、物無非彼。物無非是。物皆相彼、故無非彼、物皆自是、故無非是、自彼則不見。自知則知之。不知有人、但知有己也、故曰彼出於是。是亦因彼。言彼之所謂是者亦因乎彼之私見耳、彼是。方生之說也。於無是無非之中、彼忽創一說而自以爲是、於是或謂之然。或不謂然。多少是非。皆由此起。故曰方生之說也。雖然。方生方死。隨起隨仆。方死方生。隨仆隨起。又方可方不可。有是卽有非。方不可方可。有非卽有是。因是因非。因非因是。相因而起。議論愈多。是以聖人不由而照之於天。物論紛紜。無中生有。聖人知其如是。故特超出物外。而以包括衆有。無言之天照之。俾擾擾衆生。一靖其囂於對越下也。亦因是也。蓋因物論有是。故以如是者照之也。○照之以天。猶善用其明也。此蓋以因是爲以明之用也。○因字一見。是亦彼也。在此者雖是是亦爲彼所彼。彼亦是也。其非也如彼彼亦自是其是。彼亦一是非。此亦一是非。自是相非。彼此各執一說。果且有彼是乎哉。果且無彼是乎哉。今欲謂彼爲彼。而彼復自是其是。欲謂是爲是。而是復爲彼所彼。彼是之有無。故未能果定也。彼是莫得其偶。謂之道樞。偶對也。樞要也。夫彼者此之偶。是者非之偶。執偶喪

樞、去道遠矣、惟能渾彼此是非而一之、物我兩忘、樞混沌不鑿、斯可謂會其元極、而得道之要樞也、

始得其環中。以應無窮。凡物奇圓而偶方、環者圓也、非執樞忘偶、不足體此圓相、若夫圓而又得其中、則空虛不倚、離種種邊、以之應物、不爲物所窮矣、

是亦一無窮。非亦一無窮也。是非無盡、應亦如之、故曰莫若以明。照之以天、一中所以定萬變也。○此亦申言以明之旨也。○明字再見、

以指喻指之非指。不若以非指喻指之非指也。以馬喻馬之非馬。不若以非馬喻馬之非馬也。謂以吾指喻彼指之非指、不如卽就吾所謂彼指之非指者、還喻吾指、則吾指之於彼指、復爲非指矣、指馬義同、

天地一指也。萬物一馬也。天地之大、萬物之多、卽此一指一馬之說推之、莫不如是、可見世情旣同於自是、又均於相非、是是非非、本無定論也、

可乎可。果可乎、而忽謂之可、不可乎不可。果不可乎、而忽謂之不可、道行之

而成。道必躬行而後有成。物謂之而然。今之物論不過虛說而遽謂之實然。惡乎然。然於然。惡乎不然。不然於不然。然否並無眞見但就已意之以爲然以爲否者而然否之。物固有所然。物固有所可。當然而然當可而可在物有定理也。無物不然。無物不可。皆可謂之然皆可謂之可在人無定論也。故爲是舉莛庭與楹。莛梁也楹柱也一橫一直厲與西施。厲惡也西施吳王美姬名一醜一好。恢恑詭憰決怪。恢大恑詭憰乖怪異也。道通爲一。以道妙觀之皆通爲一。其分也。成也。分此則成彼譬之引水灌池。其成也。毀也。此成則彼毀譬之築室伐木。凡物無成與毀。復通爲一。自物理觀之成毀相因主名莫定復通爲一。唯達者知通爲一。爲是不用而寓諸庸。絕去私見寄於大同惟不自用故能因人以爲用也。庸也者。用也。因人爲用所以成其用也。用也者。通也。能因

入之用以爲用故通達無窒礙也

通也者得也

無窒礙故自得

適得而幾矣

適然而得庶幾近道

因是已

謂此不用而用用而通通而得得而幾皆因而不作者也○因字再見

已而不知其然謂之道

已而者仍前生後之辭謂既已得此而又實出於無心故謂之道道卽一也

勞神明爲一而不知其同也謂之朝三

夫至道虛靜無念無爲若勞役神明於爲一而不識渾同之妙是猶眾狙之怒朝三也豈解人哉

何謂朝三狙（疽）公賦芧（序）曰朝三而莫四

狙猴屬狙公養狙者賦付與也芧山果名

眾狙皆怒曰然則朝四而莫三眾狙皆悅

均此七數而或怒或喜所謂不知其同也

名實未虧而喜怒爲用亦因是也

在狙公則名實兩無所損特因其喜怒以自善其不用之用猶聖人之因物付物也故曰亦因是也○因字三見

是以聖人和之以是非而休乎天鈞是之謂兩行

惟聖

人勘破物情，翛然自得，外則和同乎塵境，以遣其是非各執之偏，內則休息乎天君，優遊於均平自然之境，應俗棲神，並行不悖，故非勞心者比也。○此再三申言因是之旨也。

古之人其知有所至矣。惡乎至。有以爲未始有物者。無極。至矣盡矣，不可以加矣。其次以爲有物矣，生太極。而未始有封也。封界。其次以爲有封焉，分陰陽。而未始有是非也。是非之彰也，道之所以虧也。渾然之體傷矣。道之所以虧，愛之所以成。愛偏好也。果且有成與虧乎哉。果且無成與虧乎哉。成虧皆由後起，若自未始有物觀之，正無從區別也。有成與虧，故昭氏之鼓琴也。成一調而眾調反虧。無成與虧，故昭氏之不鼓琴也。寓聲於寂，無成無虧。○卽鼓琴以喻成虧，有無之顯判者也。以下更卽雖成亦虧者，歷歷言之，以示世情迷於幻妄。其曰成曰

虧均非貟見也昭文之鼓琴也昭姓文名師曠之枝策也枝柱也曠瞽者
柱策以行而不見如見故於鼓鐘之類善擊考也惠子之據梧也據槁梧而吟三
子之知幾乎皆其盛者也幾盡也殫精竭慮皆擅盛名○三子雖並論而意在
惠子故載之末年載事也從事於斯老而彌篤唯其好之也以異於
彼自以爲異於人其好之也欲以明之彼且欲以曉於人非所明而
明之故以堅白之昧終此專責惠子也堅白當時辭辯之名而其子又
以文之句綸終綸緒也終盡也終身無成口辯禦人文之益勝乃餘緒已盡卒
無成就是惠子非特自誤且誤其子也若是而可謂成乎雖我亦成也
以虧爲成孰非成者若是而不可謂成乎物與我無成也本無所謂
成也是故滑汨疑之耀滑疑不明貌耀者不明中之明也聖人之所圖也

圖務也。爲是不用而寓諸庸。此之謂以明。謂必如此，乃可謂照之以天也。○此亦申言以明之旨也。大道本於虛無，自無而有，自有而分，愈分愈有，道之渾然者虧矣。夫虧此成彼，勢本相因，溯厥由來，皆歸幻相。世之圖成而終虧者，殆皆非所明而强明之耳。故惟冥心應迹，遊於無端，於不明中蘊其明，即以不用者藏其用，庶成虧俱泯，純純常常，宇泰定而天光生，性修反德，德至而同於初也。○明字三見。

今且有言於此。不知其與是類乎。其與是不類乎。是猶此也。類與不類，相與爲類。無論與此類與不類，其爲類則同。蓋自此視彼爲一類，自彼視此亦一類也。則與彼無以異矣。同爲類則此與彼無以異矣，又何事區別其言乎。

雖然，請嘗言之。請即無彼無此未成類之先，試爲推闡言之。有始也者。始也。有未始有始也者。無始也。有未始有夫未始有始也者。並此無始之始亦無之也。有有也者。有也。有無也者。

無也有未始有無也者無無也有未始有夫未始有無也者並此無無之無亦無之也俄而有無矣而未知有無之果孰有孰無也無無無既無無無之名今忽有此無則俄而無亦俄而有矣俄頃之間有無如是其果孰有孰無固無從測度也今我則已有謂矣我者自謂之辭今於儔類之中忽謂之我則有我即有謂也而未知吾所謂之其果有謂乎其果無謂乎有謂無謂在謂之我者亦無從區別又烏得執為是非天下莫大於秋毫之末而大山為小莫壽乎殤子而彭祖為夭天地與我並生而萬物與我為一此極言物論不足深辨也謂此無根之說既無真是真非則大小壽夭皆可任意顛倒至人生之後始見天地即謂之並生也可人亦萬物中之一即謂之一體亦可既已為一矣且得有言乎既已謂之一矣且得無言

乎。言無論所謂爲一者非是。卽使辯者之說。理果不誣。然既已爲一。則當觀我觀人。眞宰默契。何必有言。且既謂之一。已非無言。可見無中生有。總是詞費。一與言爲二。二與一爲三。所說之一。與說一之言。與道體本然之一。合而驗之。由一而二。由二而三矣。自此以往。巧歷不能得。雖歷家善算。亦莫盡其數。而況其凡乎。剏在常人。故自無適有以至於三。而況自有適有乎。無適焉。心止於一。因是已。

道本一而心卽止於一。故亦曰因是。蓋惟心得所止。則定中生慧。已觀破物論萌芽之處。彼後起之是非。皆枝葉耳。何足辨。亦何待辨哉。○此亦申言因是之旨也。上言古人之知。是層層順推而下。以見後起之紛乘。此言有始有無。是層層逆溯而上。以示先天之不滓。至於無無中生有。肆口而談。此等物論。伊於胡底。極而言之。大小壽夭。不難顚倒其說。天地萬物。敢爲附會之詞。證諸天與地卑。山與澤平等語。可見當時好辯者流。往往爲此不經之說。以駭人聽聞。漆園故仿其語意。以明辯言亂道。似是而實非也。惟以何有

何無覩之聽其自化而無動於中斯神明安於其舍不復措意於往來而因應之妙見矣○因字四見

夫道未始有封無不在言未始有常無不可爲是而有畛也是已者必非人一涉自是之見便分畛域請言其畛有左有右有倫有義倫事之理也義物之宜也有分有辯分者分其所合辯者辯其所分也有競有爭競者並逐以求得爭者不得而相爭也此之謂八德疵德也六合之外聖人存而不論但存其理而已六合之內聖人論而不議春秋經世先王之志聖人議而不辯論祇渾言義理議則細較短長辯更彼此反覆故分也者有不分也辯也者有不辯也謂不在分辯之迹也曰何也聖人懷之不欲自見衆人辯之以相示也故曰辯也者有不見也惟無眞見故相誇示夫大道不稱無可名也大辯

不言。已自別也。大仁不仁。無私愛也。大廉不嗛。歉嗛，快也。不嗛，不自足也。大
勇不忮。無客氣害人之心。○此五者之圓也。道昭而不道。道貴守默。昭昭者非言
辯而不及。曉曉申辯，必有不及辯者。仁常而不成。有常愛則不周。廉清而
不信。外示皦皦，中不可知。勇忮而不成。恃力必敗。五者园圓而幾向方
矣。圓則靈明四達，方則滯迹一隅。故知止其所不知，至矣。五者皆良知也。知止
其所不知，蓋謂藏其知於不起知識之地也。養中閉外，於道最爲上乘。孰知不言之辯。
不道之道。夫既云藏其知，則似無所謂辯，無所謂道矣。然至人自有不待語言之辯，不屬名稱
之道。知之者其誰乎。若有能知，此之謂天府。曠然虛空，包括萬有。注焉而
不滿，酌焉而不竭，而不知其所由來。不盈不涸，復莫測其發源之所。
深之又深，神之又神。天府所藏，□象如此。此之謂葆光。葆，藏也。照之以天而藏之以府，善蓄

光采此之謂也。○此亦申言以明之旨。而以相忘於本明之地為明也。夫至道渾成。多知為敗。知止其所不知。庶八德不疵。五者皆圓相也。大哉天府。至有至無。其中無盡藏。而善藏其藏。爾光爾晦。是非兩遣。希言自然。滑疑之耀。蓋亦非非所圖矣。老子曰。俗人昭昭。我獨若昏。其昏也。非正所以葆其明哉。

風聲者物論之似。心鬪者物論之根。衆口沸騰。是非錯出。情態萬變。愈止愈流。惟知其不齊。卽以不齊之齊齊之。此之謂明。此之謂因也。道沖而用之或不盈。同塵和光。蓋如此矣。

故昔者堯問於舜曰。我欲伐宗膾胥敖。三國名。宗一。膾一。胥敖一。南面而不釋然。其故何也。舜曰。夫三子者。猶存乎蓬艾之間。喻國褊小。若不釋然何哉。昔者十日並出。不相妨也。萬物皆照。各得所也。而況德之進乎日者乎。謂當光被天下。無事伐此三國也。

枝辭蔓說。齟齬不堪。猶三子之存乎蓬艾間也。強爲分辨。神不釋矣。無微不燭。而用其光復歸其明。其斯爲照以天與。○此葢引古爲證。寄言於問答間也。下二章同。

齧(臬)缺問乎王倪曰。子知物之所同是乎。〔所以同於自是之故。〕曰。吾惡乎知之。〔謂於何知之也。葢知之則有心矣。〕子知子之所不知邪。〔所以不知同是之故。〕曰。吾惡乎知之。然則物無知邪。〔謂既不知人。又不自知。是無知也。意者物皆知子之無知邪。〕曰。吾惡乎知之。雖然嘗試言之。〔雖不能知知。姑存一說。〕庸詎知吾所謂知之非不知邪。〔或是小明。〕庸詎知吾所謂不知之非知邪。〔或是大徹。〕且吾嘗試問乎女。民溼寢則腰疾偏死。〔偏死。偏枯症也。〕鰌然乎哉。〔鰌。泥鰌。〕木處則惴慄恂懼。〔皆不安而恐之意。〕猨猴然乎哉。〔猨亦猴類。〕三者孰知正處。

民食芻豢，芻食草者，牛羊之屬；豢食穀者，犬豕之屬。麋鹿食薦，薦，草也。蝍蛆甘帶，蝍蛆，蜈蚣也；帶，蛇名。鴟鴉耆（嗜）鼠，鴟，鴟鴉也。四者孰知正味？猨猵（片）狙以為雌，猵狙，猨之別類，其雄喜與猨交。麋與鹿交，鰌與魚游。毛嬙麗姬，皆艷美者。人之所美也；魚見之深入，鳥見之高飛，麋鹿見之決驟，疾走不顧也。四者孰知天下之正色哉？自我觀之，仁義之端，是非之塗，樊然殽亂，吾惡能知其辯！齧缺曰：子不知利害，則至人固不知利害乎？是非所判，利害生焉。謂子不辯是非，亦不知利害乎？恐至人不如是也。王倪曰：至人神矣！大澤焚而不能熱，河漢沍而不能寒，沍，凍也。疾雷破山，風振海而不能驚。若然者，乘雲氣，騎日月，而遊乎四海之外。死生無變於己。而況利害之端乎。(三問三答。皆曰不知。非不知也。不欲用其知也。至曰孰知正處。孰知正味。孰知正色。則眞不知知者矣。彼仁義是非之殽亂。恒情亦猶是也。若夫形神俱妙。乘空策虛。死生且忘。奚有利害。是直無所用其知。較不用者道更有進。神而明之。其至人乎。)

瞿鵲子問乎長梧子曰。吾聞諸夫子。(孔子也。)聖人不從事於務。(務世故也。)不就利。不違害。不喜求。(本無所求。詎以爲喜。)不緣道。(無往非道。何事攀緣。)無謂有謂。(不言之言。)有謂無謂。(言而不言。)而遊乎塵垢之外。夫子以爲孟浪之言。(孟浪不着實也。)而我以爲妙道之行也。吾子以爲奚若。長梧子曰。是黃帝之所聽熒也。(熒惑也。言雖黃帝聽之亦熒惑也。)而丘也何足以知之。且女亦太早計（方聞言而遽擬諸行）見卵而求時夜（司夜雞由卵生鴞以彈得然甫見卵者尚無雞何得遽期司夜甫見彈者並無鴞何得遽言羹炙計之太早亦此類也）見彈而求鴞炙予嘗爲汝妄言之（謂此妙道固未可遽見諸行即言亦非易也故曰姑妄言之耳）汝以妄聽之奚（謂我如是言汝即以如是聽何如奚何之聲也）旁日月挾宇宙（旁依也挾持也謂日月合明宇宙在手也）爲其脗（吻）合（脗合口也）置其滑涽（昏）（滑涽未定貌是非殽亂置之不聞）以隸相尊（自匿於卑賤而以道術相高）衆人役役（勞動）聖人愚芚（屯）（無知）參萬歲而一成純（事閱古今之變而得一以靈了無間雜）萬物盡然而以是相蘊（聖人平視萬物知此顛倒衆生是是非非不過如此而獨以大道之妙蘊積於心以超出死生之外）予惡乎知說生之非惑邪予惡乎知惡死之非弱喪而不知歸者邪（弱齡失其故居謂之

弱喪・說生惡死・蓋未能得一者也・麗之姬。艾封人之子也。艾・地名・封人・掌封疆之官・晉國之始得之也。涕泣沾襟。及其至於王所。與王同匡牀。匡・安也・食芻豢。而後悔其泣也。予惡乎知夫死者不悔其始之蘄蘄祈生乎。夢飲酒者。旦而哭泣。夢哭泣者。旦而田獵。方其夢也。不知其夢也。夢之中又占其夢焉。覺而後知其夢也。且有大覺而後知此其大夢也。而愚者自以為覺。竊竊然知之。君乎牧乎。牧・圉賤者・固哉。分貴分賤・何其陋也・丘也。與女皆夢也。予謂女夢亦夢也。是其言也。其名為弔詭。弔・音的・至也・詭・異也・名曰弔詭・實則大有妙道存其中也・萬世之後。而一遇大聖。知其解者。是旦暮遇之也。

沙界迷漫。皆塵垢也。至人游心物外。與道合眞。斯爲大覺。哀彼羣愚。年命川逝。生死皆在夢中。曾無醒時。又烏知妙道之行乎。今古悠悠。火傳將盡。解人不遇。感慨係之。○以上三章引古爲證。曰德。曰神。曰妙。特爲知道者曲示本源。果其光越離明。游心於四海塵垢之外。則燕處超然。物論之有無。曾不足當其一盼。故不言齊而自齊。并此齊之之見亦不存也。

旣使我與若辯矣。若勝我。我不若勝。若果是也。我果非也邪。我勝若。若不吾勝。我果是也。而果非也邪。其或是也。其或非也邪。其俱是也。其俱非也邪。我與若不能相知也。則人固受其黮（禫）闇。黮。黑甚也。闇。暗也。言我與若旣不相知。若居黑暗之中。旁人益不能辯。吾誰使正之。使同乎若者正之。旣與若同矣。必仍是若說。惡能正之。使同乎我者正之。旣同乎我矣。必仍是我說。惡能正之。使異乎我與若者正之。既異乎我與若矣。必將別立一說。惡能正之。使同乎我與若者正之。既同乎我與若矣。必將兩存其說。惡能正之。然則我與若與人。俱不能相知也。而待彼也邪。言更無可待也。化聲之相待。若其不相待。是非之辯爲化聲。彼不生。此不滅。故曰相待。後者方來。前者已過。故又若其不相待也。和之以天倪。和。調和也。天倪。天然發見之端倪也。因之以曼衍。因。任也。曼衍。猶游衍也。所以窮年也。優游卒歲。如是而已。以見是非之待正者。本無可待。亦正無待於正也。○化聲五句。舊在後亦無辯下。呂吉甫本更定在此。何謂和之以天倪。曰。是不是。然不然。是若果是也。則是之異乎不是也。亦無辯。無辯者。非茫然無辯也。明明知其爲是。則亦無庸辯矣。然若果然也。

則然之異乎不然也亦無辯忘年忘義能如是則不特窮年且忘其年不特忘年且忘其義振於無竟故寓諸無竟其因天倪以游衍者鼓舞於無窮故亦自寓於無窮也

此蓋於證古後自述其本旨也是是非非無從辯正即辯其非是而是非益生因天倪以游衍之無彼我無同異無是非亦無生死也相忘於不齊之謂齊齊物論者如是而已

罔兩問景影同曰罔兩影外微陰也曩子行今子止曩子坐今子起何其無特操與無挺立之操景曰吾有待而然者邪影不能自主須待形也吾所待又有待而然者邪形亦不能自主更有待也吾待蛇蚹蜩翼邪蚹蛇腹下齟齬也蚹之行隨乎蛇翼之飛隨乎蜩吾之行待如之惡識所以然惡識所以不然

此蓋本旨既明。特寓言以暢元理也。夫有待而然。然與不然。任之可也。至非影非形。別有眞宰。能遊心於物之初。則緒言餘論。皆可作罔兩觀矣。

昔者莊周夢爲胡蝶。栩栩然胡蝶也。栩栩。忻暢之意。自喻適志與。不知周也。俄然覺。則蘧蘧然周也。蘧蘧。覺貌。不知周之夢爲胡蝶與。胡蝶之夢爲周與。周與胡蝶。則必有分矣。以本眞論。必有分別。此之謂物化。但言物化。眞我自在。

此蓋以寓言者現身說法也。意謂爲蝶爲周。忽夢忽覺。在己者且無以辨。又何論外來之是非。於彼於此。曷有曷無。勘徹物相。同歸於化而已。至知其必有以分。終不以幻化者迷其眞宰。蘧然大覺。得一以靈。卽則陽篇所謂日與物化者。一不化者也。此又寓言中之寓言也。

物論紛紜。是非之門。一入其中。迷不復出。幾若此外別無天地故夫閱世益深去道益遠得失榮辱迭起環生或卽勉作達觀終非眞覺譬之披覽圖畫目炫神移但見五色不見本質以絢掩素誰復知丹青煌煌爲後起事也夫未始有始未始有無物且未形論於何著漆園特揭斯義用醒羣迷蓋冀由喧返靜由靜生定及至大定其視物論猶一吷耳故雖曲繪聲情盡態極致而揆其本旨實以宏斯接引非好與辯有口者爭短長也徐文長云是篇蓋爲闢惠子輩而作以道觀之尙非解人

養生主第三

吾生也有涯。生者生身之元氣也有涯有盡也而知也無涯。知者郎禪家所謂識神傷生者也以有涯隨無涯。與之相刃相靡殆已。已而為知者殆而已矣。言既已危殆而猶自以為知馳騁不休則將終身於危殆中矣為善無近名。為惡無近刑。近名近刑善惡之迹也一念不起迹斯泯矣緣督以為經。緣順也督督脈經猶徑也督脈下貫尾閭上通泥丸鍊氣開關以此為徑路可以保身。形骸無朽敗也可以全生。眞元無喪失也可以養親。存養受生始氣黃庭經所謂道父道母也可以盡年。不以中道夭也

督者生身之主。循其道以為養。與熊經鳥伸者異矣。

庖丁為文惠君解牛。手之所觸。以手推牛肩之所倚。以身就牛

足之所履。以足踏牛。膝之所踦。以膝壓牛。○四句解牛之形。砉然嚮然。皮肉離析。砉然嚮應。奏刀騞然。腠理大開。莫不中音。中平音節。○三句解牛之聲。合於桑林之舞。湯禱桑林時樂中舞節。手足肩膝之容似之。乃中經首之會。經首。堯咸池樂章名。會。音之聚也。砉然嚮然騞然者似之。文惠君曰。譆。善哉。歎而美之。技蓋至此乎。庖丁釋刀對曰。臣之所好者道也。進乎技矣。言久之并技亦是道。始臣之解牛之時。所見無非牛者。看不破。三年之後。未嘗見全牛也。方今之時。臣以神遇而不以目視。官知止而神欲行。手足耳目之官不用而純以神行。依乎天理。牛身自然之腠理。批大郤。批開間隙所在。導大窾。引刀而入骨節空處。因其固然。刀不妄加。技經肯綮之未嘗。肯着骨肉。綮結也。言我之奏技。直未嘗在骨肉聯結處經過也。而況大軱乎。孤 軱，大骨也。良庖歲更刀，割也。割而非解。族庖月更刀，折也。族，衆也。中骨則折。今臣之刀十九年矣，所解數千牛矣，而刀刃若新發於硎。發，磨也。硎，砥石也。彼節者有間，節，骨節。而刀刃者無厚，以無厚入有間，恢恢乎其於遊刃必有餘地矣。是以十九年而刀刃若新發於硎。雖然，每至於族，筋骨聚處。吾見其難爲，怵然爲戒，警心。視爲止，注目。行爲遲，歛手。動刀甚微，微妙。謋劃然已解，謋然，解貌，謂倏忽之間已自解也。如土委地。委，猶落也。提刀而立，爲之四顧，爲之躊躇滿志，善刀而藏之。善刀，整好其刀也。文惠君曰：善哉！吾聞庖丁之言，得養生焉。

此借庖丁解牛。而示緣督爲經之義。言人當善惡兩忘。由定生慧。則元關發現。自有門徑可尋。於此看得分明。從容下手。即偶有扞格之處。亦勿忘勿助。純任自然。盤錯迭經。虛靈自耀。及至積漸成頓。六通不礙。四大皆空。仍須存養眞元。葆光塗郤。以妙鍊神還虛之用。蓋神爲人心之主。庖人之用刃。與道家之存神。其義一也。悟得此旨。即謂放下屠刀。立地成佛。亦無不可。

公文軒見右師而驚曰。公文。姓。軒。名。宋人。右師。官名也。是何人也。惡乎介也。介。特也。謂一足。天與。其人與。天生如此。抑人刖之。曰。驚疑之後。自悟而自解也。天也。非人也。天之生是使獨也。人之貌有與也。道與之貌。天與之形。故曰有與也。以是知其天也。非人也。

介足歸之於天。可見非爲惡近刑者比。又以喻善養生者。將事眞君。自不以假合之身爲得失。

澤雉十步一啄。百步一飲。不蘄畜乎樊中。蘄。求也。樊。籠也。神雖王不善也。言雉惟未歷樊中束縛之苦，故以澤中之飲啄爲常，神氣雖旺，初不自覺其善，忘適之適如此。飲啄忘其爲善，可見與爲善近名者異。又以喻善養生者，超然物外，自不以口腹之欲入樊籠。

老聃死。秦失弔之，三號而出。弟子曰：非夫子之友邪。曰：然。是吾友。然則弔焉若此，可乎。疑其不情。曰：然。可也。始也吾以爲其人也。其人，猶言箇中人，指弔者言。而今非也。人方疑死者非己之友，此轉言弔者非死者之友，不答之答，措語極妙。向吾入而弔焉，有老者哭之，如哭其子；少者哭之，如哭其母。彼其所以會之，彼謂弔者。會，聚也。必有不蘄言而言，哭中所數哀痛之詞。不蘄哭而哭者。言衆人會弔於此，或言或哭，如此之痛，殊非老子當日相期之本意。是遁天倍情。謂違其自然之天而益以人情也忘其所受受謂曾受教於老子者古者謂之遁天之刑之猶赴也適來生時夫子時也謂老子適去死時夫子順也安時而處順哀樂不能入也安於時而處以順世情後起之哀樂自不得入其胷中古者謂是帝之縣解人爲生死所苦猶如倒懸死生渾忘則懸解矣指窮於爲薪火傳也不知其盡也指可指而見者也可指之薪雖盡而火種已傳喻形委而神存也

吾生有涯而所以生吾者實無盡善養生者眞宰常存去留無滯盡惟看破生死故能雖死猶生火傳一喻自是覩道人語

趙惠宗云僞道養形眞道養神惟能精求主宰則養生之義思過半矣

人間世第四

顏回見仲尼。請行。曰、奚之。曰、將之衛。曰、奚爲焉。曰、回聞衛君。其年壯。其行獨。自用。輕用其國。不恤國人。而不見其過。輕用民死。死者以國量。擧國而輸之死地。平澤若蕉。平舊訛作乎。蕉、音樵。草芥也。死者相枕藉。塡平其澤。如草之多。所謂老弱轉乎溝壑也。民其無如矣。將無所歸。回嘗聞之夫子曰、治國去之。亂國就之。爲救民計也。醫門多疾。願以所聞思其則。則、法也。庶幾其國有瘳乎。瘳、愈也。仲尼曰、譆。歎聲。若殆往而刑耳。若、汝也。謂汝之往。蓋自取戮辱也。夫道不欲雜。心中未定則雜。雜則多。頭緒紛多。多則擾。神明憧擾。擾則憂。自起憂疑。憂而不救。雖憂而無濟於事。古之至人。先存諸己而後存諸人所存於已者未定何暇至於暴人之所行暴人自行其暴於已本無與也況存於已者尚未定更何暇計及存諸人者乎且若亦知夫德之所蕩蕩失而知之所為出乎哉德蕩乎名求名譽則德失知出乎爭用私智則爭起名也者相軋也軋傾也知也者爭之器也二者凶器非所以盡行也非所以盡乎行世之道且德厚信矼扛矼慤實貌未達人氣已雖不用知而未爭於人之氣名聞不爭未達人心已雖不爭名而未通於人之心而彊以仁義繩墨之言術暴人之前者術通述是以人惡有其美也命之曰菑人以美形惡彼將不堪轉目之為害人之人菑人者人必反菑之若殆為人菑夫且苟為悅賢而惡不肖若不惡人之美而不加害是悅賢惡不肖之君也惡

用而求有以異其國何患無賢焉用汝表異於彼乎若唯無詔王公必將乘人而鬬其捷汝惟不語則已語則人君將乘汝之間先以言鬬汝以求勝而目將熒之目炫不敢仰視而色將平之色沮而強爲和口將營之吻間欲吐又吞容將形之容屢變而不安心且成之且釋已以就彼是以火救火以水救水名之曰益多始欲救其虐今且成之是相助而益增也順始無窮以爲姑順於始恐將來無盡期若殆以不信厚言明知不信猶進言不止必死於暴人之前矣且昔者桀殺關龍逢紂殺王子比干龍逢比干忠於桀紂者也是皆修其身以下傴拊人之民以下拂其上者也傴拊謂曲身撫摩以將其愛也上不愛民而我居其下從而傴拊之是即以下拂其上矣故其君因其修以擠音齊之擠排陷也是好名者也不欲

語 撫

令臣有勝君之名也。昔者堯攻叢枝胥敖。禹攻有扈。叢枝胥敖有扈三國。

名。國爲虛厲。居宅無人曰虛。死而無後曰厲。身爲刑戮。其用兵不止。是皆

其求實無已。三國日事干戈。自取滅亡。皆貪得無厭之心所致。求實謂求實利也。

求名實者也。而獨不聞之乎。言昔之求名實者如此。汝豈獨不聞乎。名

實。者。求名求實之輩。聖人之所不能勝也。聖亦不能。徒以道勝。而況若。

乎。雖然。若必有以也。以者挾持之具。嘗以語我來。顏回曰。端

而虛。道恐其雜。端正以取虛。勉而一。道恐其多。而勉强以取一。則可乎。曰。惡。

惡可。斷其不可。夫以陽爲充孔揚。强陽之氣充於內而發揚於外。采色

不定。顏色閃鑠。未能自然。常人之所不違。因案人之所感。常恆也。案

者揣測之意。言恆於人意不見違悖時。因揣測夫人之所感於吾者。以求容與其心。容與

寬慰之意名之曰日漸之德漸漬也不成而況大德乎冀人日日浸潤小有所得得者德也小且無成何論其大將執而不化虛一自是感人妙用特泥於端勉斯固執而少變通也外合而內不訾其庸詎可乎雖欲進言而天機不活未能有觸斯通故欲叶仍茹外既若與之迎合中亦無所責難將順之跡多而神明之用少以此救虐烏得謂之可乎然則我內直而外曲成而上比言出而上合古人內直者與天為徒與天為徒者知天子之與己皆天之所子而獨以己言蘄乎而人善之蘄者計較之意蘄乎而人不善之邪言之見用不用付之兩忘若然者人謂之童子純乎天眞是之謂與天為徒外曲者與人之為徒也擎跽曲拳擎執笏跽跪也曲拳鞠躬也人臣之禮也人皆為之吾敢不為邪為

人之所爲者人亦無疵焉是之謂與人爲徒成而上比者與古爲徒其言雖教謫之實也雖誘以善實責其過古之有也非吾有也若然者雖直不爲病不以我言爲謗是之謂與古爲徒若是則可乎仲尼曰惡惡可太多政法而不諜政正也言所取正取法者太多而未能審覘人意也諜偵事者之稱雖固亦無罪可免患矣雖然止是耳矣夫胡可以及化尚未能化人猶師心者也猶費如許營合之心顏回曰吾無以進矣敢問其方仲尼曰齋吾將語若有而爲之其易邪言汝且莫謂無以進師使有此上乘妙道爲之豈是易事謂不可勉強也易之者皞天不宜若謂可以勉強而易視之已與自然之天不合顏回曰回之家貧唯不飲酒不茹葷者數月

矣。若此則可以爲齋乎。曰。是祭祀之齋。非心齋也。回曰。敢問心齋。仲尼曰。若一志。無雜念也。無聽之以耳。而聽之以心。無聽之以心。而聽之以氣。耳有形而心則蘊於無形。心有覺而氣更神於不覺。聽止於耳。蓋聽以耳則不入於心。故曰止於耳。心止於符。聽以心則必有心以求其符合。故曰止於符。氣也者。虛而待物者也。形骸不隔。覺識胥融。唯道集虛。與太虛同體。虛者。心齋也。以虛爲齋。是救師心之藥。顏回曰。回之未始得使。未得教誨之時。實自回也。猶曰有我。得使之也。未始有回也。忘我。可謂虛乎。夫子曰。盡矣。汝能忘我。其義盡矣。吾語若。若能入遊其樊。藩籬。而無感其名。勿觸其有過之名目。入則鳴。不入則止。語默因其受不受。無門無毒。不開一隙。不發一藥。一宅而寓。

於不得已。宅心於一。寄己於若不自由之中。則幾矣。言於虛己應物之方。庶幾得之。
絕迹易。一切屏絕。不見行蹤。無行地難。神動天隨。不行而至。為人使易以
偽。為天使難以偽。天與人之分。有心無心而已。以有心感物而成化。是物為人所使也。
此尚易於偽託。以無心感物而成化。是物為天所使也。此更難以偽為。聞以有翼飛者
矣。未聞以無翼飛者也。無翼而飛。神運也。聞以有知知者矣。
未聞以無知知者也。無知而知。寂照也。瞻彼闋者。空隙。虛室生
白。白。光明也。吉祥止止。光明生於虛室。妙理生於虛心。止止。止者止於其所當止也。夫且
不止。是之謂坐馳。不行之行。坐而馳也。可見致虛之極。道備六通。非枯槁尸居者比。
夫徇耳目內通而外於心知。徇。使也。耳目在外而納之於內。心知在內而黜
之於外。鬼神將來舍。舍。止也。而況人乎。人豈有不化乎。是萬物之

化也。禹舜之所紐也。以此爲感化之樞紐。伏羲几蘧之所行終。伏羲即太皞。几蘧上古帝號。行終。行之終其身也。而況散焉者乎。散衆也。惟道集虛。虛者齋心之要義。亦化物之極則也。存諸己者如是。則因應之際。純任自然。直納恆河沙衆。於蓮華妙界中矣。雖曰寄跡人間。不已超出世網外哉。

葉攝公子高將使於齊。問於仲尼曰。王使諸梁也甚重。諸梁。子高名。甚重。謂國計攸關也。齊之待使者。蓋將甚敬而不急。貌相敬而緩於應事。匹夫猶未可動也。動。相强之意。而況諸侯乎。吾甚慄之。子嘗語諸梁也。曰。凡事若小若大。寡不道以懽成。未有無術。而能懽然成事者。事若不成。則必有人道之患。誤事取罪。事若成。則必有陰陽之患。憂思致疾。若成若不成。而後無患者。惟有德者能之。吾食也執粗而不臧。執，用也。臧，精也。爨無欲清之人。爨，司火者。清，涼也。今吾朝受命而夕飲冰。我其內熱與。吾未至乎事之情。尚未到行事實處。而既有陰陽之患矣。事若不成。必有人道之患。是兩也。為人臣者不足以任之。兩患交集，承受不起。子其有以語我來。惶恐求教。仲尼曰。天下有大戒二。大戒，大經法也。其一命也。其一義也。子之愛親。命也。不可解於心。其命相屬，以天合者。臣之事君。義也。無適而非君也。無所逃於天地之間。其分相統，以人合者。是之謂大戒。是以夫事其親者。不擇地而安之。不論境之順逆。孝之至也。夫事其君者。不擇事而安之。不論事之難易。忠之盛也。自事其心者。哀樂不易施乎前。由事親事君推到事心。任哀樂之紛乘。而此心之設施。確然不易。必如此此方能入世。方能出世。知其不可奈何。而安之若命。此非衰颯之謂。蓋惟看得透徹。自能行得從容。正事心之精蘊。德之至也。為人臣子者。固有所不得已。行事之情而忘其身。惟行事之實。不為身計也。何暇至於悅生而惡死。夫子其行可矣。心安理當。何二患之足言。丘請復以所聞。請即所聞者。復為陳說也。凡交近則必相靡以信。相親順以信行。遠則必忠之以言。相孚契以言語。言必或傳之。必託使以傳之。夫傳兩喜兩怒之言。兩國人君喜怒之言。天下之難者也。夫兩喜必多溢美之言。溢過也。兩怒必多溢惡之言。凡溢之類妄。多不實。妄則其信之也莫。莫遲疑貌。莫則傳言者殆。兩邊歸咎。故法言曰。傳其常情。無傳其溢言。則幾乎全。庶可自全。蓋示以傳言避患之方也。且以巧鬭力者。始乎陽。常卒乎陰。陽則明相搏擊。陰則暗算求勝。泰至。則多奇巧。泰至。過甚也。奇巧則傷人。即陰之謂也。以禮飲酒者。始乎治。常卒乎亂。治者初筵秩秩。亂者載號載呶。泰至。則多奇樂。即亂之謂也。凡事亦然。始乎諒。常卒乎鄙。諒誠信也。鄙鄙詐也。其作始也簡。先僅細故。其將畢也必巨。後遂釀成大事。○變本加厲。凡事皆然。不慎其始流弊益無窮矣。夫言者。風波也。不可不慎。行者。實喪也。風波既生。猶不止其行則虛言皆實禍矣。故曰實喪。風波易以動。實喪易以危。故忿設無由。忿怒之施。原非他故。巧言偏辭。不誠不正。獸死不擇音。氣息茀然。音通蔭。茀草亂生貌。巧言偏辭情狀如是。於是並生心厲。

言既無狀逆心中亦生惡意剋核太至剋迫切也核究覈也則必有不肖之心應之而不知其然也所以然者精明太過自不以好意度人在已亦逆不覺也苟爲不知其然也孰知其所終已果不覺則愈行愈誤其終不可問矣故法言曰無遷令遷就也令君之命也無勸成勸勉強之意謂有心速其成也過度益也過度逾常格也格外求全故謂之益也遷令勸成殆皆非常度事一念過當事已危矣美成在久謂鄰好既結亦當保其有終惡成不及改若一失好則不可挽回成事難而敗事易如此可不愼與且夫乘物以遊心乘物理之自然而遊心於無物之天託不得已以養中託於義命之不得已而隨分自盡以養吾心不動之中至矣道之極則何作爲報也此外更何所作意以期報命於君父乎莫若爲致命此其難者但以眞實致君之命此即難能之事能爲其難

則不特無心避患，并慮患之念亦不存矣。陰陽人道，二患迭興。曰忘身，曰事心，曰養中，皆人世避患之方也。無所擇而能安，是之謂得大解脫。

顏闔將傅衛靈公太子。顏闔，魯賢人。靈公名元。太子，蒯聵也。而問於蘧伯玉曰。有人於此。其德天殺。得天獨薄。與之為無方。縱其敗度。則危吾國。必覆邦家。與之為有方。制以法度。則危吾身。將先害己。其知適足以知人之過。而不知其所以過。若然者吾奈之何。蘧伯玉曰。善哉問乎。戒之慎之。正女身哉。自盡其道。形莫若就。外為親附之形。心莫若和。內寓調濟之意。雖然。之二者有患。猶未盡善。就不欲入。雖附之不可陷於其惡。和不欲出。雖調之不宜顯己之善。形就而入。且為顛為滅為崩為蹶。依阿受禍。心和而出。

且爲聲爲名。爲妖爲孽。（招忌致災。）彼且爲嬰兒。（無知識。）亦與之爲嬰兒。彼且爲無町畦。（町畦。皆田區也。）亦與之爲無町畦。彼且爲無崖。（無涯際也。）亦與之爲無崖。達之入於無疵。（一切姑順其意。至於達我意處。則渾然而入。使彼無疵病可尋。是寓有方於無方中也。此蓋示以兩全之策。）女不知夫螳蜋乎。（有斧之蟲。）怒其臂以當車轍。不知其不勝任也。是其才之美者也。（是自是也。）戒之慎之。積伐而美者以犯之。（屢矜伐爾之美行以犯人。）幾矣。（幾。殆也。此喩用己則致禍也。）女不知夫養虎者乎。不敢以生物與之。爲其殺之之怒也。不敢以全物與之。爲其決之之怒也。（決。分裂也。皆恐觸動其性。）時其饑飽。達其怒心。虎之與人異類而媚養己者。順也。（人順其性故也。故其殺者，逆也。此喻順物則受福也。夫愛馬者，以筐盛矢，以蜄盛溺。蜄，灰泥之器。適有蚊虻僕緣，而拊之不時，蚉虻皆飛蟲之齧人者。僕，附也。緣，依也。拊，拍也。不時，謂出馬不意也。則缺銜毀首碎胸。決裂口銜，毀碎胸首之飾，馬驚而逸故也。意有所至，而愛有所亡，以一時之意所及，偶疏，將平日之愛盡棄，可不慎邪。上言虎至暴，而順之則馴；此言馬易馴，而驚之則暴。以見謹防於平日，尤不可暫忽於一時。

無方者危，有方亦危。擾擾寰中，幾無從插足矣。惟至人與物大順，而不用己。人君天君，事之者一無入而不自得，道之所謂圓而神也。

匠石之齊，石，匠名。至於曲轅，曲道也。見櫟歷社樹，櫟似樗之木。社，土神。封土以祀之，櫟生其上。其大蔽數千牛，樹身可以隱牛數千也。絜之百圍，

（絜，量也。一抱曰圍。）其高臨山十仞（高出十仞之上，故曰臨。）而後有枝，（於山後已望見其枝。）其可以為舟者（大可刳舟者。）旁十數。（旁，旁枝。）觀者如市，匠伯不顧，（伯，長也。）遂行不輟。弟子厭觀之，（飽看。）走及匠石，曰：自吾執斧斤以隨夫子，未嘗見材如此其美也。先生不肯視，行不輟，何邪？曰：已矣，勿言之矣！散木也，（不合於用為散。）以為舟則沈，以為棺椁則速腐，以為器則速毀，以為門戶則液樠，（樠，樠然汗出也。）以為柱則蠹。是不材之木也，無所可用，故能若是之壽。匠石歸，櫟社見夢曰：女將惡乎比予哉？若將比予於文木邪？夫柤梨橘柚果蓏之屬，（柤似梨而酸。果，木實。蓏，草實。）實熟則剝，（剝，擊落也。）剝則辱；大枝折。小枝泄。洩漏其氣此以其能苦其生者也。以材自取害故不終其天年而中道夭。自掊剖擊於世俗者也。物莫不若是。且予求無所可用久矣。幾死。乃今得之。為予大用。使予也而有用。且得有此大也邪。且也若與予也。皆物也。奈何哉其相物也。而幾死之散人。又惡知散木。言爾近死之人。既不材。又不壽。則予之得大壽而隱於不材者。爾又惡足知之。而竟以散木視予邪

匠石覺而診其夢。診占也弟子曰。趣取無用。則為社。何邪。言櫟既急取無用以全身。則何必又託於社以自存邪曰。密。閉口若無言。勿再言彼亦直寄焉。以為不知己者詬厲也。詬詈也。厲病也。言彼之寄跡於社。特欲借此為不知己者譏議之地。以自掩其質也。不為社者。且幾有翦乎。翦伐

也。言豈眞賴爲社以自存邪。且也彼其所保與衆異。而以義譽之。不亦遠乎。未可以常理稱也。和光隱耀。寄跡人間。不苦其生。詩斯永矣。無所可用。乃得大用。彼幾死之散人。其亦知木猶如此乎。

南伯子綦遊乎商之丘。見大木焉。有異。結駟千乘。駟者一乘而四馬也。隱將芘其所藾。芘通庇。藾蔭也。謂其枝所蔭千乘可隱而芘也。子綦曰。此何木也哉。此必有異材夫。仰而視其細枝。則拳曲而不可以爲棟梁。俯而視其大根。則軸解而不可以爲棺槨。軸解。木紋旋散也。咶其葉。則口爛而爲傷。咶通舐。以舌取也。嗅之。則使人狂酲三日而不已。嗅。以鼻取也。酒病曰酲。子綦曰。此果不材之木也。以至於此其大也。嗟乎神人以此不材。以用也用以免患　宋有荊氏者。荊氏地名宜楸柏桑。楸梓類其拱把而上者。求狙猴之杙者斬之。杙繫猴之橛也三圍四圍。求高名之麗者斬之。高名謂高門名家也麗通欐屋棟也七圍八圍。貴人富商之家。求樿（善）旁者斬之。樿旁棺之一邊全者故未終其天年。而中道之天於斧斤。此材之患也。故解之以牛之白顙者。解巫祝解除之說　與豚之亢鼻者。亢仰也　與人有痔病者。痔後瘀也不可以適河。適往祭也巫覡惑眾往往將人沈河以祭此皆巫祝以知之矣。所以為不祥也。因其無用故巫祝目為不祥也此乃神人之所以為大祥也。藉以全生祥莫大焉

無用於世。自不戕於人。觀壽天之故。祥不祥從可知矣。再言神人。以明仙凡去取之異。

支離疏者。頤隱於齊。齊通臍。肩高於頂。會撮指天。會撮。髻也。髻在頂中。頭低故指天。五管在上。背屈則五臟之管向上。兩髀為脅。髀。股也。脅。腋下兩脅也。脊屈。故大腿與肩相亞如脅。挫鍼治繲。挫鍼。縫衣也。治繲。浣衣也。足以餬口。鼓筴播精。鼓。簸也。筴。音頰。小箕也。精。米之韲者。足以食十人。上徵武士。則支離攘臂於其間。可免徵調。上有大役。則支離以有常疾不受功。不任功作。上與病者粟。則受三鍾。六斛四斗曰鍾。與十束薪。獨受厚賑。夫支離其形者。猶足以養其身。終其天年。又況支離其德者乎。

常人以身涉世。最難者得所養而終其天年。若更進而上之。此是何等修行。何等自在。引而不發。而特設以微詞。漆園覺世之意深矣。

孔子適楚。楚狂接輿遊其門曰。鳳兮鳳兮。何如德之衰也。來世不可待。往世不可追也。天下有道。聖人成焉。成其能。天下無道。聖人生焉。全其生。方今之時。僅免刑焉。福輕乎羽。莫之知載。禍重乎地。莫之知避。已乎已乎。臨人以德。謂傲物也。殆乎殆乎。畫地而趨。喻愼行也。迷陽迷陽。多刺之草。無傷吾行。吾行卻曲。行擇隙地不敢直前。無傷吾足。山木自寇也。自取伐。膏火自煎也。自取熬。桂可食。故伐之。漆可用。漆木之液可飾器物。故割之。人皆知有用之用。而莫知無用之用也。

成能者用。全生者體。用不行而體自立。道所謂至樂活身也。彼皆不知。求利達於人間。而卒罹其患可不謂大哀乎。

善處人者。用人而不爲人用。善處已者。無用以成其大用。致虛則不毀。養生則常存。其逍遙於人間者。入世猶出世也。此之謂神人。此之謂聖人。

德充符第五

魯有兀者王駘（刖足曰兀）從之遊者與仲尼相若常季問於仲尼曰王駘兀者也從之遊者與夫子中分魯（各得半）其立不教坐不議（王駘都無言論）虛而往實而歸（從者皆有所得）固有不言之教無形而心成者邪（以心相感成於不覺）是何人也仲尼曰夫子聖人也丘也直後而未往耳（直猶特也）丘將以爲師而況不若丘者乎奚假魯國（奚假猶何但也）丘將引天下而與從之常季曰彼兀者也而王先生（儼爾人師）其與庸亦遠矣（與庸人相遠）若然者其用心也獨若之何仲尼曰死生亦大矣而不得與之變（眞常不易）雖天地覆墜

亦將不與之遺。遺失也。得永得。一審乎無假。認定眞宰。而不與物遷。隨處不離。命物之化而守其宗也。主持物化，而執其樞紐，以上言其用心處。常季曰。何謂也。仲尼曰。自其異者視之，肝膽楚越也。就形質而論一身亦各有主名。自其同者視之，萬物皆一也。即眞元而觀萬物實共此主宰。夫若然者。指王駘。且不知耳目之所宜，而遊心乎德之和。德者得也，和者元氣也，人所得之於天者也。遊心於此，且收視返聽矣，豈猶是尋常耳聰目明之用哉。物視其所一，而不見其所喪。認定眞元，不復關心形質。視喪其足，猶遺土也。常季曰。彼爲己。並無人之見存。以其知得其心。即所謂審乎無假。以其心得其常心。即所謂不與物遷。物何爲最之哉。最尊也。仲尼曰。人莫鑑於流水，而鑑於止水。

唯止。能止。眾止。言唯止水善鑒。故能止眾止之求鑒者。皆止於此也。受命於地。唯松柏獨也。在。言其不凋。冬夏青青。受命於天。唯舜獨也。正。幸能正生。以正眾生。幸能自正其生性。而物性亦皆受正。○皆喻騐之得天獨厚。故人自從之也。夫保始之徵。不懼之實。人能善保始氣。則心游物初。自有不動之之徵。是不必如尚氣者專言不懼而已得其實矣。勇士一人。雄入於九軍。死亡不懼。將求名而能自要者。而猶若是。將求勇名而期於必成者。尚能忘其生死。而況官天地。官猶官骸。言體之也。府萬物。府藏聚處。言備之也。直寓六骸。以六骸為吾寄寓。象耳目。以耳目為吾迹象。一知之所知。心不二用。而心未嘗死者乎。至人心如死灰。而死灰中卻全是生氣。所謂不生不滅。彼且擇日而登假。假通遐。待時至而升於高遠也。人則從是也。人自不能舍之。彼且何肯以物爲事乎。爲己而已。

得其常故不死。天下事莫大於死生。舍己爲人。有心者當不如是。

申徒嘉。申徒氏。嘉名。兀者也。而與鄭子產同師於伯昏無人。子產謂申徒嘉曰。我先出則子止。子先出則我止。恥與偕行。其明日。又與合堂同席而坐。子產謂申徒嘉曰。我先出則子止。子先出則我止。今我將出。子可以止乎。其未邪。且子見執政而不違。違。避也。子齊執政乎。申徒嘉曰。先生之門。乃論德之地也。當頭棒喝。固有執政焉如此哉。子而說子之執政而後人者也。挾貴陵人。聞之曰。鑑明則塵垢不止。止則不明也。久與賢人處則無過。有賢者如鑑故。

今子之所取大者先生也。取大者求廣識見也而猶出言若是。不亦過乎。是以塵垢自蔽其明也子產曰。子既若是矣。形已受殘猶與堯爭善。堯乃善之至者故以爲言計子之德。不足以自反邪。言必有不堪自問之處申徒嘉曰。自狀其過。以不當亡者衆。狀陳也言使人自陳其過則人人皆謂不當受亡足之刑不狀其過。以不當存者寡。不使人自陳其過則更無一人以爲不當享存足之福知不可奈何。而安之若命。唯有德者能之。有德者雖不當亡足而不以亡足介意蓋眞能知命者也遊於羿之彀中。羿古善射者弓矢所及之地謂之彀中中央者。中地也。然而不中者。命也。以喻當刖而幸免也人以其全足笑吾不全足者衆矣。我怫然而怒。而適先生之所。則廢然而返。能取大而失所以怒。不知先生之洗我以善邪。以善洗濯我之怒意，在我並不自知也。吾與夫子遊十九年矣，而未嘗知吾兀者也。不見形骸。今子與我遊於形骸之內，同遊於先生之門，自當忘形而論德。而子索我於形骸之外，跡象。不亦過乎。子產蹵然改容更貌曰：蹵然，立不安貌。子無乃稱。慚謝，再不必如是言。

形骸之內，真宰存焉。申徒嘉遊心於此，正其善造命處。

魯有兀者叔山無趾，叔山氏，無足趾，因以自名。踵見仲尼。無趾，故以踵行。仲尼曰：子不謹，前既犯患若是矣，雖今來，何及矣。斷者不可復續。無趾曰：吾惟不知務而輕用吾身，吾是以亡足。今吾來也，猶有尊足者存。有尊於足者，不在形骸。吾是以務全之也。夫天無不覆。地無不載。吾以夫子爲天地。安知夫子之猶若是也。孔子曰。丘則陋矣。夫子胡不入乎。請講以所聞。無趾出。徑去。孔子曰。弟子勉之。夫無趾兀者也。猶務學以復補前行之惡。而況全德之人乎。無趾語老聃曰。孔丘之於至人其未邪。彼何賓賓以學子爲。賓賓。文貌。學子。猶學人也。彼且蘄以諔詭幻怪之名聞。諔詭。猶奇譎也。謂非常名譽也。不知至人之以是爲己桎梏邪。桎。足械。梏。手械。老聃曰。胡不直使彼以死生爲一條。無死無生。以可不可爲一貫者。無是無非。解其桎梏。其可乎。無趾曰。天刑之。安可解。刑曰天刑。可見非刑於人者比。

人刑可見。天刑不可見。陰陽之食。視金木之訊爲倍毒矣。哀哀衆生。其如此無形之桎梏何。

魯哀公問於仲尼曰。衛有惡人焉。惡醜也。曰哀駘它。哀駘醜貌。它其名也。丈夫與之處者。思而不能去也。婦人見之。請於父母曰。與爲人妻。寧爲夫子妾者。十數而未止也。未嘗有聞其唱者也。不先人。常和人而已矣。惟感而應。無君人之位。以濟乎人之死。無活人之權勢。無聚祿以望人之腹。無養人之財賄。望。如月望飽滿之義。又以惡駭天下。無悅人之色貌。和而不唱。無動人之言詞。知不出乎四域。無過人之智慮。且而雌雄合乎前。即所謂丈夫之思。婦人之請也。是必有異乎人者也。寡人召而觀之。果以惡駭天下。與寡人處。不至以月數。數之不及一月。而寡人有意乎其為人也。不至乎期年。而寡人信之。國無宰。而寡人傳國焉。將授以國政。而使之為宰。悶然而後應。氾若而辭。悶然者凝於神。氾若者游於虛。若應若辭。皆無心也。寡人醜乎。恐其不受。轉以為醜。卒授之國。無幾何也。不多時。去寡人而行。寡人卹焉。若有亡也。卹。憂貌。亡。遺失也。若無與樂是國也。雖撫有一國。而樂意若不相屬。是何人者也。是何等人。仲尼曰。丘也嘗使於楚矣。適見㹠子食於其死母者。少焉眴若。眴。目搖也。㹠子作覺母死。而驚眩也。皆棄之而走。不見己焉爾。以母於己。不似生時之見己爾。不得類焉爾。以己視母。又不類生時之狀爾。所愛其母者。非愛其形也。愛使其形者也。本也。戰而死者。其人之葬也。不以翣翣。飾武之具。資。刖者之屨。

無爲愛之。資給也刖者無足故於屨無所愛皆無其本矣。戰以武爲本屨以足爲本此皆無之〇喩無本者無足愛則有本者之必爲人愛可知爲天子之諸御。妃嬪不爪翦。不穿耳。全其形以邀至尊之盼取妻者止於外。不得復使。不復入應官役逸其形以結新婚之歡形全猶足以爲爾。使人愛之而況全德之人乎。全德即有本之人今哀駘它未言而信。無功而親。使人授己國。唯恐其不受也。愛之如此是必才全而德不形者也。哀公曰。何謂才全。仲尼曰。死生存亡。窮達貧富。賢與不肖。毀譽飢渴寒暑。是事之變。命之行也。事人事命天命也日夜相代乎前。而知不能規乎其始者也。規計也不無根源何從計其緣起故不足以滑和。滑亂天和不可入於靈府。虛靈之府。使之和豫通而不失於兌。豫悅流通。而不失其自得之意。兌卽和也。使日夜無郤（隙）。而與物爲春。郤間也。是接而生時乎心者也。溫然生氣。心與天通。是之謂才全。何謂德不形。曰。平者。水停之盛也。天下之平。莫盛於停水。其可以爲法也。水平中準。大匠取法。內保之而外不蕩也。蕩溢也。德者。成和之修也。和不滑。故成。修此者卽爲德。德不形者。不形者。內保之而不蕩。一水之停也。物不能離也。飲和者必親愛乎德。猶取平者必師法乎水也。哀公異日以告閔子曰。始也吾以南面而君天下。執民之紀。而憂其死。執持綱紀。恐傷民生。吾自以爲至通矣。通達治術。今吾聞至人之言。才全德不形之說。恐吾無其實。無才德之實。輕用吾身。而亡吾國。吾與孔丘。非君臣也。德友而已矣。和無不通。有形斯隔。使物忘我。乃益我親。匪特見者心傾。且令聞者內愧。非至人不足當此詣。非至人亦不能為此言。

闉跂支離無脤。闉。曲也。曲城曰闉。體曲者似之。跂。企也。謂脚根不着地也。支離。形不整也。無脤。謂無脣也。總諸般醜形以為號也。說衛靈公。靈公說之。而視全人。其脰肩肩。脰。頸也。肩肩。細竦貌。甕㼜大癭。甕㼜。皆瓦器。癭。瘤也。項下生瘤。大如甕㼜也。說齊桓公。桓公說之。而視全人。其脰肩肩。故德有所長。而形有所忘。人不忘其所忘。形宜忘而不忘。而忘其所不忘。德不宜忘而忘。此謂誠忘。是眞有善忘之病。故聖人有所遊。遊心於和。而知為孽。智計之巧。乃支孽也。如草木之旁出者。約為膠。約束之禮。乃膠漆也。

非自然而合者。德爲接。德者得也。既失而得。乃接續也。如中斷而復聯者。工爲商。工者巧也。惡拙尚巧。乃商賈也。如居奇而求售者。聖人不謀。無思無慮。惡用知。不斵。質任自然。惡用膠。無喪。本無亡失。惡用德。不貨。本非貿易。惡用商。四者。天鬻也。鬻。養也。天鬻也者。天食也。呼吸元氣。故曰天食。既受食於天。又惡用人。猶言不食人間煙火。有人之形。無人之情。有人之形。故羣於人。與人共處。無人之情。故是非不得於身。眇乎小哉。形爲萬物中之一物。所以屬於人也。謷敖乎大哉。獨成其天。謷。大貌。情累盡捐。匪特配天。且浩浩而自成其天也。

德不形故形忘。形忘益以神其德。蓋至卽色卽空。有無俱遣。則死灰槁木。且爲太上之忘情矣。孟子曰。從其大體爲大人。舍人而言天。乃覺層樓益上。

惠子謂莊子曰。人故無情乎。莊子曰。然。惠子曰。人而無情。何以謂之人。莊子曰。道與之貌。天與之形。惡得不謂之人。惠子曰。既謂之人。惡得無情。惠子蓋以人之靈性爲情

莊子曰。是非吾所謂情也。吾所謂無情者。言人之不以好惡內傷其身。常因自然而不益生也。益生者謂裨益於所生之外而以人爲參之也惠子曰。不益生何以有其身。惠子以爲生須人事滋培之莊子曰。道與之貌。天與之形。無以好惡內傷其身。今子外乎子之神。馳騖其神勞乎子之精。疲困其精倚樹而吟。行之倦也據槁梧而瞑。據枯木以爲几而瞑坐之疲也天選子之形。天於萬物之中特授子以人形子以堅白鳴。不能因任自然徒以口舌之辯安自爭鳴也

火生焚木。情熾傷身。身也者。貌與形之所託。神與精之所居也。惟能性命雙修。不生不滅。斯在天在人。兩無負矣。

上德不德。充於內自符於外。此中有人。殆未可以貌取也。觀於師弟之契。朋友之交。君臣之合。夫婦之從。道且如是。則夫父子兄弟之本以天屬者。無待言矣。夫官骸之薇撒之所以忘形。智能之矜蹈之適以敗德。惟內視外觀。無心無物。情來歸性。斯庶幾耳。老子云。外其身而身存。又曰生而不有。又曰或益之而損。然則天鬻天食。所謂元德之充符者。固不在尋常世法中矣。

大宗師第六

知天之所爲。謂精氣神。知人之所爲者。鍊精鍊氣鍊神。至矣。知天之所爲者。天而生也。精氣神皆由天生。然生之之故。非知道者不知。知人之所爲者。以其知之所知。以養其知之所不知。涵泳性靈。漸充漸滿。以至於知天知人而無不知。方謂之養。並非恝然安於不知也。終其天年而不中道天者。是知之盛也。雖然有患。言未可空言知也。夫知有所待而後當。養到知人知天。方爲了當。其所待者。特未定也。有待於養。則知之究竟。尚難預定。庸詎知吾所謂天之非人乎。所謂人之非天乎。元精元氣元神。天也。交感之精。呼吸之氣。思慮之神。人也。天人之際。極精極微。差若毫釐。謬以千里。且有眞人而後有眞知。可見眞知。非僅從冥悟中來。何謂眞人。

古之眞人。不逆寡。寡者。少數也。道雖少而不逆。順以生之也。呂氏春秋所謂凡生長也。順之也。不雄成。成者。全數也。道雖全而不雄。雌以守之也。老子所謂守其雌也。不謩士。士。事也。不謨事者。無思無慮也。若然者。過而弗悔。當而不自得也。過。失也。當。得當也。一意精修。失得不計。若然者。登高不慄。入水不濡。入火不熱。外物不能害。是知之能登假於道也若此。登。升也。假。音格。至也。言具如此眞知。故有如登高至遠。於道無不明。無不行也。○眞人一解。古之眞人。其寢不夢。其覺無憂。其食不甘。世味澹也。其息深深。息。調息也。深深。所謂不聲不滯。神氣相依也。眞人之息以踵。呼吸通於湧泉。踵。足根也。衆人之息以喉。咽喉。屈服者。議論爲人所屈者。其嗌言若哇。嗌。聲之入。言。聲之出。哇。吐也。言爲人屈。則喉閒吞吐。有如欲哇之狀。息以喉者類此。其耆（嗜）欲深者。其天機淺。

妄念憧擾則眞息不調。○眞人二解。古之眞人。不知說生。不知惡死。其出不訢。其入不距。出生也。入死也。距逆也。翛然而往。翛然而來而已矣。翛然。無累貌。視死生一往來之常。不忘其所始。知生之源。不求其所終。任死之歸。受而喜之。受生之後常自得。忘而復之。忘其死而復歸於天。是之謂不以心捐道。不以人助天。勿忘勿助。捐。棄也。是之謂眞人。若然者。申贊之。其心志。志者。專一之貌。心之所之爲志。其容寂。靜也。其顙頯。愧顙。額也。頯。大朴貌。淒然似秋。滋味冷淡。暖然似春。神氣沖和。喜怒通四時。生殺無心。猶四時之行也。與物有宜。隨事合宜也。而莫知其極。極。主宰也。故聖人之用兵也。亡國而不失人心。亡國亡人之國。利澤施乎萬世。不爲愛人。借聖人治世之無心。明眞人之無心。用兵是自然之義利澤是自然之仁故樂通物非聖人也聖無不通而非逐物以求通故樂通物則非聖有親非仁也仁無不親有親則有不親矣故非仁天時非賢也賢者接而生時於心泥於天時故曰非賢利害不通看得不透未免趨避非君子也行名失己己實也非士也亡身不眞非役人也奔馳索死無當眞性徒爲人役焉能役人若狐不偕務光伯夷叔齊箕子胥餘紀他申徒狄是役人之役適人之適而不自適其適者也斯皆徇彼傷我亡身不眞者也○眞人三解古之眞人其狀義而不朋與物宜而無私若不足而不承欲若不足而非卑以承人與乎其觚而不堅也與容與觚方也安然守方而非固執張乎其虛而不華也恢然清虛而有實詣邴邴乎其似喜乎邴邴喜貌似喜者不可指爲眞喜也崔乎其不得已乎

崔乎動貌不得已者非好動也滀乎進我色也。滀水聚也水聚則有光澤色以充而粹也與乎止我德也。與閒適貌德以靜而安也厲乎其似世乎。謷（敖）乎其未可制也。厲醜意跡似同流合污實則謷然高放連乎其似好閉也。悗（免）乎忘其言也。連檢括之意悗無心貌跡似有意緘默實則無心渾忘以刑爲體。以者假借之意以禮爲翼。翼輔翼以知爲時。相時而動以德爲循。循德而行以刑爲體者。綽乎其殺也。綽有餘之意殺損也損其有餘以至損而又損一若刑爲其體者然以禮爲翼者。所以行於世也。與世無忤依往咸宜一若禮爲其翼者然以知爲時者。不得已於事也。閲然後應一若相時而動者然以德爲循者。言其與有足者至於邱也。邱土之高者不行自至若循德而行者然而人眞以爲勤行者也。自然託於勉然故其好之也一。其可好而好之也常情類然眞人獨視之若一不見其可好也其弗好之也一。其可惡而惡之也常情類然眞人亦視之若一不見其弗好也其一也一。其視本無可好本無可惡一者固一其不一也一。其視顯有可好顯有可惡不一者亦一其一與天爲徒。其於一者循其自然而已所謂與天爲徒也其不一與人爲徒。其於不一者因物付物而已所謂與人爲徒也天與人不相勝也。凡物偏用則相勝眞人任天順人妙協中和性無偏執故曰不相勝也是之謂眞人。眞人四解死生。命也。其有夜旦之常。天也。死生定於命猶夜旦之運於天人之有所不得與。言人無所用其力皆物之情也。言凡物皆然無如命何也○漆園言外之意正是教人於無可著力處著力蓋惟道能造命惟得道者能超出死生之外人果棲心至道自有不與物同盡者故下文形容道妙特借能制人生死之君作襯以示超越衆形主宰萬化至親至尊道固無可比擬也彼特以天爲父。彼謂君也以天爲父者天子而父母斯民者也而身猶愛之。謂其仁如天君實生我也而況其卓乎。卓卓然於人君之上者人特以有君爲愈乎已。有君得君也愈勝也已故我也而身猶死之。謂事君以忠不敢愛其死也而況其眞乎。夫卓者眞者何道也卽大宗師也惟道造命固當舍生忘死以求之矣泉涸。魚相與處於陸。相呴吁以溼。呴口相向也溼水氣也相濡以沫。濡潤也。不如相忘於江湖。與其譽堯而非桀也。人離道而相譽相非猶魚之失水而相呴相濡也不如兩忘而化其道。道謂分是分非之道惟於卓者眞者求之斯是非渾忘矣夫大塊載我以形。勞我以生。佚我以老。佚逍也息我以死。人生不過百年自始至終造化安排若有成局故善吾生者。乃所以善吾死也。惟生時善養生主卽死亦必異於常人夫藏舟於壑。

藏山於澤。謂藏舟於山谷之閒。而山又掩藏於澤中。而非外露者。謂之固矣。然而夜半有力者負之而走。昧者不知也。藏小大有宜。藏小於大宜也。猶有所遯。言生必有死。譬諸藏物之遁。並不自覺。所謂寇莫大於陰陽也。若夫藏天下於天下。而不得所遯。此言欲善其藏。必所藏之物。與藏物之區。充滿宇宙。其大適相等。使此外更無餘地。庶可保其不遯。否則未有不遯者也。藏之之難如此。是恆物之大情也。尋常物理大概如是。○觀藏物之終亡。可知養形之終。做特犯人之形而猶喜之。犯者偶然相值之意。若人之形者。萬化而未始有極也。極盡也。其爲樂可勝計邪。故聖人將遊於物之所不得遯而皆存。萬物共此根。根本發生之地。物所不得逃也。聖人遊心於此。則宇宙在手。萬化生身。一存而無不存矣。善夭。善老。善始。善終。人猶效之。人類萬有不齊。或短而夭。或壽而老。或植基於始。或正命以終。但有一端全其性善。常人猶則效之。又況萬物之所係。而一化之所待乎。係繫也。所繫命者。待資也。所資始者。此蓋謂大宗師也。至人得此。則生死不足言矣。夫道有情有信。有情靜之動也。有信動之符也。無爲無形。無爲損之又損也。無形元之又元也。可傳而不可受。心傳未絕。而受者殊難其人。可得而不可見。得心得。見目見。自本自根。道爲事物之根本。更無可爲道之根本者。未有天地。自古以固存。未有天地先有道。自太古以至今日。道固無往不存。神鬼神帝。鬼者造化之迹。帝者主宰之精。不神之神。皆道神之也。生天生地。一陰一陽。生於道也。在太極之先而不爲高。極屋柱名。元氣爲天地之極。故曰太極。太極之先。謂無極也。在六極之下而不爲深。六極六合也。六極之下。即佛書所謂風輪持之。乃九地之最幽者。先天地生而不爲久。長於上古而不爲老。道妙如此。狶韋氏得之以挈天地。狶韋氏、上古帝號。挈、提挈也。伏羲氏得之以襲氣母。襲、合也。氣母、元氣也。維斗得之終古不忒。北斗爲天綱維、故曰維斗。不忒者、不易其度也。日月得之終古不息。堪坏得之以襲崑崙。丕 堪坏、神名。襲、入也。馮夷得之以遊大川。馮夷、水神。肩吾得之以處泰山。肩吾、山神。黃帝得之以登雲天。顓頊得之以處玄宮。玄天之宮。禺強得之立乎北極。愚 禺強、北海神也。西王母得之坐乎少廣。少廣、穴名。莫知其始。莫知其終。彭祖得之上及有虞、下及五伯。年八百歲。傅說得之以相武丁、奄有天下。乘東維。騎箕尾。而比於列星。箕尾二星、居東方七宿之數、維持東方。傅說一星、實臨其上。若控御者然、故曰乘東維騎箕尾上、與列星比也。〇歷引得道者以為證。道不可名。故強為之容。虛以擬之。實以證之。彌親彌尊。而道之無外者見矣。

南伯子葵問乎女偊禹曰。子葵。即子綦。子之年長矣。而色若孺子何也。曰。吾聞道矣。南伯子葵曰。道可得學邪。曰。惡。惡可。子非其人也。夫卜梁倚有聖人之才。卜梁。姓。倚。名。而無聖人之道。我有聖人之道。而無聖人之才。吾欲以教之。庶幾其果為聖人乎。難之之詞。不然。以聖人之道告聖人之才。亦易矣。吾猶守而告之。言待其可告而後告之也。參日。而後能外天下。世界。不知有已外天下矣。吾又守之。七日。而後能外物。人事。不知有已外物矣。吾又守之。九日。而後能外生。（不知有身也。）已外生矣，而後能朝徹。（平旦清明。）朝徹而後能見獨。（獨卽一也。）見獨而後能無古今。（夙信已通，無分今古。）無古今而後能入於不死不生。殺生者不死。（心死則身生。陰符經所謂人發殺機也。）生生者不生。（能長生者心如死灰，卽心經不生不滅之義也。）其爲物。（道之爲物。）無不將也。（將，送也。）無不迎也。無不毀也。無不成也。（於將迎毀成之際，無乎不在，而隨在皆形其自在。）其名爲攖寧。攖寧也者，攖而後成者也。（於世故攖擾之中，而成吾大定。）南伯子葵曰：子獨惡乎聞之？曰：聞諸副墨之子。（文字生於語言，故以書之墨本者爲副。）副墨之子聞諸洛誦之孫。（洛猶樂也，誦成誦也。）洛誦之孫聞之瞻明。（見之徹也。）瞻明聞之聶許。（附耳私語，聽之而心許也。）聶許聞之需役。（需，待。）

也。役。行也。需役聞之於謳。烏詠歎而長吟也。於謳聞之玄冥。深杳之中。玄冥聞之參寥。參。參倚。寥。空虛也。參寥聞之疑始。似有始而未嘗有始也。以上由文字之粗迹。遞推之以至精之又精。意蓋謂大道之傳。由外而內。究其本始。實吾性天中所自有也。

○自副墨至疑始。皆寓名。學道之功。聞道之序。遞推遞進。確有師承。即寓名之中。亦各存精義。正未可以戲言目之。

子祀。子輿。子犁。子來。四人相與語。曰。孰能以無為首。首以喻始。以生為脊。脊以喻中。以死為尻。尻以喻終。脊骨盡處曰尻。孰知死生存亡之一體者。譬猶自首而脊而尻。總為吾之一體也。吾與之友矣。四人相視而笑。莫逆於心。遂相與為友。俄而子輿有病。子祀往問之。曰。偉哉。夫造物者。將以予為此拘拘也。歎造物與以形骸將爲己累也。曲僂（褸）發背。曲僂。曲背狀。發背。瘖也。上有五管。瘖孔。頤隱於齊。通臍。肩高於頂。句（勾）贅指天。句。曲也。贅。頂脽。句曲其頂脽故指天。皆極寫其曲僂也。陰陽之氣有沴（麗）。沴。氣亂也。其心閒而無事。不以病累心也。跰（駢）躚（仙）而鑑於井。跰。並足貌。躚。斜行貌。曰。嗟乎。夫造物者。又將以予爲此拘拘也。上歎有身爲己累。此又歎有病爲身累。字句同而意自別。子祀曰。女惡之乎。曰。亡（無）。予何惡。浸假而化予之左臂以爲雞。浸。漸也。假。設也。予因以求時夜。浸假而化予之右臂以爲彈。予因以求鴞炙。浸假而化予之尻以爲輪。以神爲馬。予因而乘之。豈更駕哉。言即乘即駕。更不他求也。且夫得者。時也。失者。順也。得失即生死也。安時而處順。哀樂不能入也。

此古之所謂縣解也而不能自解者物有結之爲物情所累也且夫物不勝天久矣能全其天何往不可吾又何惡焉俄而子來有病喘喘然將死喘喘氣促貌其妻子環而泣之子犁往問之曰叱避無怛化怛驚也叱其妻子避去恐驚垂死者之神使不得化也倚其戶與之語曰偉哉造化又將奚以女爲將奚以女適化作何物化往何處以女爲鼠肝乎以女爲蟲臂乎皆物之至微者子來曰父母於子東西南北惟命之從陰陽於人不翅於父母彼近吾死近猶迫也而我不聽我則悍矣彼何罪焉夫大塊載我以形勞我以生佚我以老息我以死故善吾生者乃所以善吾死也今大冶鑄金

大冶（大冶鑄匠）金踴躍曰。我且必爲鏌鋣。（古良劍名）大冶必以爲不祥之金。今一犯人之形。而曰人耳人耳。夫造化者必以爲不祥之人。今一以天地爲大鑪。以造化爲大冶。惡乎往而不可哉。成然寐。蘧然覺。

至人形全精復。與神爲一。宇宙在手。其名爲同帝。病如子輿子來。似逆來順受。一聽命於造物之天。然體雖憊而心則閒。神雖往而無不可。可見與化推移。卽歷盡劫灰。我之爲我者自若。蓋在天之天氣數也。在我之天眞宰也。人果得其眞宰。雖不必爭權於氣數。而究非氣數所能傷。不然。死生亦大矣。是誠何心。而直以時順安之。寐覺例之乎。從可知輕視死生者。必別有不生不死者在也。

子桑戶。孟子反。子琴張。三人相與友。曰。孰能相與於無相與。（與以無心）相爲於無相爲。（爲之無跡）孰能登天遊霧。撓（堯）

挑（條）無極。撓挑。猶宛轉也。無極。太虛也。相忘以生。不悅生。無所終窮。不知死。三人相視而笑。莫逆於心。遂相與友。莫然有間。莫然無言。俄頃之間。而子桑戶死。未葬。孔子聞之。使子貢往侍事焉。助治喪事。或編曲。編次歌曲。或鼓琴。相和而歌。曰。嗟來桑戶乎。嗟來桑戶乎。而已反其眞。而我猶爲人。猗。歎聲。子貢趨而進曰。敢問臨尸而歌。禮乎。二人相視而笑曰。是惡知禮意。禮之意。在反眞。子貢反以告孔子。曰。彼何人者邪。何等人。修行無有。所修所行。以無爲有。而外其形骸。臨尸而歌。顏色不變。無以命之。命。名稱也。彼何人者邪。叩其人品。孔子曰。彼遊方之外者也。出世法。而丘遊方之內者也。入世法。外內不相及。而丘使女往弔之。丘則陋矣。彼方且與造物者爲人。有人形。無人情。直與造化爲一。而遊乎天地之一氣。混茫一氣之中。彼以生爲附贅縣疣。尤。疣。瘤也。以死爲決𤴯潰癰。換 𤴯。疽屬。癰。壅也。夫若然者。又惡知死生先後之所在。一氣循環。假於異物。託於同體。卽圓覺經地風水火四大合而成體之說。蓋視生偶然耳。忘其肝膽。遺其耳目。外身也。視死偶然耳。反覆終始。不知端倪。生死死生。任其變化循環。芒然彷徨乎塵垢之外。芒然。無係貌。逍遙乎無爲之業。彼又惡能憒憒然爲世俗之禮。憒憒。心亂貌。以觀衆人之耳目哉。觀。示也。子貢曰。然則夫子何方之依。言夫子何故不遊於方外。而惟方是依也。曰。丘天之戮民也。自謙方內。猶言帝縣未解。雖然。吾與女共之。子貢曰。敢問其方。方內之方。孔子曰。魚相造乎水。造生也。人相造乎道。相造乎水者。穿池而養給。水不必多亦足自養。相造乎道者。無事而生定。隨分相安卽止生定。故曰。魚相忘乎江湖。江湖水也。池水亦水也。魚無異性。得水則安。并不辨其爲池爲江湖也。故曰相忘乎江湖。人相忘乎道術。方內方外遊者不同。其爲道術則一也。故曰相忘乎道術。此蓋曲喻所以依方之故。又以明外內之不相及者實相通也。子貢曰。敢問畸人。羈方外獨行之人。曰。畸人者。畸於人而侔於天。畸異也。侔合也。故曰天之小人。拘拘禮法器量褊狹。人之君子。稱爲有禮。人之君子。天之小人也。有尼山之道。乃可遊於方內而非拘。有漆園之道。乃可遊於方外而非蕩。譬猶春秋冬夏。四序不同。其爲天時則一也。

顏回問仲尼曰。孟孫才其母死。孟孫氏。三桓後。才其名也。哭泣無涕。中心不慼。居喪不哀。無是三者。以善喪蓋魯國。固有無其實而得其名者乎。回一怪之。一猶常也。仲尼曰。夫孟孫氏盡之矣。進於知矣。較知喪禮者更進一解。唯簡之而不得。簡者。略於事也。世俗相因。不得獨簡。故未免哭泣居喪之事。夫已有所簡矣。然無涕不慼不哀。是已有所簡矣。孟孫氏不知所以生。不知所以死。生死付之自然。無與於已。不知就先。不知就後。數有修短。則生死有先後。就者。趨避之意。惟死生之無與。故先後之俱忘也。若化爲物。若已亦造化中之一物。以待其所不知之化已乎。順其所已化。以待將來所不可知之化。如是而已。且方將化。惡知不化哉。方將不化。惡知已化哉。此言化與不化。其理本不可知。

吾特與女其夢未始覺者邪。言吾與汝皆在大化不可知之中特夢而未覺耳自歎其夢正以見孟孫之獨覺也且彼有駭形而無損心。彼謂孟孫也雖有駭動之形而心無損耗有旦宅而無情死。其視生之於死猶旦而外出夜必自歸其宅非實死也孟孫氏特覺人哭亦哭。特覺人之居喪皆哭則已亦哭耳是自其所以乃。乃彼也言孟孫冥同生死所以無涕不慼不哀之如彼也且也相與吾之耳矣。此言世人之哭泣皆以吾之可哀而哀特我見耳庸詎知吾所謂吾之乎。抑知吾之爲吾亦是幻相又焉知吾所謂吾之乎言自已亦認不定自己也且女夢爲鳥而厲乎天。夢爲魚而沒於淵。厲高飛也于天于淵本屬幻境非真我也但夢爲鳥魚時則然耳不識今之言者。其覺者乎。其夢者乎。然則今之有言於此者其覺其夢尚不可知安知非爲鳥爲魚之幻境乎○此蓋以夢境迷離反形孟孫之大覺也以覺覺夢其視人哭亦哭亦猶鳥之厲天魚之沒淵皆非眞我也造適不及笑獻笑不及排造至也排安排也言譬猶常人之情既造適意之境則不待笑而已適既動發笑之容則不及排而已笑爲適爲笑只在當境之須臾耳彼入夢者之不及覺亦猶是也安排而去化外則安於世故之推排即所謂人哭亦哭也內更能屏去物化之見即所謂不知生不知死也乃入於寥天一寥虛也謂入於寥而不雜天而不人一而不二之域即所謂大宗師也

原壤母死而歌實有其人孔子過而弗聞所以爲不屑之教誨孟孫母死不哀未必果有是事莊子引之作證蓋以明無無變於死生薪盡火傳有無一視此中眞諦幸勿徒以世俗之見衡之

意而子見許由許由曰堯何以資女資教益也意而子曰堯謂我女必躬服仁義而明言是非許由曰而奚來爲軹而奚來爲言何必來見我軹語助詞夫堯既已黥女以仁義而劓

女以是非矣。（黥鑿額劓割鼻謂累以世法如加之以刑然）女將何以遊夫遙蕩恣睢轉徙之途乎。（遙蕩閒放也恣睢縱橫也轉徙變動也）意而子曰。雖然。吾願遊於其藩。（謙言雖不能遵途願涉其藩籬）許由曰。不然。夫盲者無以與乎眉目顏色之好。瞽者無以與乎青黃黼黻之觀。意而子曰。夫無莊之失其美。據梁之失其力。（無莊美人據梁力士也）黃帝之亡其知。皆在鑪錘之間耳。（錘鍛器也喻以道化人能使人失其本質況在外之刑傷乎）庸詎知夫造物者之不息我黥而補我劓。使我乘成以隨先生邪。（言雖受黥劓之傷而我之此來安知非天欲息我補我歸於完成使我乘之以隨先生之後而受鑪錘之益邪）許由曰。噫。未可知也。我爲女言其大略。吾師乎。吾師乎。䪠（齎）

萬物而不爲義。虀碎而調和之意。澤及萬世而不爲仁。長於上古而不爲老。覆載天地。刻雕衆形。而不爲巧。此所遊已。言吾所敎汝以當遊者。如此而已。至汝能否涉其藩籬。則仍未可知也。道可道。非常道。重言吾師。而詠歎不置。抱此遐想。殆郎陶隱居所謂仰青天。覩白日。不覺爲遠者乎。

顏回曰。回益矣。仲尼曰。何謂也。曰。回忘仁義矣。曰。可矣。猶未也。它日復見。曰。回益矣。曰。何謂也。曰。回忘禮樂矣。曰。可矣。猶未也。它日復見。曰。回益矣。曰。何謂也。曰。回坐忘矣。仲尼蹵然曰。何謂坐忘。顏回曰。墮肢體。黜聰明。離形去知。同於大通。大通則一切放下。此謂坐忘。仲尼曰。同則無好也。無好。無私。化則無常也。渾同視物。色相俱空。變化從心。

神明莫測。惟聖無不通者能之。而果其賢乎。丘也請從而後也。

至道之精。窈窈冥冥。心齋坐忘。優入聖域矣。

子輿與子桑友。而霖雨十日。子輿曰。子桑殆病矣。裹飯而往食之。至子桑之門。則若歌若哭。鼓琴曰。父邪。母邪。天乎。人乎。有不任其聲。而趨舉其詩焉。促飢不能成聲而其詞促也。子輿入曰。子之歌詩。何故若是。曰。吾思夫使我至此極者而弗得也。父母豈欲吾貧哉。天無私覆。地無私載。天地豈私貧我哉。求其爲之者而不得也。然而至此極者。命也夫。

世人役情幻妄。眞宰日迷。故當貧病交深。無可奈何。不得不委心以任運。若果返求而得。則命由我造。自不隨氣化爲轉移。質之父母天地。斯眞能無忝矣。道所謂境殺心則凡。心殺境則仙也。水窮山盡。彼岸斯通。漆園述子桑傷貧之語以警世。此中微旨。固當於言外求之。

大道不二。聖聖相承。顛倒衆生。迷於幻相。漆園藉眞人以贊道。贊道實以勵人之求其眞也。夫眞人者。其生也天行。其死也物化。哀樂不入。靈覺乃出。渙然大通。以視達觀待盡者流。跡若同。中實異也。老子曰。人法地。地法天。天法道。道法自然。順其自然者而求之。庶乎不離其宗。能自得師者與。

應帝王第七

齧缺問於王倪。四問而四不知。此曲喻無心成化之妙。不必泥其所問爲何事也。齧缺因躍而大喜。行以告蒲衣子。蒲衣子曰。而乃今知之乎。有虞氏不及泰氏。有虞氏其猶藏仁以要人。藏猶懷也。要要結也。亦得人矣。而未始出於非人。非人者物也。有心要人。則猶繫於物。是未能超然出於物之外也。泰氏其卧徐徐。其覺于于。自得一以己爲馬。一以己爲牛。不見己之有異。其知情信。情則不虛。信則不疑。其德甚眞。眞則不僞。而未始入於非人。泰氏渾同自然。毫無物累。是未始陷入於物之中也。

心普萬物而無心。道所謂偶而應之者也。

肩吾見狂接輿。狂接輿曰。日中始何以語女。日中始人姓名。賢者也。一本無日字。肩吾曰。告我君人者。以己出經式義度。常經之法式義理之制度。如三綱五常。皆所以正人也。人孰敢不聽而化諸。狂接輿曰。是欺德也。以己出則未能忘己。謂人不敢不聽。則未能忘人。故斥其非眞德也。其於治天下也。猶涉海鑿河。徒步曰涉。涉海必溺。鑿河無成。而使蚉負山也。夫聖人之治也。治外乎。經式義度。皆治外之具。聖人豈爲此。正而後行。確乎能其事者而已矣。正者。各正其性命也。既得其正。所行自合於法制。確然如素。能其事者。聖人之治如是而已。初非繩之於外。我用我法。而矜言以己出也。且鳥高飛以避矰弋之害。結繳於矢。以弋飛鳥。謂之矰弋。鼷鼠深穴乎神丘之下。鼷鼠。小鼠。神丘。社壇也。以避熏鑿之患。而曾二蟲之無知。

若治其外，則民非其性命所安，將視爲患害，必有遊去，如鳥鼠之高飛深穴者，彼君人者何竟討不及此，視百姓之有知，曾不若二蟲之無知，而謾云孰敢不聽邪。

帝王之治，務內不務外，老子云，生而不有，爲而不恃，故知强令之小成，不足語襲明之大化也。

天根遊於殷陽，至蓼水之上，殷陽殷山之陽也，蓼水，水名。適遭無名人而問焉，天根、無名，人皆寓言。曰，請問爲天下。無名人曰，去，汝鄙人也，何問之不豫也。言無以先之，而第求爲天下於天下，則後起之說也，故曰問之不豫。予方將與造物者爲人，言予之爲人，方將與造物者同。厭則又乘夫莽眇之鳥，以出六極之外，而遊無何有之鄉，以處壙埌之野。厭猶倦也，莽眇輕虛之謂，六極猶六合也，壙埌猶曠蕩也。汝又何帛以治天下感予之心爲。何帛猶何故也，感觸動之意。又復問，無名人曰。女遊心於淡。汎然自得而歸於至靜。合氣於漠。其息深深而歸於至虛。順物自然而無容私焉。不用我智。而天下治矣。無容心於爲天下。即所以爲天下。我無爲而民自化。柱下微言。於斯可證。

陽子居見老聃曰。有人於此。嚮疾彊梁。趨事甚勇能也。物徹疏明。燭物甚明智也。學道不勌。如是者可比明王乎。老聃曰。是於聖人也。是猶言此人也。胥易技係。勞形怵心者也。胥者胥徒。易者更番直事。技係。言如技藝之係累此身。怵。憂也。且也虎豹之文來田。因有文彩。致人來獵。猨狙之便。執斄之狗來藉。斄。通狸。猨狙獵狗。因有技巧。致人繫縛。藉。纏係也。如是者可比明王乎。言智能皆招累之具。奚足比明王乎。陽子居蹵然曰。敢問明王之治。老聃曰。明王之治。功蓋天下。

而似不自己。己忘其功。化貸萬物而民弗恃。民忘其化。貸、施也。有莫舉名使物自喜。蕩蕩難名，而天下欣悅。立乎不測而遊於無有者也。所存者神，而行所無事。

有莫舉名使物自喜，全真返朴，上下各適其天。會得此旨，便如陶靖節北窗高臥，想見羲皇上人。

鄭有神巫曰季咸，知人之死生存亡禍福壽夭，期以歲月旬日若神。鄭人見之，皆棄而走。惟恐言其不吉。列子見之而心醉，歸以告壺子。壺子名林，鄭人，列子師也。曰：始吾以夫子之道為至矣，則又有至焉者矣。壺子曰：吾與女既其文，未既其實。既，盡也。而固得道與？衆雌而無雄，而又奚卵焉？有雌無雄，無以生卵；以喻有文無實，不得謂之道也。而以道與世亢，必信，

(言欲卽爾所能與世相亢是有意炫露求已之必伸也信通伸)夫故使人得而相汝。嘗試與來以余示之明日列子與之見壺子出而謂列子曰嘻子之先生死矣弗活矣不以旬數矣吾見怪焉見溼灰焉列子入泣涕沾襟以告壺子壺子曰鄉吾示之以地文(純陰)萌乎不震不正(不震不動也正音征猶詩噲噲其正之正不正不向明也)是殆見吾杜德機也(德謂人所得於天以爲生者雖有萌芽卻在不動不明之處是自閉其生意之一機也)嘗又與來明日又與之見壺子出而謂列子曰幸矣子之先生遇我也有瘳矣全然有生矣吾見其杜權矣(於杜閉之中覺有權變所以決其有瘳也)列子入以告壺子壺子曰鄉吾示之以天壤(天與壤合生物之木)

(視地文之孤陰不生有間矣)名實不入而機發於踵(尙無名象可指但覺一縷生氣自下而上)是殆見吾善者機也(善即大易繼善之善甫離陰陽而爲人之性始者是自無之有之一機也)嘗又與來明日又與之見壺子出而謂列子曰子之先生不齊(謂變更無定與平前所見也)吾無得而相焉試齊且復相之列子入以告壺子壺子曰吾鄉示之以太沖莫勝(莫勝猶莫朕也惟無偏勝故沖氣渾然中別無朕兆也)是殆見吾衡氣機也(衡平也動靜互根混一而平平則二氣不分是坦然渾化之一機也)鯢桓之審爲淵(鯢鯨魚也桓盤旋也審當作蟠水之蟠聚處也)止水之審爲淵流水之審爲淵(鯢桓之水非靜非動喻衡氣機止水靜喻杜德機流水動喻善者機三者不同其淵深莫測則一也)淵有九名此處三焉嘗又與來明日又與

之見壺子。立未定。自失而走。壺子曰。追之。列子追之。不及。反以報壺子。曰。已滅矣。不見其形。已失矣。不知所往。吾弗及已。壺子曰。鄉吾示之以未始出吾宗。宗。本性也。性眞藏有於無。故曰未始出也。吾與之虛而委蛇。委蛇。隨順之貌。不拒不逆。一若付於無心也。不知其誰何。在彼捉摸不定。而莫識其主名。因以爲弟（頹）靡。因以爲波隨。弟靡。遜伏也。波隨。蕩漾也。季咸心目之中。看成如此。但覺恍惚不可爲象。波隨亦作波流。今從列子。故逃也。然後列子自以爲未始學而歸。自愧未嘗學問。三年不出。爲其妻爨。代妻執爨。彼此相忘。食豕如食人。人物平視。於事無與親。一切世故。無與爲親。不復知有人事。雕琢復朴。去飾歸眞。塊然獨以其形立。有形無情。紛而封戎。雖動而眞不散也。封戎亦作封哉。今從列子。一以是終。

得其一。萬事畢。應以無心。而使人莫得其朕。去知返朴。其脩混沌氏之術者乎。

無爲名尸。聲譽之歸。無爲謀府。籌度之門。無爲事任。衆務之責。無爲知主。聰明之總。體盡無窮。而遊無朕。體悟也。朕兆也。體之盡故無窮。遊於虛故無朕。盡其所受乎天。而無見得。上德不德。亦虛而已。始終不外致虛之義。至人之用心若鏡。無心自明。不將不迎。將送也。迎迓也。應而不藏。過而不留。鏡無蓄影也。故能勝物而不傷。應萬變而不傷本體。惟道集虛。惟虛生明。至虛至明。不用爲用。應物之妙如此。此之謂至人。

南海之帝爲儵。火德屬心。心主知覺。其萌也儵然。北海之帝爲忽。水德屬腎。腎主淫邪。其動也忽然。中央之帝爲渾沌。土德屬意。黃庭是也。有意無意之間

陰陽所渾

儵與忽時相與遇於渾沌之地。渾沌待之甚善。心腎交接以意爲媒儵與忽謀報渾沌之德。知識淫邪交相爲祟曰人皆有七竅。以視聽食息。此獨無有。嘗試鑿之。日鑿一竅。七日而渾沌死。渾沌認賊作子宜其死也水流火熾。禍及中宮。益其識適以戕其生。報德者其謂之何。

大道以無著爲眞常。以有事爲應迹。帝王之功。聖人之餘事也。夫亦應之而已。豈容心哉。

內七篇以南冥北冥起。以南海北海止。鯤鵬物也。化則相生。渾沌帝也。鑿之乃死。其於五行之妙蘊。三寶之眞元。發揮殆盡。作者以道爲文。讀者因文悟道。蓋東來之薪幾盡。得南華而大火傳矣。

吳縣黃興元校

南華眞經正義

褚伯秀曰內篇命題本於漆園各有深意外雜篇則郭子玄刪修但摘篇首字名之

外篇目錄

南華眞經正義

宛平陳壽昌輯

外篇

駢拇

駢拇枝指。大指與次指連合爲一、謂之駢拇、指旁又生一小指、謂之枝指、出乎性哉。而侈於德。侈者、剩餘之意、言此豈非出於生性哉、而以視人生之所同得、則爲剩餘矣、附贅縣疣。出乎形哉。而侈於性。贅疣亦出乎形、而以視生理之常然、則爲剩餘矣、多方乎仁義而用之者。多方、猶多端也、列於五藏哉。五性列於五臟、以配五行、而非道德之正也。是故駢於足者。連無用之肉也。枝於手者。樹無用之指也。駢枝者若是、贅疣可知、多方二字衍駢枝於五藏之情者。淫僻於仁義之行。而多方於聰明之用也。是故駢於明者。亂五色。淫文章。亂。紛也。淫。過也。青黃黼黻之煌煌。非乎。而離朱是已。即離婁。黃帝時人。多於聰者。亂五聲。淫六律。金石絲竹黃鐘大呂之聲。非乎。而師曠是已。枝於仁者。擢德塞性。拔擢僞德。杜塞真性。以收名聲。使天下簧鼓以奉不及之法。簧。笙簧。管中金薄鐷也。簧鼓。喧擾之意。不及者。謂法從後起。本不足用也。非乎。而曾史是已。曾。曾參。史。史鰌。言仁而義在其中。駢於辯者。纍瓦結繩竄句。鉤 纍瓦。喻砌詞之巧。結繩。喻串說之工。竄。逃也。句。劍屬。竄句。喻遁詞之捷也。游心於堅白同異之間。而敝跬譽無用之言。敝。通蹩。音別。跬。音屑。敝跬。猶蹩躠也。跛而用力之貌。謂竭盡心力。徒以此無用之言。稱譽自喜也。非乎。而楊墨是已。聰明言辯皆仁義之助故類及之 故此皆多駢旁枝之道。非天下之至正也。彼正正者。上正字義近眞猶諺云眞正也 不失其性命之情。故合者不爲駢。而枝者不爲跂。（岐）跂足多指也 長者不爲有餘。短者不爲不足。是故鳧脛雖短。續之則憂。鶴脛雖長。斷之則悲。脛膝以下骨喻本然者不容人爲增損也 故性長非所斷。性短非所續。無所去憂也。率其本然則自無憂何待於去 意仁義其非人情乎。非人性命之實乎 彼仁人何其多憂也。以上就至正者指示發明率性自然之妙以形仁義之非 且夫駢於拇者決之則泣。枝於手者。齕之則啼。決剔開也齕齧斷也 二者或有餘於數。枝者多一指有餘也 或不足於數。駢者合二指爲一不足也 其於憂一也。

以駢枝招決齕之憂。有餘不足皆病也。今世之仁人。蒿目而憂世之患。不仁之人。決性命之情而饕富貴。蒿目者。愁視則半閉其目。睫毛蒙茸如蒿也。決。潰亂也。饕。貪嗜也。上言有餘不足。招憂則一。此言仁與不仁。亂性則一也。故意仁義其非人情乎。自三代以下者。天下何其囂囂也。喧擾不安。以仁義故。仁義之所以喧擾。則以駢枝故也。且夫待鉤繩規矩而正者。鉤。鐵曲也。是削其性也。待繩約膠漆而固者。約。束也。是侵其德也。侵。傷也。屈折禮樂。道體純任自然。故目禮樂爲屈折。呴俞仁義。呴俞呼應之意。道妙渾於無言。故以仁義爲呴俞以慰天下之心者。此失其常然也。天下有常然。常然者。曲者不以鉤。直者不以繩。圓者不以規。方者不以矩。附離不以膠漆。離。通麗。依也。約束不以纆索。纆索之兩股者。故天下誘然皆生。生生不已。而不知其所以生。同焉皆得。而不知其所以得。故古今不二。常然。不可虧也。不可以人為損。則仁義又奚連連如膠漆纆索。而遊乎道德之間為哉。連連相續貌。使天下惑也。求明適以惑世。夫小惑易方。大惑易性。何以知其然邪。自虞氏招仁義以撓天下也。招揭也。天下莫不奔命於仁義。是非以仁義易其性與。故嘗試論之。自三代以下者。天下莫不以物易其性矣。小人則以身殉利。士則以身殉名。大夫則以身殉家。聖人則以身殉天下。故此數子者。事業不同。名聲異號。其於傷性以身為殉一也。臧與穀二人。男壻婢曰臧。穀，良家子也。相與牧羊而俱亡其羊。問臧奚事。則挾筴讀書。筴，竹簡也。問穀奚事。則博塞以遊。博，局戲也。塞，通賽，亦博類也。二人者事業不同。其於亡羊均也。伯夷死名於首陽之下。盜跖死利於東陵之上。東陵，陵名。二人者所死不同。其於殘生傷性均也。奚必伯夷之是而盜跖之非乎。天下盡殉也。彼其所殉仁義也。則俗謂之君子。其所殉貨財也。則俗謂之小人。其殉一也。則有君子焉。有小人焉。若其殘生損性。則盜跖亦伯夷已。又惡取君子小人於其間哉。實既相同，稱謂又何取相異。且夫屬其性乎仁義者。雖通如曾史。非吾所謂臧也。屬其性於五味雖通如俞兒（俞兒古之善識味人也）非吾所謂臧也屬其性於五聲雖通如師曠非吾所謂聰也屬其性乎五色雖通如離朱非吾所謂明也（五味爽口五色迷目五聲亂耳其非天屬之眞猶仁義也）吾所謂臧非仁義之謂也臧於其德而已矣吾所謂臧者非所謂仁義之謂也任其性命之情而已矣吾所謂聰者非謂其聞彼也自聞而已矣吾所謂明者非謂其見彼也自見而已矣（皆求其有得於己也）夫不自見而見彼不自得而得彼者是得人之得而不自得其得者也適人之適而不自適其適者也夫適人之適而不自適其適雖盜跖與伯夷是同爲淫僻也（淫過

也。僻偏也。余愧乎道德。性命之實。自然者也。是以上不敢為仁義之操。而下不敢為淫僻之行也。仁義淫僻。雖分美惡。而同屬駢枝。故均非求道者所敢為也。

老子曰。不知其名。字之曰道。道且強名。何論仁義。

漆園以駢枝目之。自是解人。

馬蹄

馬蹄可以踐霜雪。毛可以禦風寒。齕(紇)草飲水。翹足而陸。(陸、通踛、跳也、)此馬之眞性也。雖有義臺路寢。(義、通儀、義臺、儀門之臺也、儀臺在前、路寢在後、蓋總宮室之全言之、)無所用之。及至伯樂曰。我善治馬。燒之。(烙鐵印之、)剔之。(翦其毛、)刻之。(削其蹏、)雒之。(兜其首、雒、通絡、)連之以羈馽。(的)(絡首曰羈、絡足曰馽、)編之以皁(皂)棧。(編、列也、皁、馬槽、棧、編木爲之、置馬脚下以禦濕者、)馬之死者十二三矣。饑之渴之馳之驟之整之齊之。前有橛飾之患。(馬啣曰橛、馬纓曰飾、)而後有鞭筴(策)之威。而馬之死者已過半矣。陶者曰。(範土爲陶、)我善治埴。圓者中規。方者中矩。匠人曰。我善治木。曲者中鉤。直者應繩。夫埴木之性。豈欲中規矩鉤繩哉。然且世世稱之曰伯樂善治馬。而陶匠善治埴木。此亦治天下者之過也。言猶治天下者。矯民之性。而反謂之善治人也。吾意善治天下者不然。彼民有常性。織而衣。耕而食。是謂同德。一而不黨。渾一無偏。命曰天放。任天自放。○此言民有本性如是。故至德之世。其行塡塡。遲重。其視顚顚。專一。當是時也。山無蹊隧。蹊。徑也。隧。道也。澤無舟梁。梁。橋也。山澤之間。跋涉者少。萬物羣生。連屬其鄉。各就所居爲連屬。禽獸成羣。草木遂長。是故禽獸可係羈而遊。鳥鵲之巢可攀援而闚。人物相忘。夫至德之世。同與禽獸居。族與萬物並。惡乎知君子小人哉。同乎無知。其德不離。同乎無欲。是謂素樸。素樸而民性得矣。此言上古之順民性如是。及至聖人。蹩躠爲仁。蹩躠。旋行貌。踶跂爲義。踶跂。足用力貌。而天下始疑矣。澶漫爲樂。澶漫。淫衍也。摘僻爲禮。摘僻。拘牽也。而天下始分矣。此言末世之亂民性如是。故純樸不殘。孰爲犧樽。白玉不毀。孰爲珪璋。道德不廢。安取仁義。性情不離。安用禮樂。五色不亂。孰爲文采。五聲不亂。孰應六律。夫殘樸以爲器。工匠之罪也。毀道德以爲仁義。聖人之過也。申斷聖人之過。以工匠襯。夫馬陸居則食草飲水。喜則交頸相靡。怒則分背相踶。馬知已此矣。已此。止也。夫加之以衡扼。衡。轅端橫木。以駕馬者。扼。通軛。叉馬頸者也。齊之以月題。題。額也。馬額上當顱如月。故曰月題。

而馬知介倪。闉扼。鷙曼。詭銜。竊轡。介，獨也。倪，睥睨也。馬獨立而怒視也。闉，曲也。闉扼，曲頸以拒人也。鷙，悍。鷙曼，突曼。詭銜者，吐避其銜。竊轡者，偷齧其轡。故馬之知而能至盜者。賊智。伯樂之罪也。上言有伯樂而馬傷其生。此言有伯樂而馬且亂其性。夫赫胥氏之時。上古。民居不知所爲。行不知所之。含哺而熙。鼓腹而遊。民能以此矣。於馬曰知，於民曰能，以通已。及至聖人屈折禮樂。以匡天下之形。縣跂仁義。以慰天下之心。縣跂，如懸物相示。使人跂足以視也。而民乃始踶跂好知。相競相高。逞其私智。爭歸於利不可止也。此亦聖人之過也。重申聖人之過。以伯樂襯。

至人治身治民。皆以順其本性爲主。七竅一開。則渾沌立死。老子云。大道廢有仁義。智慧出有大僞。

漆園意蓋本此。特推廣以言之耳。

胠篋

將爲胠篋探囊發匱之盜。而爲守備。胠、從旁開也、則必攝緘縢。攝、結也、緘縢、皆繩也、所以約囊者、固扃鐍。鐶鈕曰扃、鐶舌曰鐍、所以鎖篋匱者、此世俗之所謂知也。然而巨盜至。則負匱揭篋擔囊而趨。揭、舉也、唯恐緘縢扃鐍之不固也。然則鄉之所謂知者。不乃爲大盜積者也。不乃、猶無乃也、此言備小盜者不足防大盜、故嘗試論之。世俗所謂知者。有不爲大盜積者乎。所謂聖者。有不爲大盜守者乎。上單言知、此知聖並舉、何以知其然邪。昔者齊國鄰邑相望。雞狗之音相聞。罔罟之所布。耒耨之所刺。方二千餘里。闔四竟之內。竟、通境、所以立宗廟社稷。治邑屋州閭鄉曲者。曷嘗不法聖人哉。然而田成子一旦殺齊君而盜其國。所盜者豈獨其國邪。并與其聖知之法而盜之。故田成子有乎盜賊之名。而身處堯舜之安。小國不敢非。大國不敢誅。十二世有齊國。則是不乃竊齊國。并與其聖知之法以守其盜賊之身乎。盜其聖知之法。卽以爲守身之具。○以上言聖知爲盜賊之利。竊財之盜小。竊國之盜大。證以田成子事益信。嘗試論之。世俗之所謂至知者。有不爲大盜積者乎。所謂至聖者。有不爲大盜守者乎。何以知其然邪。昔者龍逢斬。比干剖。剖心而死。萇宏胣。恥 胣。刳腸也。子胥靡。靡爛也。故四子之賢。而身不免乎戮。此以聖知自害者。

故跖之徒問於跖曰盜亦有道乎跖曰何適而無有道邪夫妄意室中之藏聖也入先勇也出後義也知可否知也分均仁也五者不備而能成大盜者天下未之有也此竊聖知害人者由是觀之善人不得聖人之道不立跖不得聖人之道不行天下之善人少而不善人多則聖人之利天下也少而害天下也多以上言聖知爲天下之害故曰脣竭則齒寒脣以蔽齒齒轉因脣脣竭而寒是因利而生害也魯酒薄而邯鄲圍邯鄲趙都魯趙同朝於楚而獻酒乃魯酒獨薄致趙受圍城之災是無辜而得禍也聖人生而大盜起聖以弭盜乃大盜轉因之而起是求治而滋亂也○三者皆不期然而適相致者也掊擊聖人縱舍盜賊而天下始治矣無聖無盜

天下自治。夫川竭而谷虛。丘夷而淵實。聖人已死。則大盜不起。三者皆不相類而若相成者也。天下平而無故矣。聖人不死。大盜不止。雖重聖人而治天下。則是重利盜跖也。爲之斗斛以量之。十斗曰斛。則并與斗斛而竊之。爲之權衡以稱之。權。稱錘。衡。稱梁。則并與權衡而竊之。爲之符璽以信之。符。符節。璽。印也。則并與符璽而竊之。爲之仁義以矯之。矯。矯揉也。則并與仁義而竊之。何以知其然邪。彼竊鉤者誅。鉤。帶也。竊國者爲諸侯。諸侯之門而仁義存焉。逆取順守。則是非竊仁義聖知邪。故逐於大盜。相率而趨於盜也。揭諸侯。盜國之後。顯然昭揭。以諸侯自命。竊仁義并斗斛權衡符璽之利者。利之所在皆爲盜有雖有軒冕之賞弗能勸斧鉞之威弗能禁此重利盜跖而使不可禁者是乃聖人之過也以上申言聖知爲盜賊之利故曰魚不可脫於淵國之利器持以制勝之器不可以示人示人則爲盜竊彼聖人者聖人創法天下之利器也非所以明天下也明明示也故絕聖棄知大盜乃止擿玉毀珠擿擲也小盜不起焚符破璽而民樸鄙質而無文掊斗折衡而民不爭殫殘天下之聖法殫殘盡去也而民始可與論議可與論道擢亂六律擢亂抽紊也鑠絕竽瑟鑠絕焚而棄之也竽形似笙瑟製類琴塞瞽曠之耳而天下始人含其聰矣滅文章散五采膠離朱之目而天下始人含其明矣毀絕鉤繩

而棄規矩。攦麗工倕之指。攦.折也.而天下始人有其巧矣。故曰大巧若拙。削曾史之行。鉗楊墨之口。鉗.閉也.攘棄仁義。攘棄.除去也.而天下之德始玄同矣。彼人含其明。則天下不鑠矣。人含其聰。則天下不累矣。人含其知。則天下不惑矣。人含其德。則天下不僻矣。彼曾史楊墨師曠工倕離朱者。皆外立其德而以爚藥亂天下者也。爚.火亂飛也.法之所無用也。以上申言聖知為天下之害.子獨不知至德之世乎。昔者容成氏。大庭氏。伯皇氏。中央氏。栗陸氏。驪畜氏。軒轅氏。赫胥氏。尊盧氏。祝融氏。伏羲氏。神農氏。當是時也。民結繩而用之。甘其食。美其服。樂其俗。安其居。鄰國相望。雞狗之音相聞。民至老死而不相往來。若此之時。則至治已。今遂至使民延頸舉踵曰。某所有賢者。贏糧而趣之。贏擔負也。則內棄其親而外去其主之事。足跡接乎諸侯之竟。通境。車軌結乎千里之外。則是上好知之過也。上誠好知而無道。則天下大亂矣。何以知其然邪。夫弓弩畢弋機變之知多。畢小網也。則鳥亂於上矣。鉤餌罔罟罾笱之知多。鉤餌罔罟罾笱皆取魚之具。則魚亂於水矣。削格羅落罝罘之知多。罝嗟罘浮削音峭義並同格杙類用以格獸者落猶虎落之落羅羅列也罝罘皆兔罟也。則獸亂於澤矣。知詐漸毒頡滑堅白解垢同異之變多。漸浸也。毒害也。謂用知用詐互相浸害也。頡、說之滕也。滑、辭之利也。謂此頡者滑者皆以堅白自鳴者也。解、辯之晰也。垢、語之污也。謂此解之垢之皆以同異互詆者也。則俗惑於辯矣。故天下每每大亂。罪在於好知。故天下皆知求其所不知。而莫知求其所已知者。知外求知、不知己所謂己知者、仍多昧也。皆知非其所不善。而莫知非其所已善者。非人之非、不知己所素謂是者亦非也。是以大亂。故上悖日月之明。下爍山川之精。爍、枯竭也。中墮四時之施。墮、紊壞也。惴耎之蟲。肖翹之物。微息而動者謂之惴耎、蝸蜒之屬。輕小而飛者謂之肖翹、蜂蝶之屬。莫不失其性。甚矣夫好知之亂天下也。自三代以下者是已。舍夫種種之民。種種、敦厚貌。而悅夫役役之佞。釋夫恬淡無爲。而悅夫啍啍之意。啍啍、多言也。啍啍已亂天下矣。

大盜紛然。弭之無術。必至恬澹無爲。而盜乃止。夫盜財盜法。外盜也。寇莫大於陰陽。內盜也。止外盜難。止內盜尤難。得其不止而止之術。則治世治身。一以貫之矣。

漆園得柱下之心傳。自是道教正宗。與聖門同體異用。原有區別。然其意亦極推重孔子。如齊物論有云。春秋經世先王之志。聖人議而不辨。德充符云。吾於孔某非君臣也。德友而已矣。皆其明證。乃世人不察。於其極意推重處。輒目爲寓言。於其一二寓言反謂其有心侮聖卽如此篇痛詆聖知暢所欲言然一則曰世俗所謂再則曰世俗所謂可見所謂聖且知者絕非眞聖眞知其意已明明道破且其本意並不在此試思弭盜之術特治世之一端耳而推其弊直至日月悖其明山川爍其精四時墮其施萬物皆失其性反覆申明務使絕聖棄知恬淡無爲復命歸根以全其所受所謂遊於物之所不得遯而皆存也然則漆園意中所急欲止者又豈僅在盜財盜法者哉讀者既未詳審其本文又不精求其眞旨而輒捕風捉影妄肆牴牾

是眞聾者之論音。盲者之辨色也。逍遥遊云。豈惟形骸有聾盲哉。信哉斯言。

在宥

聞在宥天下。不聞治天下也。在者。如如自在之意。宥者。寬放自得之義。使天下各遂其眞。非有心治之也。在之也者。恐天下之淫其性也。宥之也者。恐天下之遷其德也。不自在則淫。不自得則遷。天下不淫其性。不遷其德。有治天下者哉。又何須更治之。昔堯之治天下也。以有心治天下便非。使天下欣欣焉。人樂其性。是不恬也。性上不可添一箇樂。桀之治天下也。使天下瘁瘁焉。人苦其性。是不愉也。性上不可添一箇苦。夫不恬不愉。非德也。非德也而可長久者。天下無之。人大喜邪。毗於陽。大怒邪。毗於陰。毗。偏也。由苦樂生出喜怒。由喜怒推到陰陽。陰陽并毗。四時不至。不順時而治。

寒暑之和不成。（不至故不成。）其反傷人之形乎。（陰陽中人，偏之爲害。）使人喜怒失位。居處無常。思慮不自得。中道不成章。（半途而止，不成條理。言使天下人心偏眦如此，輾轉相因，皆有心爲治之弊。）於是乎天下始喬（矯）詰卓鷙。（喬詰，意不平也。卓鷙，行不平也。）而後有盜跖曾史之行。（致亂如此。）故舉天下以賞其善者不足。舉天下以罰其惡者不給。故天下之大。不足以賞罰。自三代以下者。匈匈焉終以賞罰爲事。（匈匈，不安也。）彼何暇安其性命之情哉。而且說明邪。是淫於色也。說聰邪。是淫於聲也。說仁邪。是亂於德也。說義邪。是悖於理也。說禮邪。是相於技也。（相習於技倆。）說樂邪。是相於淫也。（相習於淫蕩。）說聖邪。

是相於藝也。相習於多能。說知邪。是相於疵也。相習於察求疵。○察心有所說則失其自然。執跡成弊。害有甚焉。天下將安其性命之情。之八者存可也。亡可也。天下將不安其性命之情。之八者乃始臠欒卷傖倉囊而亂天下也。臠卷。不伸舒也。傖囊。猶搶攘也。而天下乃始尊之惜之。甚矣天下之惑也。豈直過也而去之邪。言非特一過而不留也。乃齊戒以言之。鄭重而誇說也。跪坐以進之。致恭盡禮。相傳授也。鼓歌以儛之。言之不足。手舞足蹈也。吾若是何哉。若狂若癡。無從警覺。故君子不得已而臨涖天下。莫若無爲。無爲也而後安其性命之情。故貴以身於爲天下。貴以身者。言以身爲至貴。更貴於爲天下也。貴愛義同。則可以託天下。愛以身於爲天下。則可以寄天下。故君子苟能無解其五藏。謂中無係著不起知識也。無擢其聰明。擢抽出之意。尸居而龍見。安坐不動而神采隱然。淵默而雷聲。抱一無言而聲名洋溢。神動而天隨。精神方動而天機自赴。從容無爲。而萬物炊累焉。如炊氣積累而熱。吾又何暇治天下哉。

在宥者無爲之用。無爲者在宥之體。徹始徹終。只是令人安其性命之情。而天下更無餘事。呂氏春秋云。道之眞以持身。其緒餘以爲國家。其土苴以治天下。篇中不曰不治。而曰何暇治。可知所謂貴愛其身者。聖聖相傳。其揆一也。

崔瞿問於老聃曰。不治天下。安臧人心。老聃曰。汝愼無攖人心。攖。引也。人心排下而進上。遭排抑則降下。稍進步則亢上。上下囚殺。上下之間。係之若囚。傷之若殺。淖約柔乎剛強。淖約柔貌。平日剛強。一旦變爲側媚以梯進。是剛強爲淖約所柔也。廉劌彫琢。廉棱也。劌利也。平日廉劌。一旦而爲瓦合。是廉劌已爲彫琢盡矣。此皆懼排希進之心所致。其熱焦火。喻其噪急。其寒凝冰。喻其戰慄。其疾俛仰之間。而再撫四海之外。喻其迅速。其居也淵而靜。喻其深伏。其動也縣而天。喻其飛浮。僨驕而不可係者。僨驕強傲也。係縛也。其唯人心乎。昔者黃帝始以仁義攖人之心。堯舜於是乎股無胈。胈股上小毛。脛無毛。以養天下之形。愁其五藏。焦心。以爲仁義。矜其血氣。以規法度。矜錯束之意。規爲也。然猶有不勝也。猶不能勝天下。而有不率焉者。堯於是放讙兜於崇山。投三苗於三峗。流共工於幽都。此不勝天下也。夫施及三王而天下大駭矣。施，延也。大駭，不安其性也。三代愈趨愈下。下有桀跖，不仁不義。上有曾史，行仁行義。上下以人品言。而儒墨畢起。於是乎喜怒相疑，愚知相欺，善否相非，誕信相譏，而天下衰矣。大德不同，佼同之德衰。而性命爛漫矣。爛漫，猶散漫也。天下好知，而百姓求竭矣。求，逞聰明，殫盡思慮。於是乎釿鋸制焉，釿鋸，斷木之枝幹者。繩墨殺焉。繩墨，正木之曲直者。殺，謂彈正而殺之也。椎鑿決焉。鑿，鏨也。椎鑿皆穿木之孔竅者。決，斷也。天下脊脊大亂，罪在攖人心。脊脊，相踐藉也。故賢者伏處大山嵁巖之下，嵁巖，不平貌。而萬乘之君憂慄乎廟堂之上。今世殊死者相枕也。殊，斷也。已誅斬者如是。桁楊者相推也。方械繫者又如是。用以夾頸及脛者，皆曰桁楊。刑戮者相望也。被笞辱者又如是。而儒墨乃始離跂攘臂乎桎梏之間。離跂。企足。攘臂。舉臂也。意通噫甚矣哉。其無愧而不知恥也。本儒墨所致。乃猶揚揚得意於其間。侈談匡救之術。非無恥乎。甚矣吾未知聖知之不爲桁楊椄接槢習也。椄槢。桁楊之管也。所以成桁楊之用者。仁義之不爲桎梏鑿枘芮也。鑿。音漕。孔也。以木納孔中曰枘。凡器物鬬筍處皆需此。亦所以成桎梏之用者。焉知曾史之不爲桀跖嚆蒿矢也。嚆矢。響箭。喻先聲也。故曰絕聖棄知而天下大治。

治天下之患。莫甚於攖人心。自古至今。流弊相因。江河日下。常人之所謂治。適以滋亂也。惟能藏於其德。以任其性命之情。斯容成大庭之世見矣。即平成之效。以求混沌之眞。知漆園所謂天下大治者。殆猶一隅之舉耳。

黃帝立爲天子十九年。令行天下。聞廣成子在於空同之上。故往見之曰。我聞吾子達於至道。敢問至道之精。吾欲取天地之精。精氣以佐五穀。使年豐熟以養民人。吾又欲官陰陽。使二氣各得其職以遂羣生。爲之奈何。問至道之精。所欲御純是治天下事。是帝之病廣成子曰。而所欲問者物之質也。猶云未散之朴。指至道之精言而所欲官者物之殘也。猶云朴散之餘。指養民人遂羣生者言自而治天下。有心爲治雲氣不待族而雨。草木不待黃而落。元氣澆漓。草草而成。草草而毀日月之光益以荒矣。陽精陰精光華薄蝕而佞人之心翦翦者。翦翦瑣碎之意又奚足以語至道。黃帝退。捐天下。捐者不以天下事累此心也築特室。齋宮席白茅。閒居三月。皆遊神於淡之意。復往邀之。強相見也。廣成子南首而臥。黃帝順下風膝行而進。再拜稽首而問曰。聞吾子達於至道。敢問治身奈何而可以長久。廣成子蹷然而起曰。善哉問乎。驚喜其非復治天下之見。來。吾語女至道。至道之精。窈窈冥冥。至道之極。昏昏默默。道體如是。老子所謂窈兮冥兮。其中有精者。與此義同。以下乃就體道者言。無視無聽。抱神以靜。形將自正。遺耳目則神靜。神靜則天君既泰。百體自端。內外交相養也。必靜必清。無勞女形。無搖女精。乃可以長生。此言安外以養內。目無所見。耳無所聞。心無所知。女神將守形。形乃長生。此言全內以養外。慎女內。閉女外。多知為敗。內外交養。識神自除。不除則元功敗矣。我為女遂於大明之上矣。至彼至陽之原也。爲女入於窈冥之門矣。至彼至陰之原也。遂往而徑至也。原，始也。遂於大明之上，所謂上神乘光也。入於窈冥之門，所謂泊兮如未兆也。人至虛極靜篤，乃能窺見陰陽之本。進火退符，上下子午，督任二經，歷歷分明。天地有官。使吾身之天地各司其職。陰陽有藏。使吾身之陰陽互藏其宅。慎守女身，物將自壯。即此天地陰陽附於吾身者，慎而守之，則內藥外藥自然堅固。我守其一以處其和。一者不雜之眞，和者自然之序。故我脩身千二百歲矣。吾形未嘗衰。功效如此。黃帝再拜稽首曰：廣成子之謂天矣。言其與天合德。廣成子曰：來，余語女。彼其物無窮，物蓋吾身之藉以生者。而人皆以爲終。謂死則已。彼其物無測，千變萬化。而人皆以爲極。極，盡也。謂有定限。得吾道者，上爲皇而下爲王。惟能得生身之主。宰。乃能主宰乾坤。失吾道者。上見光而下爲土。生則見光。死則腐土。今夫百昌皆生於土而反於土。百昌。猶百物也。人若不得道。則與物何異。故余將去女。入無窮之門。以遊無極之野。不生不滅之境。吾與日月參光。吾與天地爲常。當我緡乎。遠我昏乎。緡昏皆無心之謂。言物或當我而來。或遠我而去。任其自然。而我無與也。人其盡死。而我獨存乎。

至人小天下而大一身。聖聖相承。皆以治身爲本。然得其本而末自賅。姑射有神。自然物無疵癘。自使年穀豐熟。呂氏春秋云。帝王之功。聖人之餘事。信見道之微言也。世人不明道德之歸。狃於流俗之見。以凡測聖。第觀其緒餘。遂以爲能事盡在此矣。是猶執昭昭之多。而曰九重之高遠。皆歷然在吾目中也。噫。揆其目中所及見。其去無目者幾何哉。○此章爲漆園正義。如於星斗燦列之中。偶示北辰之處所。由此參觀互證。可見全書中所謂治天下者。多出寓言。

雲將東遊過扶搖之枝。而適遭鴻蒙。雲將喻雲。鴻蒙喻天。鴻蒙方將拊髀雀躍而遊。拊。拍也。髀。股也。雲將見之。倘然止。贄然立。倘然。自失貌。贄然。拱立貌。曰。叟何人邪。叟何為此。鴻蒙拊髀雀躍不輟。對雲將曰。遊。雲將曰。朕願有問也。鴻蒙仰而視雲將曰。吁。雲將曰。天氣不和。地氣鬱結。六氣不調。四時不節。今我願合六氣之精。以育羣生。為之奈何。鴻蒙拊髀雀躍掉頭曰。吾弗知。吾弗知。雲將不得問。又三年。東遊過有宋之野。而適遭鴻蒙。雲將大喜。行趨而進曰。天忘朕邪。天忘朕邪。再拜稽首。願聞於鴻蒙。鴻蒙曰。浮遊。不知所求。（自得而已。）猖狂。不知所往。（自適而已。猖狂。放佚貌。）遊者鞅掌。以觀無妄。（鞅掌。紛汨貌。遊於舉世紛汨之中。以觀眞機之所在。）朕又何知。（此外非所知也。）雲將曰。朕也自以爲猖狂。而民隨予所往。朕也不得已於民。今則民之放也。（放。釋也。言百姓暫時相釋。故得至此也。）願聞一言。鴻蒙曰。亂天之經。逆物之情。玄天弗成。（元者北方之色。天道置北方於不用。而實萬用根源。於此時更宜培養。一有感觸則元氣潰而弗成矣。）解獸之羣。而鳥皆夜鳴。災及草木。禍及昆蟲。（未能先天天弗違。則萬物皆失其常性。）意。（通噫。下同。）治人之過也。（不知治身。）雲將曰。然則吾奈何。鴻蒙曰。意。毒哉。（歎其受害已深。）僊僊乎歸矣。（僊僊。輕舉貌。嫌雲將治物爲禍。故示輕舉而勸其歸休也。已將復命歸根之義。默示於言外。）雲將曰。吾遇天難。願聞一言。鴻蒙曰。意。心養。心以用傷故當養之女徒處無爲而物自化。徒猶獨也墮爾形體。吐爾聰明。吐猶棄也倫與物忘。倫者物之等與物相忘不生分別心也大同乎涬溟。〔幸〕元氣渾然無朕無兆謂之涬溟大同乎是則不特忘物且不知有己矣解心釋神。解其憧擾之心釋其思慮之神莫然無魂。莫然坐忘之象無魂不動念也萬物云云。通芸盛貌各復其根。各還其性命之情各復其根而不知。渾渾沌沌。終身不離。若彼知之。乃是離之。知識纔開便已離道所謂七竅鑿而混沌死也無問其名。無闚其情。物故自生。大道希夷無中生有不助而自長養生厚生其理一也雲將曰。天降朕以德。示朕以默。元默躬身求之。乃今也得。再拜稽首。起辭而行。

有心爲治。則元天弗成。於人心病其攖。己心亦失其所養。處無爲而物自化。乃俾芸芸者衆。各復其根。易曰復其見天地之心。道術治術。可於此會其微矣。

世俗之人。皆喜人之同乎己。而惡人之異於己也。同於己而欲之。異於己而不欲者。以出乎衆爲心也。以爲己之聞見高出衆人。夫以出乎衆爲心者。曷嘗出乎衆哉。因衆以寍所聞。因衆人之聞見以安穩自己之聞見。不如衆技衆矣。不如衆人之能多矣。而欲爲人之國者。然且欲以己之聞見治人之國者。此攬乎三王之利。而不見其患者也。以聖知仁義爲利而不知其害。此以人之國僥倖也。幾何僥倖而不喪人之國乎。其存人之國也。無萬分之一。而喪人之國也。一不成而萬有餘喪矣。

一事無成而遺患無窮悲夫有土者之不知也方且以為賢而用之良可歎也
夫有土者有大物也大物天下也有大物者不可以物不能
用物而為物用是亦物耳以物治物安見其可物而不物治物者超出物外故能物
物因物付物為萬物之主宰明乎物物者之非物也豈獨治天下
百姓而已哉出入六合遊乎九州與造化伍獨往獨來是
謂獨有合乎真一獨有之人是之謂至貴大人之教大人即獨
有者若形之於影聲之於響因物而起不持異同響通響有問而應
之盡其所懷為天下配配對也不為主而為配卻於感而後應之際曲盡其忱
處乎無響寂則虛中行乎無方動則感化挈女適攜天下以各適其適復
之撓撓以遊無端撓撓自動也一陽萌動旋復其根以遊於未始有始之天也出

入無旁。與日無始。無依傍無終始。頌論形軀。合乎大同。頌論言也。惟去其依傍終始之跡。則希言自然。我相不着。隨時隨地。合乎大同而已。大同而無己。無己惡乎得有有。虛極靜篤。己亦無有。至於無己。又何有萬物之有哉。龐居士所謂空諸所有。勿實諸所無者。亦此意也。覩有者。昔之君子。三代所謂明聖。覩無者天地之友。於無而曰覩。可見無中別具神妙。特非與天地合德者。見不及此耳。世俗之人。愚而自用。從亂人國。去道日遠。道至無亦至有。覩有覩無。精粗判焉。兩者並舉。志道之士。宜知所從事矣。

賤而不可不任者物也。卑而不可不因者民也。匿而不可不爲者事也。麤而不可不陳者法也。遠而不可不居者義也。親而不可不廣者仁也。節而不可不積者禮也中而不可不高者德也一而不可不易者道也神而不可不爲者天也故聖人觀於天而不助成於德而不累出於道而不謀會於仁而不恃薄於義而不積應於禮而不諱接於事而不辭齊於法而不亂恃於民而不輕因於物而不去物者莫足爲也而不可不爲不明於天者不純於德不通於道者無自而可不明於道者悲夫何謂道有天道有人道無爲而尊者天道也有爲而累者人道也主者天道也臣者人道也天道之與人道也相去遠矣不可不察也

在宥天下。長久吾身。皆以無爲爲本。無爲而無不爲。無有而無不有矣。自古聖神。躬求而得。其所謂獨有者。悉自覿無中來。由無極而太極。此中消息學者正當以身驗之。

天地

天地雖大。其化均也。均於不爲而自化也。萬物雖多。其治一也。一以自得爲治。人卒雖衆。其主君也。天下異心。無心者治也。君原於德而成於天。根乎心得而純任自然。故曰玄古之君天下。玄遠也。無爲也。天德而已矣。天德卽道也。德宰於一。而道散乎萬。以道觀言。名稱。而天下之君正。上下名正。以道觀分。職分。而君臣之義明。貴賤位分。以道觀能。才能。而天下之官治。器使各當。以道汎觀。而萬物之應備。汎應不窮。故通於天地者德也。道在天地而通以神明故曰德。德者得也。行於萬物者道也。德育萬物。俾行之各得其宜。故曰道。道猶義也。上治人者事也。使人各事其事則治。能有所藝者技也。率其本性。自有藝能。技者道術之餘也。技兼於事。事兼於義。義兼於德。德兼於道。道兼於天。兼者統也。合二爲一之義。自然者天。得其自然則事義德道。一以貫之矣。故曰古之畜天下者。無欲而天下足。自足。無爲而萬物化。自化。淵靜而百姓定。自定。皆其善法天者。記曰。通於一而萬事畢。一。即天也。無心得而鬼神服。言所謂通於一者。非有心也。無心而得。斯爲眞得。至鬼神皆服。則純乎天矣。尚何事之不了哉。

道出於天。不容雜以人爲。無爲而有得。斯爲心得。是教人復命歸根之義。

夫子曰。門人記莊子之言。夫道覆載萬物者也。洋洋乎大哉。君子不可以不刳心焉。刳。剖也。去知覺則虛可入道。無爲爲之之謂天。於無爲中勤而爲之。斯合乎自然。無爲言之之謂德。希言自然。乃有心得無爲言者無容心於言而言之也愛人利物之謂仁不同同之之謂大平視萬物所見者大行不崖異之謂寬和光同塵寬然自得有萬不同之謂富無中包羅萬有故執德之謂紀紀條理也執其心得渾然之中各有條理德成之謂立卓然樹立循於道之謂備順其自然眾善具備不以物挫志之謂完全其所受君子明於此十者則韜乎其事心之大也韜乎包容之意事心猶存心也沛乎其爲萬物逝也爲萬物所歸往若然者藏金於山藏珠於淵不利貨財不近貴富不樂壽不哀夭不榮通不醜窮不拘一世之利以爲己私分私分者自私其利以爲分所應有也不以王天下爲己處顯顯則明萬物一府死生同狀府藏物者也萬物同歸於盡故曰一府死死生生共此輪

迴。故曰同狀。言當其顯時。已將此理看破。故能解心釋神。離外景而獨完其天也。能剗心乃能事心。於道中各求實得。而損之又損。內重者外自輕。視身世皆浮雲矣。

夫子曰。夫道淵乎其居也。深沉不動。漻乎其清也。澄澈不滓。此言道體之靜寂。已立應物之本。金石不得無以鳴。金石不得此理。無以應叩者。至人不得此理。無以應感者。故金石有聲。不考不鳴。考叩也。雖有聲。必待叩而後鳴。雖有道。必待感而後應。萬物孰能定之。言當未叩未感之先。渾然默然。其所以肆應者。誰能定之。夫王德之人。德盛曰王。素逝而恥通於事。游心太素。虛靜無無爲。立之本原。而知通於神。抱一爲式。不用知而前知。若神。故其德廣。得於心者。無不該。其心之出。有物採之。出猶應也。採猶感也。有感斯應。其心本湛然也。故形非道不生。道即本原也。生天生地。皆是此道。人身可知。生非德不明。既已成形若非有得於心則不明此生身之理存形窮生。將存我之形必先充其生理而不爲物蔽立德明道。欲立我之德必先修其道術而默與天通非王德者邪蕩蕩乎忽然出勃然動而萬物從之乎。蕩蕩包羅萬有之象眞機發越其出其動一本自然萬物從之卽所謂通於一萬事畢也此謂王德之人。視乎冥冥聽乎無聲冥冥之中獨見曉焉。無聲之中獨聞和焉故深之又深而能物焉。不露端倪而自成造化神之又神而能精焉。不可窺測而妙契眞元故其與萬物接也至無而供其求。虛而能應時騁而要其宿。往而能復大小長短修遠。因應從心不滯於一形聲之外別有見聞深之又深神之又神所謂道德上通而智故消滅也黃帝遊乎赤水之北。赤者南方明色其北則玄境也登乎崑崙之丘。

玄之極境、而南望還歸。遺其玄珠。南者明察之方。已遊玄境、不能久守、而復望明處、故玄珠亡也、使知索之而不得。使離朱索之而不得。使喫詬索之而不得也。知、多知識者、離朱、善觀察者、喫詬、有口辯者、乃使象罔。象罔、似有象而實無、蓋無心之謂也、○以上四人、離朱外皆寓名也、象罔得之。黃帝曰異哉。象罔乃可以得之乎。道喻元珠。無心乃得。使象罔而獨不言索。其旨微矣。

堯之師曰許由。許由之師曰齧缺。齧缺之師曰王倪。王倪之師曰被衣。堯問於許由曰。齧缺可以配天乎。吾藉王倪以要之。配天、爲天子也、堯蓋欲讓天下、許由曰。殆哉圾乎天下。圾、通岌、危也、齧缺之爲人也。聰明叡知。給數以敏。其敏

（捷足以應煩數。）其性過人。而又乃以人受天。（恃其才知。誤以人爲爲受於天之本性。）彼審乎禁過。而不知過之所由生。（知過之所由生。則不待禁矣。）與之配天乎。彼且乘人而無天。（載人心以用事。而汩其天眞。）方且本身而異形。（我相未忘。分彼分此。）方且尊知而火馳。（倚知巧而性急如火。）方且爲緒使。（爲細事所役。）方且爲物絯（該）。（絯。纏束也。言爲物所拘。）方且四顧而物應。（應接不暇。）方且應衆宜。（事事求宜。）方且與物化而未始有恆。（屢爲物變而無恆性。）夫何足以配天乎。雖然。有族有祖。（有一族必有一祖。）可以爲衆父。（合一族之衆而推尊之謂之衆父。）而不可以爲衆父父。（合百族之所推尊者而推尊之謂之衆父父。以名位言則爲萬姓之君主。以道妙言則爲萬化之大宗。）治亂之率也。（有心求治。適以倡亂。）北面之禍也。

南面之賊也。上有用知之君，則爲之臣者，皆將奉令承教，相率而失其恆性，故北面者之禍

皆由於南面者之賊。此蓋申言其不足配天也。不曰爲君而曰配天，可見無心成化，蕩蕩巍巍，必有以仰贊昊蒼，方能主宰天下。達生篇云：精之又精，反以相天，知非宇宙在手，萬化生身者，不足以語此。

堯觀乎華。華封人曰：嘻，聖人！請祝聖人，使聖人壽。堯曰：辭。使聖人富。堯曰：辭。使聖人多男子。堯曰：辭。封人曰：壽、富、多男子，人之所欲也。女獨不欲，何邪？堯曰：多男子則多懼，富則多事，壽則多辱。是三者非所以養德也，故辭。封人曰：始也我以女爲聖人邪，今然君子也。天生萬民，必授之職。多男子而授之職，則何懼之

有富而使人分之則何事之有夫聖人鶉居而鷇食鶉無常居言不求安也鷇待母哺言不求飽也鳥行而無彰鳥行虛空過而無跡天下有道則與物皆昌天下無道則修德就閒千歲厭世去而上僊乘彼白雲至於帝鄉三患莫至三患即釋典所謂三災水火風也身常無殃則何辱之有封人去之堯隨之曰請問封人曰退已

住世厭世隨意去留策空乘虛得大自在此至人內修之實效德位如堯猶望塵莫及何論其餘自古聖真莫不守寂躭元辭榮割愛所謂白雲深處隔斷紅塵孜孜焉求至帝鄉者其志趣固別有在也

堯治天下伯成子高立為諸侯堯授舜舜授禹伯成

子高辭爲諸侯而耕。禹往見之，則耕在野。禹趨就下風，立而問焉，曰：昔堯治天下，吾子立爲諸侯。堯授舜，舜授予，而吾子辭爲諸侯而耕，敢問其故何也？子高曰：昔堯治天下，不賞而民勸，不罰而民畏。今子賞罰而民且不仁，德自此衰，刑自此立，後世之亂自此始矣。夫子闔行邪（闔猶盍也）？無落吾事（落荒廢也）。悒悒乎耕而不顧（悒悒低首貌）。

立爲諸侯，偶而應之也。耕而不顧，修德以就閒也。至人之出處如是。

泰初有無（但有無耳），無有無名（雖無之名亦未立，何有於有，有無未判，渾然無極之始也）。一之所起（一即太極也，萌於至無之中，故曰起）。有一而未形（雖有肇端尚未昭著。物得以生謂之德。此未形之一，在物得之以爲生之之本。德之爲言得也，故謂之德。此是於生物之先，預言其理。未形者有分。當其未形，已寓分陰分陽之朕兆。且然無間謂之命。雖有朕兆，暫且不見其分之迹，但覺其渾然無間而已，是則天之所以爲命也。留動而生物。夫天命本流行不滯，而動者偶有所留，則生機爲之一觸，物卽因以生焉。物成生理謂之形。物既生矣，自然順此生理以底於成，官骸備具，故謂之形也。形體保神，各有儀則，謂之性。形體既成，自然保守神明，各有定則，陰陽同原，故謂之性也。○以上言天道自無而之有者如此。性修反德。性修則復其所得於未形之一矣。德至同於初。德之至則同於泰初，此極詣也。同乃虛。虛乃大。惟善返，故眞空；惟眞空，故無際。合喙鳴。[illegible]喙，口也。無所不包之謂合。合眾喙以爲鳴，萬籟同歸一氣之中，申言其大也。喙鳴合。鳴出無心，與眾喙之鳴相合，人籟無非天籟之徵，申言其大而虛也。上合字義近統此合字義近符。與天地爲合。修性至此。此與天地爲一體矣。其合緡緡。若愚若昏。無心而自合也。是謂玄德。得其一矣。同乎大順。大順者順其自然也。反德至此。更不見其修爲之迹矣。○以上言人道自有而返無者如此。

受生者形之始。還虛者神之用。形神俱妙。乃同於初。勤而行之。庶幾與天合德。與道合眞者矣。

夫子問於老聃曰。夫子。孔子也。有人治道若相放。放。通倣。言與人若無異也。可不可。然不然。言於相倣者卻不相混。有可有不可。有然有不然。辯道甚明非苟同也。辯者有言曰。離堅白若縣寓。堅者石之質。白者石之色。於其本合者而能離之。詞義昭著。不啻揭日月而懸之天宇也。此當時辯士矜尙之語。若是。其精晰如此。則可謂聖人乎。老聃曰。是胥易技係。勞形怵心者也。執狸之狗成思。被人拘係。而成愁思。猨狙之便自山林來。因便捷爲人所捕。故自山林中來。此蓋喻勞心怵形。多能適以病己也。丘。予告若而所不能聞。與而所不能言。凡有首有趾無心無耳者眾。具體為人。實則無知無聞者多。有形者與無形無狀而皆存者盡無。無形狀者道也。形與道皆存。世人所希有。其動。止也。其死。生也。其廢。起也。承上言此皆存之人。形雖動而神自止。形雖死而神自生。形雖廢而神自起。與勞心怵形者正相反。此又非其所以也。以持也。言此又非有心為之。但順其自然而不自持也。有治在人。故有時見為治。亦在人而已。在人者。因人而治。不參己見也。忘乎物。忘乎天。其名為忘己。無我。忘己之人。是之謂入於天。與天為一。既曰忘乎天。又曰入於天者。譬之善汨。惟忘於淵。而後能入於淵也。

形與道俱。惟無不存。故無不忘。有人之形。無人之情。是之謂人貌而天。

將閭葂見季徹曰魯君謂葂也曰請受教辭不獲命既已告矣未知中否請嘗薦之嘗薦試陳也吾謂魯君曰必服恭儉拔出公忠之屬而無阿私民孰敢不輯和輯季徹局局然笑曰局局笑不出聲貌若夫子之言於帝王之德言欲行此言以求治天下猶螳蜋之怒臂以當車轍則必不勝任矣且若是則其自爲處危其觀臺高自表著之喻多物將往投迹者衆身爲物累之喻將閭葂覷覷然驚曰葂也汒若於夫子之所言矣汒汒通茫雖然願先生之言其風也其風猶云其略季徹曰大聖之治天下也搖蕩民心使之成教易俗舉滅其賊心而皆進其獨志搖蕩猶鼓舞也賊心知巧之害心者

獨志。見獨之志也。若性之自爲。而民不知其所由然。由而不知若然者。豈兄堯舜之教民。溟涬然弟之哉。欲同乎德而心居矣。教民。有爲者也。溟涬。即雲將篇大同乎溟涬之義。無爲者也。言豈以有爲讓堯舜。而自以無爲者遜謝不敏哉。蓋其心並不從教民起見。只欲同乎泰古渾穆之德。使此心各安於其居而已。所謂心普萬物而實無心也。有心治民。民即爲吾心之累。蓋天下之治。在聖人只自得其心之所安。並無教民之見存於中也。昔張靈隱爲宋眞宗講還元篇。有云國猶身也。心無爲則氣和。氣和則萬寶結。此還元之大旨也。然則漆園之所謂心居者。從可識矣。

子貢南遊於楚。反於晉。過漢陰。漢水之陰。見一丈人。方將爲圃畦。爲。治。鑿隧而入井。隧。水溝也。抱甕而出灌。出井水灌溝中。

搰骨搰然用力甚多而見功寡。搰搰，用力貌。　子貢曰。有械於此。一日浸百畦。用力甚寡而見功多。夫子不欲乎。爲圃者仰而視之曰。奈何。曰。鑿木爲機。後重前輕。挈水若抽。挈，引。　數如泆湯。逸。數，疾也。泆，溢也。言取水疾速，如湯之沸溢也。　其名爲槔。桔槔。爲圃者忿然作色而笑曰。吾聞之吾師。有機械者必有機事。有機事者必有機心。機心存於胸中。則純白不備。純白不備。則神生不定。神生不定者。道之所不載也。機心存則方寸擾雜而不純。由不純故不白也。不純不白，日見轇轕，則神之生也不定。神不定者道不載。謂非載道之器也。　吾非不知。羞而不爲也。子貢瞞然慙。瞞然，目無精采貌。　俯而不對。有閒。爲圃者曰。子奚爲者邪。曰。孔丘之徒也。爲圃者曰。子非夫博學以擬聖。於于以蓋衆。（於于。夸誕貌。）獨弦哀歌。（倡而無和。）以賣名聲於天下者乎。（譏之。）女方將忘女神氣。墮女形骸。而庶幾乎。（又教之。）而身之不能治。而何暇治天下乎。子往矣。無乏吾事。（乏。廢也。）子貢卑陬鄉失色。（卑陬。愧縮貌。）頊旭頊然不自得。（頊頊。自失貌。）行三十里而後愈。其弟子曰。向之人何爲者邪。夫子何故見之變容失色。終日不自反邪。（言久而不復其常。）曰。始吾以爲天下一人耳。（謂孔子。）不知復有夫人也。（謂丈人。）吾聞之夫子。事求可。功求成。用力少。見功多者。聖人之道。（聖人當是君子之譌。下文聖人之道句可證。）今徒不然。（今徒。猶言此人。）執道者德全。（所執者道。則不言德而德自全。）德全者形全。（德全自能踐形。）形全者神全。（形全而神自守其舍。）神全者。聖人之道也。託生與民並行。而不知其所之。（寄生於世。與民大同。而浮游倡狂。不自知其所往。）汒乎淳備哉。（茫乎無心。而純白已備。）功利機巧。必忘夫人之心。（夫人之心。必無此四累。）

若夫人者。非其志不之。非其心不爲。雖以天下譽之。得其所謂。（譽其所謂而以爲得。）謷然不顧。（謷然。自適之意。）以天下非之。失其所謂。（非其所謂而以爲失。）儻然不受。（儻然。獨立之貌。）天下之非譽無益損焉。是謂全德之人哉。我之謂風波之民。（言易爲非譽所動。）反於魯。以告孔子。孔子曰。彼假修渾沌氏之術者也。（渾沌。上古帝號。假修。言假人事以修之。）識其一不知其二。治其內而不治其外。一者天地之精。內者性命之本。夫明白入素。本然者曰素。無爲復樸。自然者曰樸。體性抱神。以遊世俗之間者。女將固驚邪。猶於世俗之常。將見所未見。固宜其驚異也。且渾沌氏之術。予與女何足以識之哉。言非特汝不識。即予亦不足識此也。

機巧不生。渾沌不死。入素復樸。道心見矣。

諄芒將東之大壑。適遇苑風於東海之濱。諱言重複曰諄。芒通茫。諄芒者。不以言教也。苑風。東方之風。義取長養以爲牧民之喻。是二人者皆寓名也。苑風曰。子將奚之。曰將之大壑。曰奚爲焉。曰夫大壑之爲物也。注焉而不滿。酌焉而不竭。吾將遊焉。苑風曰。夫子無意於橫目之民乎。側目而待治者。願聞聖治。諄芒曰。聖治平。不滿之辭。官施而不失其宜。官人施政。皆得其宜。拔舉而不失其能。畢見其情事而行其所爲。於事之可爲之實莫不洞悉。乃順其所可爲者而行之。行言自爲而天下化。所行所言皆非爲人而人自化。手撓顧指。指揮顧盼之間。四方之民莫不俱至。此之謂聖治。願聞德人。德人較聖治又進。曰德人者。居無思。行無慮。不藏是非美惡。即所謂不思善不思惡者。四海之內共利之之爲悅。共給之之爲安。爲悅爲安。但以順人之情。而實無戀於己。怊超乎若嬰兒之失其母也。不知所依。怊乎。亡意貌。儻乎若行而失其道也。不知所往。財用有餘。而不知其所自來。飲食取足而不知其所從。皆付之無心。此謂德人之容。其可見者如此。願聞神人。神人較德人又進。曰上神乘光。神上升而光以載之。與形滅亡。見光不見形。而光亦若有若無。故曰與形滅亡。此謂照曠。照者虛明。曠者空洞。致命盡情。推致其所秉之數。而命不由天。充盡其已發之和。而情來歸性。天地樂而萬事銷亡。與天地同樂。而人事皆捐。萬物復情。芸芸歸根。天心來復。此之謂混冥。混者合爲一氣。冥者返諸無形。

由治而德。由德而神。海上三山。引人入勝。于青雲而直上。方識人間世外。別有地天也。

門無鬼與赤張滿稽觀於武王之師。赤張滿稽曰。不及有虞氏乎。故離此患也。言德不及舜。故罹此征誅之禍。門無鬼曰。天下均治。而有虞氏治之邪。均治則不須治。其亂而後治之與。赤張滿稽曰。天下均治之爲願。而何計以有虞氏爲。言若天下均治。則別無求治之願。尚何爲計及有虞氏之治乎。有虞氏之藥瘍也。

滿稽至此已悟無亂非治之理且知有虞氏所謂治者亦第治其外耳故又以藥瘍醫之蓋瘍醫之所醫者癰疽之屬皆病之外見者也禿而施髢。髢編髮以飾鬢者倘不禿焉用髢病而求醫。倘不病焉用醫孝子操藥以修慈父。修進也其色燋焦然。愁貌聖人羞之。何如養親使不病乎○此蓋喻因亂求治不如本不致亂之爲貴也至德之世。不尚賢。不使能。上如標枝。處高而無臨下之心民如野鹿。放曠而無拘忌之苦端正而不知以爲義。相愛而不知以爲仁。實而不知以爲忠。當而不知以爲信。蠢動而相使。不以爲賜。相友相助而不以爲恩是故行而無迹。任其自得故無迹事而無傳。行所無事故不傳不識不知。渾渾噩噩。至德之世。其猶至人之心乎。

孝子不諛其親。忠臣不諂其君。臣子之盛也。此是正理。親之所言而然。所行而善。則世俗謂之不肖子。惡其諛也。君之所言而然。所行而善。則世俗謂之不肖臣。惡其諂也。蓋明於責臣子如是。而未知此其必然邪。卻不知人情無有不然者。世俗之所謂然而然之。所謂善而善之。明明導諛。則不謂之道諛之人也。道。導也。然則俗故嚴於親而尊於君邪。導諛君親則責之導諛。世俗則安之。豈世俗更嚴更尊邪。謂己道人。則勃然作色。謂己諛人則怫然作色。頗惡其名。而終身道人也。終身諛人也。卻又甘諂其實。合譬飾辭。廣喩令人易曉。修詞令人喜聽。聚眾也。以此招人附己。是終始本末不相坐。蹈其實初不認其罪。故曰不相坐。垂衣裳。設采色。動容貌以媚一世，而不自謂道諛，與夫人之爲徒，通是非，人是亦是，人非亦非。而不自謂衆人，愚之至也。世情於名之醜者，則蹈其實而不居其名；於名之美者，則又好其名而不務其實。迷漫顚倒，終其身於道諛中，雖復巧言以動聽，飭度以飾觀，殫精勞形，徒自苦也。似智實愚，良堪歎息。知其愚者，非大愚也；知其惑者，非大惑也。大惑者終身不解，大愚者終身不靈。不悟也。三人行而一人惑，所適者猶可致也，惑者少也；二人惑則勞而不至，惑者勝也。此以惑於所行爲喻。而今也以天下惑，予雖有祈嚮，不可得也。予雖願往，誰與從之。不亦悲乎！大聲不入於里耳，折楊皇荂（花），皆古歌曲也。則嗑（闔）然而笑。是故高言不止於衆人之心，不相入也。至言不出，俗言勝也。以二缶鍾惑。缶，盆類，瓦缶俗音也。鍾，通鐘，正聲也。言以二缶之音亂之，則鐘聲莫辨，故曰惑也。而所適不得矣。此皆以惑於所聞爲喻。所適不得，謂聽者無所適從也。而今也以天下惑，予雖有祈嚮，其庸可得邪。知其不可得也而强之，又一惑也。執己强求，又成一惑。故莫若釋之而不推。推，推求也。不推誰其比憂。比，鄰也。誰其比憂，其詞若自寬其意，實自任也。厲之人夜半生其子。厲，醜也。遽取火而視之，汲汲然惟恐其似己也。此又以厲人之不得不視，喻己之不得不推也。夫子果似己，雖視何益。人皆異己，雖推徒勞。至明知其無益而猶視，明知其徒勞而猶推，則其不忍超然於斯人者，實聖賢覺世之婆心，得已而不已者也。

塵俗日迷。性眞日汨。解人罕遇。憂從中來。悵大道之無傳。憫物情之終惑。長言嗟歎。若惜若規。暮鼓晨鐘。良足發人深省。

百年之木。破爲犧樽。青黃而文之。其斷在溝中。（斷已斷之也。）餘木比犧樽於溝中之斷。則美惡有間矣。其於失性一也。跖與曾史行義有間矣。然其失性均也。且夫失性有五。一曰五色亂目。使目不明。二曰五聲亂耳。使耳不聰。三曰五臭薰鼻。（謂羶薰香鯹腐也。）困惾中顙。（困惾衝逆也。氣逆故從鼻上中於顙也。）（嗽）四曰五味濁口。使口厲爽。（厲病也。爽失也。）五曰趣舍滑心。（趣取也。滑亂也。）使性飛揚。此五者皆生之害也。而楊墨乃始離跂自以爲得。非吾所謂得也。夫得者困。可以爲得乎。則鳩鴞之在於籠也。亦可以爲得矣。且夫趣舍聲色以柴其內。（如木枝亂塞於胸中。）皮弁鷸冠搢笏紳脩以約其外。皮弁以鹿皮爲之。鷸冠以鷸毛爲之。搢，插也。脩，長也。內支盈於柴柵。支，支柱也。盈，充塞也。柴柵，豎木以立柵也。外重纆繳，纆繳皆繩也。睆睆然在纆繳之中。而自以爲得。睆睆，目視而身不能動貌。則是罪人交臂歷指。交臂，縛手也。歷指，關指也。而虎豹在於囊檻。檻，圈也。亦可以爲得矣。

失性之人，內外交困，見者惻然，而身受者轉不自知。噫，愚惑至此，眞終身不靈者矣。

道體非物。玄之又玄。世情用知用巧。皆惑而失性者也。能順其自然而以無心得之。斯德兼於道。而道合於天矣。○陸方壺云，此篇頭緒各別，不可串爲一章。細意推求。或正言。或反言。或喩言。或述古。

或徵令。總是令人於無中覓有。不可指幻爲眞之意。認定此旨。則元珠在握。正不必於章句間强求其貫串也。

天道

天道運而無所積。流通而不滯積。故萬物成。帝道運而無所積。故天下歸。聖道運而無所積。故海內服。明於天。通於聖。六通四辟於帝王之德者。辟通闢。其自爲也。昧然無不靜者矣。運以氣言。靜以心言。心有所注。氣則滯而不行。故眞知道者無不靜也。聖人之靜也。非曰靜也善故靜也。不求靜而自靜。非以靜爲善而强制之也。萬物無足以鐃心者故靜也。鐃通撓。水靜則明燭鬚眉。平中準。準所以揆平者也。大匠取法焉。水靜猶明。而況精神。聖人之心靜乎。天地之鑒也。萬物之鏡也。由靜生明。夫虛靜恬淡寂漠無爲者。皆靜之意義。天地之平。上下各安其位。故曰平。

而道德之至。故帝王聖人休焉。息心於此。休則虛。息則靈臺無物。故曰虛。虛則實。眞空而後實有。實則倫矣。其中自有倫理。虛則靜。靜則動。靜極自動。動則得矣。自然而動。自然而得。靜則無爲。無爲也則任事者責矣。人各盡職。而已無與焉。無爲則俞俞。俞俞猶愉愉也。俞俞者憂患不能處。處猶入也。言憂患不能入居於其心也。年壽長矣。

道以心爲君。氣則服其竅者。心不止則氣不行。至人虛極靜篤。順其自然者而休焉。故心以定而生明。氣以流而不腐。至樂活身。道妙見矣。

夫虛靜恬淡寂寞無爲者萬物之本也。明此以南鄉堯之爲君也。明此以北面舜之爲臣也。以此處上帝王天子之德也。以此處下玄聖素王之道也。以此退居而閒遊江海山林之士服以此進爲而撫世則功大名顯而天下一也靜而聖動而王無爲也而尊樸素而天下莫能與之爭美夫明白於天地之德者此之謂大本大宗與天和者也所以均調天下與人和者也與人和者謂之人樂與天和者謂之天樂莊子曰吾師乎吾師乎鳌萬物而不爲戾澤及萬世而不爲仁長於上古而不爲壽覆載天地刻雕衆形而不爲巧此之謂天樂故曰知天樂者其生也天行其死也物化靜而與陰同德動而與陽同波故知天樂者無天怨無人非無物累無鬼責故曰其動也天其靜

也地一心定而王天下其鬼不祟其魂不疲一心定而萬物服言以虛靜推於天地通於萬物此之謂天樂天樂者聖人之心以畜天下也夫帝王之德以天地爲宗以道德爲主以無爲爲常無爲也則用天下而有餘有爲也則爲天下用而不足故古之人貴夫無爲也上無爲也下亦無爲也是下與上同德下與上同德則不臣下有爲也上亦有爲也是上與下同道上與下同道則不主上必無爲而用天下下必有爲爲天下用此不易之道也故古之王天下者知雖落天地不自慮也辯雖雕萬物不自說也能雖窮海

內不自爲也天不產而萬物化地不長而萬物育帝王無爲而天下功成故曰莫神於天莫富於地莫大於帝王故曰帝王之德配天地此乘天地馳萬物而用人羣之道也本在於上末在於下要在於主詳在於臣三軍五兵之運德之末也賞罰利害五刑之辟教之末也禮法度數形名比詳治之末也鐘鼓之音羽旄之容樂之末也哭泣衰絰隆殺之服哀之末也此五末者須精神之運心術之動然後從之者也末學者古人有之而非所以先也君先而臣從父先而子從兄先而弟從長先而少從男先而女從夫先而

婦從夫尊卑先後天地之行也故聖人取象焉天尊
地卑神明之位也春夏先秋冬後四時之序也萬物
化作萌區有狀盛衰之殺變化之流也夫天地至神
而有尊卑先後之序而況人道乎宗廟尚親朝廷尚
尊鄉黨尚齒行事尚賢大道之序也語道而非其序
者非其道也語道而非其道者安取道是故古之明
大道者先明天而道德次之道德已明而仁義次之
仁義已明而分守次之分守已明而形名次之形名
已明而因任次之因任已明而原省次之原省已明
而是非次之是非已明而賞罰次之賞罰已明而愚

知處宜貴賤履位仁賢不肖襲情必分其能必由其名以此事上以此畜下以此治物以此修身知謀不用必歸其天此之謂太平治之至也故書曰有形有名形名者古人有之而非所以先也古之語大道者五變而形名可舉九變而賞罰可言也驟而語形名不知其本也驟而語賞罰不知其始也倒道而言迕道而說者人之所治也安能治人驟而語形名賞罰此有知治之具非知治之道可用於天下不足以用天下此之謂辯士一曲之人也禮法數度形名比詳古人有之此下之所以事上非上之所以畜下也昔

者舜問於堯曰天王之用心何如堯曰吾不敖無告不廢窮民苦死者嘉孺子而哀婦人此吾所以用心已舜曰美則美矣而未大也堯曰然則何如舜曰天德而出寧日月照而四時行若晝夜之有經雲行而雨施矣堯曰膠膠擾擾乎子天之合也我人之合也夫天地者古之所大也而黃帝堯舜之所共美也故古之王天下者奚爲哉天地而已矣

孔子西藏書於周室（欲將所修之書藏於周之府藏）子路謀曰由聞周之徵藏史（徵藏藏名也徵藏史猶今之秘書官也）有老聃者免而歸居夫子欲藏書則試往因焉孔子曰善往見老聃而

老聃不許。於是繙十二經以說老聃。（繙、反覆言之也。）中其說。（語未盡也。）曰大謾。（謾猶言太泛。）願聞其要。孔子曰要在仁義。老聃曰。請問仁義人之性邪。孔子曰然。君子不仁則不成。不義則不生。仁義眞人之性也。又將奚爲矣。老聃曰。請問何謂仁義。孔子曰。中心物愷。兼愛無私。此仁義之情也。老聃曰。意。（通噫。）幾乎後言。（猶失言也。）夫兼愛不亦迂乎。（言與道相遠也。）無私焉乃私也。（有意於無私、即所以爲私。）夫子若欲使天下無失其牧乎。（牧、養也。）則天地固有常矣。日月固有明矣。星辰固有列矣。禽獸固有羣矣。樹木固有立矣。夫子亦放德而行。循道而趨。已至矣。又何偈偈乎揭仁義。偈偈用力貌若擊鼓而求亡子焉。逃亡之子。擊鼓求之。是速其亡也。猶機智之世。揭仁義而治之。是速其亂也。意。通噫。夫子亂人之性也。仁義且亂人性。其他可知。欲各安其性命之情。非以虛靜求之不得也。

士成綺。人姓名。見老子而問曰。吾聞夫子聖人也。吾固不辭遠道而來願見。猶言求見。百舍重趼而不敢息。百舍百日旅宿也。重趼足起厚皮也。今吾觀子。非聖人也。鼠壤有餘蔬而棄妹。不仁也。鼠穴糞土之中。謂之鼠壤。妹通末。棄妹者謂遺棄末學也。於物有養。而於人倦於敎。非愛人之本心也。生熟不盡於前。而積斂無崖。謂生物熟物不盡於前。而仍貪取無厭也。老子漠然不應。以不答答之也。士成綺明日復見曰。昔者吾有刺於子。今吾心正卻矣。正卻猶退聽也。何故也。爲老子所移而不知老子曰。夫巧知神聖之人。吾自以爲脫焉。脫然不居無心於盛名也昔者子呼我牛也而謂之牛。呼我馬也而謂之馬。喻不仁之刺苟有其實。人與之名而弗受。再受其殃。猶言又一過也吾服也恆服。吾非以服有服。服行也言吾之行常常如此並非以行邀名而有心於行也此正毀譽不計之意士成綺雁行避影。側身而行履行遂進。踵走而前而問修身若何。老子曰。而容崖然。崖異而目衝然。突視而顙頯然。顙額高亢而口闞然。張口自辯而狀義然。嚴毅自矜似繫馬而止也。身雖係而神已坐馳動而持。欲動而發強持也機。發則如機之速察而審。伺察而又詳審知巧而覩於泰。恃知巧而見於外者有驕泰之色凡以爲不信。凡此十者皆不實之徵邊竟有人焉。竟通境。其名爲竊。邊境禁人窺伺。有則以盜竊目之。有機心者不可與入道。識神爲用。則眞性日漓。漆圜傳其狀貌。而醜其聲稱。毒口婆心。正爲此輩作當頭棒喝

老子曰。夫道。於大不終。包無窮。於小不遺。入無問。故萬物備。廣廣乎其無不容也。淵乎其不可測也。形德仁義形。耳目之類。德。聰明之類。神之末也。非至人孰能定之。鮮不爲世情所惑。夫至人有世。撫有天下。不亦大乎。而不足以爲之累。天下奮棅。棅。通柄。奮者。爭執之意。而不與之偕。審乎無假。而不與利遷。極物之眞。能守其本。故外天地。遺萬物。而神未嘗有所困也。通乎道。合乎德。退仁義。退。後之也。賓禮樂。賓。不以爲

主也。至人之心有所定矣。於道體見得精。自於世情看得徹。常人迷於幻相。目假爲眞。宜其神動精搖。而去道日遠也。

世之所貴道者書也。世知道之可貴。爲有傳道之書故也。書不過語。止言語耳。語有貴也。語之所貴者意也。意有所隨。隨。猶向也。意之所隨者。不可以言傳也。而世因貴言傳書。世不知道不可以言傳。貴其言。因而傳其書。世雖貴之哉。猶不足貴也。爲其貴非其貴也。言所貴非當貴者。故視而可見者。形與色也。聽而可聞者。名與聲也。書之言。譬則此類耳。悲夫。世人以形色名聲爲足以得彼之情。彼。卽不可言傳者也。情。實也。夫形色名聲。果不足以得彼之情。則知者不言。言者不知。而世豈識之哉。桓公讀書於堂上。輪扁斲輪於堂下。輪。車輪。扁。匠人名。斲。雕斫也。釋椎鑿而上。問桓公曰。敢問公之所讀者何言邪。公曰聖人之言也。曰。聖人在乎。公曰。已死矣。曰。然則君之所讀者。古人之糟魄已夫。糟爛爲魄。糟魄。猶糟粕也。桓公曰。寡人讀書。輪人安得議乎。有說則可。無說則死。輪扁曰。臣也以臣之事觀之。斲輪。徐則甘而不固。疾則苦而不入。疾。徐。指輪笋言。徐。寬。疾。緊也。寬則甘滑而不堅。緊則苦澁而難入。不徐不疾。得之於手而應於心。口不能言。有數存焉於其間。數。分數。猶分寸也。臣不能以喻臣之子。臣之子亦不能受之於臣。是以行年七十而老斲輪。古之人與其不可傳也死矣。

然則君之所讀者。古人之糟魄已夫。

書以傳道。而道實不盡於書。執書以求。糟粕而已。達摩西來。不立語言文字。證以輪扁之說。自是不二法門。

天道無爲。以虛靜自然爲本。人心失其自然。即以害道。惟至人之心。不爲物累。不與利遷。如如自在。乃得大定之境。所謂定者。即虛靜之始基也。此中眞訣。不可言傳。世人第即傳道之書求之。而至道之精。終不可得。有志於道者。仍當致虛守靜。損之又損。以至無爲。庶得古人不傳之秘也。

天運

天其運乎。旋轉不已。地其處乎。安靜不動。日月其爭於所乎。同道相逐。孰主張是。孰維綱是。孰居無事而推行是。居無事。猶行所無事也。意者其有機緘而不得已邪。其有使之然者乎。凡物之發動處曰機。收束處曰緘。意者其運轉而不能自止邪。其亦自然者乎。雲者為雨乎。雲解而為雨。雨者為雲乎。雨升而為雲。孰隆施是。隆。興也。謂雲施謂雨。孰居無事淫樂而勸是。雲雨乃陰陽交和之氣所成。故以為造化之淫樂。風起北方。北方土高陽亢。而戰故多風。一西一東。有上彷徨。或東或西。有時而上。彷徨四表。孰噓吸是。孰居無事而披拂是。敢問何故。巫咸祒曰。祒通詔。來。吾語女。天有六極五常。六氣五行。帝王順之則治。逆之則凶。九洛之事。九疇洛書治成德備鑒照下土。天下戴之。此謂上皇。上皇配天立極之稱六極五常運於無形之中由無形而垂象乃有九洛之事順以承之治成德備天下歸心觀於聖帝明王所兢兢焉不敢逆者則天地日月爲雲爲雨爲風之主宰從可識矣妙道之行不外造化自然之用爲神爲聖皆不外此似無而非着空似有而不着相眞如其合方可謂順其自然稍有勉强去道遠矣

商太宰蕩。商宋也太宰官名蕩字也一云名盈字蕩問仁於莊子。莊子曰。虎狼仁也。曰。何謂也。莊子曰。父子相親。何爲不仁。曰請問至仁。莊子曰。至仁無親。無所謂親正無所不親也太宰曰。蕩聞之。無親則不愛。不愛則不孝。謂至仁不孝可乎。莊

子曰不然。夫至仁尚矣。孝固不足以言之。仁至者德全。孝固不待言也。此非過孝之言也。不及孝之言也。謂太宰未能眞知至仁之於孝。有過而無不及。故爲此顚倒之說也。夫南行者至於郢。北面而不見冥山。是何也。則去之遠也。郢在南。冥山在北。自北而南行至於郢。則已過冥山遠矣。安得回首而望見邪。以喻至仁則過於孝。不言孝而孝已在其中也。故曰以敬孝易。敬見於外故易。以愛孝難。愛發於中故難。以愛孝易。而忘親難。忘親者不自知其爲愛也。忘親易。使親忘我難。忘我者。使親亦相忘於愛也。使親忘我易。兼忘天下難。兼忘天下。使親覺四海之大。皆在兼愛之中。則與天下相忘矣。兼忘天下易。使天下兼忘我難。兼忘我者。使天下相忘於親愛。並不覺其爲我之使。是眞忘之至也。道以推而遞進。至此則孝固不待言。仁亦無可言也。夫德遺堯舜而不爲也。遺，猶過也。利澤施於萬世，天下莫知也。豈直太息而言仁孝乎哉。夫孝悌仁義，忠信貞廉，此皆自勉以役其德者也。役，猶勞也。不足多也。故曰至貴，國爵并焉。并，猶屏棄也。至貴在我，何有於爵。至富，國財并焉。至富在我，何有於財。至願，名譽并焉。至願在我，何有於名。是以道不渝。渝，變也。得其一，萬事畢。外輕內重，故不渝也。道貞夫一。至無至有，人能息心於此，則爝火微光，浮雲變態，舉不足以動其中矣。

北門成問於黃帝曰：北門，姓；成，名。帝張咸池之樂於洞庭之野，咸池，樂名；洞庭，猶廣漠也。吾始聞之懼，駭聽。復聞之怠，息心。驚懼之後，稍覺安穩也。卒聞之而惑，恍惚蕩蕩默默，神不能定，口不能言。乃不自得。失其故我，自始至卒，樂之感人如此。帝曰：女殆其然哉。言不意汝竟能如此聽，喜而詞之之詞。吾奏之以人。聲音本於人。徵之以天。徵、順也。謂樂律與天時相準也。行之以禮義。禮節之。義宜之。建之以太清。取聲氣之元爲主宰。夫至樂者先應之以人事，順之以天理，行之以五德，應之以自然，然後調理四時，大和萬物。以上七句，蘇穎濱謂是註語誤入。四時迭起。五聲配四時而迭奏。萬物循生。眾器象萬物而環生。一盛一衰。文武倫經。盛衰、作止也。倫經、次序也。文武者，如琴有文武絃之類。一清一濁，陰陽調和，流光其聲。清濁相得，如二氣和合。動而成聲，光輝盈溢也。蟄蟲始作。吾驚之以雷霆。又如物方蟄動，因以大聲震之。其卒無尾。隨之不見其後。其始無首。迎之不見其首。一死一生。一僨一起。僨、仆也。死生僨起，斷續無定。所常無窮。而一不可待。以變爲常，所常者故不可窮，一境未測，一境復轉，欲求其歸一之地而未可遽得故曰一不可待女故懼也。初聞至樂但覺音容變化心目無措故悚然神動也吾又奏之以陰陽之和。動靜相生與陰陽合其德燭之以日月之明。往來相禪與日月合其明其聲能短能長。能柔能剛。變化齊一。迭易之中無不中節不主故常。愈出愈新在谷滿谷。在阬（坑）滿阬。阬坎陷之虛也塗郤守神。郤隙也以物為量。此極言樂之盈滿無不在也以地言則凡空虛之處莫不充周以人物言則塞於耳目使人杜其聰明守於心神使人凝其志慮因物之量以為量隨其所受而大小均不遺也其聲揮綽。悠揚有餘其名高明。名節奏中可指而名者揚清闡幽故曰高明也是故鬼神守其幽。安位日月星辰行其紀。順軌吾止之於有窮。止乎其所不得不止流之於無止。行乎其所不得不行予欲慮之而不能知也。望之而不能見也。逐之而不能及也。非可謀慮，故不能知；非可瞻望，故不能見；非可馳逐，故不能及。儻然立於四虛之道。儻然無依貌。倚於槁梧而吟曰：舊作目，誤。知窮乎所欲見，力屈乎所欲逐，吾既不及已夫。三句郎所吟之詞。形充空虛，其形雖充，而神馳於樂，若忘其身，故曰空虛。乃至委蛇。四大無着，躁氣胥除。女委蛇，故怠。惟虛與委蛇，故若四體之頹放也。吾又奏之以無怠之聲，調之以自然之命。天命流行不已，郎所謂無怠也。故若混逐叢生，混然相逐，叢然相生。林樂而無形。林然共樂，渾然無形。布揮而不曳。曳，拖帶之意。布散揮灑，而不拖曳。幽昏而無聲。幽深昏默，若未有聲。動於無方。用不可測。居於窈冥。體不可窺。或謂之死，或謂之生，或謂之實，或謂之榮。人莫得而定之。行流散徙，不主常聲。非復節奏所拘。世疑之，稽於聖人。（聖人太和在心。故稽於聖。可爲不知樂者釋其疑也。）聖也者。達於情而遂於命也。（遂。順也。）天機不張。（元神不動。）而五官皆備。（官自效職。）此之謂天樂。無言而心說。（聖心自然之樂若此。）故有焱氏爲之頌曰。（焱。亦作炎。謂神農也。）聽之不聞其聲。視之不見其形。充滿天地。苞裹六極。（苞。通包。六極。猶六合也。）女欲聽之而無接焉。而故惑也。（無聲無形故無接。無接故精神入於恍惚。有若惑也。）樂也者。始於懼。懼故祟。（情移神悚。若有鬼祟。）吾又次之以怠。怠故遁。（形氣惰緩。神若出舍。）卒之於惑。惑故愚。（惝怳自失。情若無知。）愚故道。（無知則近道矣。）道可載而與之俱也。（乘道而往。妙合自然。）

（聲音之道。覬感甚微。太和自在人心。故以樂中條理。曲示入道之序。始言懼者。乍逢盪滌。悚然神驚。）

是六根震動之初幾也。文言意者。天籟均調。陰陽氣化。是宿習退捐之進步也。終言感者。深入廣漠意識俱亡。是漸近自然之火候也。元理元音。即樂即道。此中眞境。非以心身證之。固未許强作解人也。

孔子西遊於衛。顏淵問師金曰。（師。魯太師。金。其名也。）以夫子之行爲奚如。師金曰。惜乎而夫子其窮哉。顏淵曰何也。師金曰。夫芻狗之未陳也。（芻狗。結芻爲狗。巫祝所用。）盛以篋衍。（衍。笥也。）巾以文繡。（外包覆之。）尸祝齊戒以將之。及其已陳也。行者踐其首脊。蘇者取而爨之而已。（蘇。草也。刈草者因名爲蘇。）將復取而盛以篋衍。巾以文繡。遊居寢臥其下。彼不得夢。必且數眯焉。（眯。夢魘也。不夢則已。夢必數眯。蓋精氣鍾於廢棄之物。則更致他怪。所謂妖由人與也。今而夫子亦取先王已陳芻狗，聚弟子遊居寢臥其下。故伐樹於宋，削迹於衛，窮於商周，商周皆以地言。是非其夢邪？圍於陳蔡之間，七日不火食，死生相與鄰，是非其眯邪？此喻過時之陳跡，不可復用也。夫水行莫如用舟，而陸行莫如用車。以舟之可行於水也，而求推之於陸，則沒世不行尋常。八尺曰尋，倍尋曰常。古今非水陸與？周魯非舟車與？今蘄行周於魯，行昔之周道於今之魯國。是猶推舟於陸也，勞而無功，身必有殃。彼未知夫無方之傳，傳，轉也。無方之傳，謂與世為轉移也。應物而不窮者也。此喻陳迹之不足用者，以古今時事之異宜也。且子獨不見夫桔槔者乎？引之則俯，舍之則仰。彼人之所引。非引人也。故俯仰而不得罪於人。（此喻違時宜者有殃。惟因時俯仰則無咎也。）故夫三皇五帝之禮義法度。不矜於同而矜於治。故譬三皇五帝之禮義法度。其猶柤梨橘柚邪。其味相反而皆可於口。故禮義法度者。應時而變者也。（此喻惟能因時而變。故各適其宜也。）今取猨狙而衣以周公之服。彼必齕（核）齧挽裂。（齕齧。齩也。）盡去而後慊。觀古今之異。猶猨狙之異乎周公也。（此喻不因時宜必致毀裂也。）故西施病心而矉。（矉。通顰。蹙額也。）其里（二字衍。）其里之醜人見而美之。歸亦捧心而矉。其里（二字衍。）其里之富人見之。（富人當是婦人之譌。）堅閉門而不出。貧人見之。（貧人當是丈夫之譌。）挈妻子而去之走。彼知美矉。而不知矉之所以美。矉非美也。所以美者人耳。此喻不適時宜。但知法古。是欲襲其美。而適以取惡也。惜乎而夫子其窮哉。日月推遷。江河日下。於古今異宜之故。反覆指陳。正爲勞形怵心者。喚醒塵夢。

孔子行年五十有一。而不聞道。乃南之沛。見老聃。老聃曰。子來乎。吾聞子北方之賢者也。子亦得道乎。孔子曰。未得也。老子曰。子惡乎求之哉。曰。吾求之於度數。五年而未得也。老子曰。子又惡乎求之哉。曰。吾求之於陰陽。十有二年而未得。老子曰。然。使道而可獻。則人莫不獻之於其君。使道而可進。則人莫不進之於其親。使道而可以告人。則人莫不告其兄弟。使道而可以與人則人莫不與其子孫然而不可者無他也中無主而不止中不虛而失其主宰則道以扞格而難入難入故不止外無正而不行外無輔而莫可就正則道以寡助而難成難成故不行學道之難如是由中出者不受於外聖人不出由外入者無主於中聖人不隱隱伏也眞道以養氣爲先由中出者呼吸之氣以呼吸引天地之氣是始有所出繼必有所受也倘不足受於外則聖人亦不輕出此氣矣由外入者天地之氣以天地納於呼吸之氣是引之使人卽奉以爲主也倘不足主於中則聖人亦不遽伏此氣矣道之難學又如是明乎此則知進火退符非恆情所能喻宜其有不可獻進不可告語之說也名公器也人所同欲不可多取多取則私仁義先王之蘧廬也蘧廬猶傳舍也止可以一宿而不可以久處覯而多責以之自見必多譏責○此蓋言名譽仁義皆無與於道也古之

至人假道於仁。假，借也。託宿於義。託，寄也。以遊逍遙之虛。恬淡無欲，游德園也。虛，通墟。食於苟簡之田。服食元氣，可遂生也。立於不貸之圃。治人事天，莫若嗇也。逍遙無爲也。苟簡易養也。不貸無出也。古者謂是采眞之遊。於和光同塵之中，別有性命之眞，以悉其採取，至人之異於凡人者如此。以富爲是者。不能讓祿。以顯爲是者。不能讓名。親權者不能與人柄。操之則慄。動心。舍之則悲。貪戀。而一無所鑒。以闚其所不休者。於道一無所見，惟於幻妄之途迷而不返者。耽耽窺視。是天之戮民也。怨恩取與諫教生殺。八者正之器也。世情以爲正人之具。唯循大變無所湮者。爲能用之。大變，死生大事。性能玄同死生，而性眞不沒，乃能用此正人之器，而道之在我者，不隨世故爲轉移。故曰正者正也。因其所當正而正之。至人本無心也。其心以爲不然者。若不能以至人之存心爲心。天門弗開矣。溺於世情。靈府閉矣。至道之精。窈窈冥冥。不可以言語傳。不可以塵見測。能游心太虛。積精累炁以得其眞。斯出日入月。呼吸之間。而天門開矣。

孔子見老聃而語仁義老聃曰夫播糠眯目則天地四方易位矣蚊虻噆膚則通昔不寐矣夫仁義憯然乃憒吾心亂莫大焉吾子使天下無失其朴吾子亦放風而動總德而立矣又奚傑然若負建鼓而求亡子者邪夫鵠不日浴而白烏不日黔而黑黑白之朴不足以爲辨名譽之觀不足以爲廣泉涸魚相與處

於陸相呴以濕相濡以沫不若相忘於江湖孔子見
老聃歸三日不談弟子問曰夫子見老聃亦將何規
哉孔子曰吾乃今於是乎見龍龍合而成體散而成
章乘乎雲氣而養乎陰陽予口張而不能嗋予又何
規老聃哉子貢曰然則人固有尸居而龍見雷聲而
淵默發動如天地者乎賜亦可得而觀乎遂以孔子
聲見老聃老聃方將倨堂而應微曰予年運而往矣
子將何以戒我乎子貢曰夫三皇五帝之治天下不
同其係聲名一也而先生獨以爲非聖人如何哉老
聃曰小子少進子何以謂不同對曰堯授舜舜授禹

禹用力而湯用兵文王順紂而不敢逆武王逆紂而不肯順故曰不同老聃曰小子少進余語女三皇五帝之治天下黃帝之治天下使民心一民有其親死不哭而民不非也堯之治天下使民心親民有爲其親殺其殺而民不非也舜之治天下使民心競民孕婦十月生子子生五月而能言不至乎孩而始誰則人始有天矣禹之治天下使民心變人有心而兵有順殺盜非殺人自爲種而天下耳是以天下大駭儒墨皆起其作始有倫而今乎婦女何言哉余語女三皇五帝之治天下名曰治之而亂莫甚焉三皇之知

上悖日月之明下睽山川之精中墮四時之施其知憯於蠣蠆之尾鮮規之獸莫得安其性命之情者而猶自以爲聖人不可恥乎其無恥也子貢蹵蹵然立不安

孔子謂老聃曰丘治詩書禮樂易春秋六經自以爲久矣孰知其故矣（孰通熟）以奸者七十二君（奸通干）論先王之道而明周召之迹一君無所鉤用（鉤取也）甚矣夫人之難說也道之難明邪（抑道之本不易明邪）老子曰幸矣子之不遇治世之君也（言遇之則必爲彼所笑）夫六經先王之陳迹也豈其所以迹哉今子之所言猶迹也（譬則人所踐之迹耳）

夫迹履之所出。而迹豈履哉。此喻大道不在粗迹。夫白鶂之相視。眸子不運而風化。鶂水鳥。眸子不運定睛注視也。牝牡相誘曰風。風化者蓋相誘而化生也。蟲雄鳴於上風。雌應於下風而風化。傳聲而孕。類自為雌雄。故風化。萬物各以其類自為雌雄。故能相誘而化生也。○此蓋喻物之相感不可而各以神運以示因物付物未可徒循其粗迹也。性不可易。命不可變。其眞常者。時不可止。道不可壅。其變化者。苟得於道。無自而不可。失焉者無自而可。孔子不出三月復見曰。丘得之矣。烏鵲孺。孺交尾而孕也。此卵生者。魚傅沫。魚不交但傳沫而生子。此溼生者。細要者化。要通腰。蜂取桑蟲祝為己子。此化生者。有弟而兄啼。有弟則兄失乳。故啼。此胎生者。久矣夫丘不與化為人。不能與造化合一。不與化為人。安能化人。夫交尾傳沫及祝爲己子。物類各有所宜。有弟兄啼。宜於此或不宜於彼。此造化之自然也。化物而不順其自然。物亦安能强化哉。老子曰可。丘得之矣。

道本於一。而一不可執。神而明之。無感不通矣。

陰陽運行。皆以道爲主宰。而入道有序。則以不知不識爲始基。求道者覔有於無。須索之迹象名言之外。因其自然。有定而至無定。庶幾變動不居。僊乎與化爲人也。

吳縣黃興元校

南華眞經正義

宛平陳壽昌輯

外篇

刻意

刻意尚行。峻刻其意。孤尙其行。離世異俗。高論怨誹。誹。謗也。高論怨誹。大言憤世也。爲亢而已矣。俯視一切。此山谷之士。非世之人。枯槁赴淵者之所好也。非世。輕世也。枯槁赴淵。沈淪不返也。語仁義忠信。恭儉推讓。爲修而已矣。修。儒修也。此平世之士。教誨之人。遊居學者之所好也。整齊世道。誘掖末俗。或遊或居。隨在皆學。語大功。立大名。禮君臣。正上下。爲治而已矣。此朝廷之士。尊主强國之人。致功并兼者之所好也。就藪澤。處閒曠。釣魚閒處。無爲而已矣。無爲。猶言閒散。此江海之士。避世之人。閒暇者之所好也。吹呴呼吸。吐故納新。吹。卽呼。呴。卽吸。一出一入。吐濁氣而納新津也。熊經鳥申。若熊之攀樹而引氣。若鳥之伸頸而運體。爲壽而已矣。此道引之士。養形之人。彭祖壽考者之所好也。若夫不刻意而高。無仁義而修。無功名而治。無江海而閒。不道引而壽。無不忘也。無不有也。澹然無極。而衆美從之。極。如皇極之極。不立主名。而衆美自不能離也。此天地之道。聖人之德也。特舉聖人。以見得天地之眞者惟此。故曰夫恬惔寂寞虛無無爲。此天地之平。而道德之質也。平。定也。謂定理也。質。實也。故曰聖人休焉。休則平易矣。平易則恬惔矣。平易恬惔。則憂患不能入。邪氣不能襲。襲。侵也。故其德全而神不虧。故曰聖人之生也天行。其死也物化。天以心性言。物以形質言。靜而與陰同德。動而與陽同波。波。流動之意。不為福先。不為禍始。感而後應。迫而後動。不得已而後起。去知與故。知者自用之私。故者有心之為。循天之理。故無天災。無物累。無人非。無鬼責。其生若浮。其死若休。不思慮。不豫謀。光矣而不耀。無心於炫露。信矣而不期。無心於取必。其寢不夢。其覺無憂。其神純粹。其魂不罷。罷。通疲。虛無恬惔。乃合天德。故曰悲樂者德之邪。喜怒者道之過。好惡者德之失。故心不憂樂。德之至也。一而不變。靜之至也。無所於忤。虛之至也。不與物交。惔之至也。無所於逆。粹之至也。故曰形勞而不休則弊。精用而不已則勞。勞則竭。水之性不雜則清。莫動則平。鬱閉而不流。亦不能清。天德之象也。（天一生水。水之得於天者。其象如此。）故曰純粹而不雜。（象水之清。）靜一而不變。（象水之平。）惔而無爲。動而以天行。（象水之淸而流。）此養神之道也。夫有干越之劍者。（干吳谿名。越越山也。皆出善鐵。鑄爲寶劍也。）柙而藏之。不敢用也。寶之至也。（劍猶知寶。況神鋒乎。）精神四達並流。無所不極。上際於天。下蟠於地。化育萬物。不可爲象。（不可得而迹象之。）其名爲同帝。（與天帝同用也。神鋒之運如此。）純素之道。惟神是守。守而勿失。與神爲一。一之精通。合於天倫。（形神俱妙。與道合眞。）野語有之曰。衆人重利。廉士重名。賢士尚志。聖人貴精。（精足則神得其養。）故素也者。謂其無所與雜也。純也者。謂其不虧其神也。能體純素。謂之眞人。

虛無無爲。性功也。養神貴精。命功也。性命交修。道不遠矣。

繕性

繕性於俗。繕。緝治也。道貴率性。稍加緝治。則流於俗。俗學以求復其初。愈學愈遠。○褚伯秀云。張君房校本。學上無俗字。滑骨欲於俗。滑汨亂也。道本無欲。少有汨亂則入於俗。思以求致其明。愈思愈惑。謂之蔽蒙之民。古之治道者。治道。猶學道也。以恬養知。定能生慧也。知生而無以知為也。謂之以知養恬。不用慧而益定。知與恬交相養。而和理出其性。和者天和。理者生理。夫德和也。道理也。和理醞釀。積久自成道德。德無不容。仁也。非為仁而仁自溥。道無不理。義也。非為義而義自宜。義明而物親。義盡仁至。忠也。不言忠而忠自大。中純實而反乎情。得其本性。樂也。不言樂而樂自諧。信行容體而順乎文。誠中形外。而有自然節文。禮也。不言禮而禮自立。五者皆自和理中出。禮樂徧行。則天下亂矣。後世襲迹忘本，制作紛紜，而天下自此多故。彼正而蒙己德。欲人各正，而未能先明己德。德則不冒。不足蓋覆。冒則物必失其性也。強冒之則致亂。古之人在混芒之中。混沌未鑿。與一世而得澹漠焉。當是時也。陰陽和靜。鬼神不擾。四時得節。萬物不傷。羣生不夭。人雖有知。無所用之。此之謂至一。當是時也。莫之爲而常自然。物皆自然，故至一也。逮德下衰。及燧人伏戲始爲天下。爲治也。是故順而不一。使人知順帝則，而純一者已漓。德又下衰。及神農黃帝始爲天下。是故安而不順。苟安而已。德又下衰。及唐虞始爲天下。興治化之流。失其源也。澆淳散朴。澆漓也。離道以善。善者

造適以矜美•故善見而道之自然者離•險德以行。行者違性以適動•故行立而德之安然者險•
然後去性而從於心。性•天性•心•人心•心與心識。猶心鬬也•知而
不足以定天下。雖逞其私知•究不足定天下•然後附之以文。益之
以博。多文曰博•文滅質。博溺心。然後民始惑亂。無以反其
性情而復其初。由是觀之。世喪道矣。道喪世矣。世與
道交相喪也。世風浮蕩•廢棄無爲之道•道術紛更•變亂太和之世•是世與道之交相喪也•
道之人何由興乎世。世喪道則有道之人不用•世亦何由興乎道
哉。道喪世則皇古之風不復•道無以興乎世。世無以興乎道。雖聖
人不在山林之中。其德隱矣。隱故不自隱。時勢使然•古之
所謂隱士者。非伏其身而弗見也。非閉其言而不出

也。非藏其知而不發也。時命大謬也。當時命而大行乎天下。則反一無迹。復於至一之世。而轉移無跡。不當時命而大窮乎天下。則深根寧極而待。深根者培其發生之本。寧極者安於不動之天。優而遊之。以觀其復。隱者固非徒隱也。此存身之道也。存身即以存道。古之存身者。不以辯飾知。不以知窮天下。以恬養知。不以虛靈而馳於高遠也。不以知窮德。以知養恬。不以無涯而累其自得也。危然處其所而反其性已。危然猶巍然也。又何爲哉。道固不小行。遊於大塗。德固不小識。塊然大通。小識傷德。小行傷道。傷德傷道。所謂敝精神乎淺蹇也。故曰正已而已矣。道之眞以治身。非有他也。樂全之謂得志。樂無不全。道之備於身也。存身而身存。其志得矣。古之所謂得志者。非軒冕之謂也。謂其無以益其樂而已矣至樂活身無可加益樂至於無可加乃可謂之得志今之所謂得志者軒冕之謂也軒冕在身非性命也物之儻來寄也寄之其來不可圉圉猶禦也其去不可止故不為軒冕肆志不為窮約趨俗其樂彼與此同彼此謂軒冕與窮約二者之境不同其自得之樂一也故無憂而已矣有終身之樂故無一日之憂古之由存身而得志者如此今寄去則不樂由是觀之雖樂未嘗不荒也非樂之自得者故曰喪已於物失性於俗者謂之倒置之民不明內外輕重惟其蒙蔽是以倒置

塵俗勞形去道日遠樂在軒冕憂在性命矣蒙蔽之民倒置之民皆天之戮民也循天以求志其惟

深根寍極者乎。

秋水

秋水時至。百川灌河。河黃河。涇流之大。涇通也。兩涘渚涯之間。涘岸也。渚洲也。涯際也。不辨牛馬。遠而莫辨。於是焉河伯欣然自喜。河伯馮夷也。以天下之美爲盡在己。順流而東行。至於北海。東面而視。不見水端。於是焉河伯始旋其面目。斂容慙恧之狀。望洋向若而歎。洋海瀾。若海神。曰。野語有之曰。聞道百。僅百。以爲莫己若者。我之謂也。且夫我嘗聞少仲尼之聞。而輕伯夷之義者。始吾弗信。不以所聞爲然。今我睹子之難窮也。始信所聞不虛。吾非至於子之門。則殆矣。吾長見笑於大方之家。北海若曰。井鼃不可以語於海者。

鼃（古蛙字）拘於虛也。（虛通墟，以地言）夏蟲不可以語於冰者，篤於時也。曲士不可以語於道者，束於教也。今爾出於涯涘，觀於大海，乃知爾醜，爾將可與語大理矣。天下之水，莫大於海，萬川歸之，不知何時止而不盈；尾閭泄之，（尾閭，海水出路，在百川之下，故稱尾；羣水聚族之處，故稱閭）不知何時已而不虛；春秋不變，水旱不知。此其過江河之流，不可為量數。（以此比江河，其大不可限量）而吾未嘗以此自多者，自以比形於天地，而受氣於陰陽，吾在天地之間，猶小石小木之在大山也，方存乎見少，又奚以自多！計四海之在天地之間也，不似礨空之在大澤乎？（礨空，礨石之小穴也）計中國之在海內、不似稊米之在大倉乎。稊草似稗、有米而細、號物之數謂之萬。人處一焉。萬中之一、人卒九州。卒、盡也、以此中國人盡九州之大計之、穀食之所生。舟車之所通。所生所通以地言、人處一焉。九州中之一分、此其比萬物也。不似毫末之在於馬體乎。自解海在天地之間甚小、因計及海內之中國、因計及中國之人、五帝之所連。謂以揖讓相連屬也、三王之所爭。仁人之所憂。任士之所勞。盡此矣。任士、任事之人。盡此者、盡在此人地一分中也、伯夷辭之以為名。仲尼語之以為博。此其自多也。不似爾向之自多於水乎。自多則不足語大矣、○第一次問答義、在解釋矜情、以曠其識、河伯曰。然則吾大天地而小毫末可乎。河伯既悟自大者適形其見小、小則不可為大矣、因欲即大者大之、小者小之、以昭定也。見北海若曰否。夫物量無窮。各有局量。無窮盡也。時無止。各據瞬息。無止期也。分無常。人事百變。終始無故。大化日新。是故大知觀於遠近。遠則大者亦小。近則小者亦大。故小而不寡。大而不多。小大各足。知量無窮。知於大之外更有大。小之中更有小也。證嚮向今故。嚮明也。今故猶今古也。故遙而不悶。不以遠不可致而悶。掇而不跂。不以近可掇取而跂。知時無止。知由古至今者。又將自今以往而成古也。察乎盈虛。故得而不喜。失而不憂。知分之無常也。明乎坦塗。故生而不說。死而不禍。不以爲禍。知終始之不可故也。知始必有終。終而復始也。計人之所知。不若其所不知。其生之時。不若未生之時。人生不過百年。若百年以前。百年以後。則不可以歲月計。以其至小求窮其至大之域。是故迷亂而不能自得也。由此觀之。又何以知豪末之足以定至細之倪。小者未必極其小。又何以知天地之足以窮至大之域。大者未必極其大。○二次問答。義在達觀無礙。以會其通河伯曰。世之議者皆曰。至精無形。至大不可圍。無外是信情乎。河伯又舉至精至大者爲問。蓋其心猶泥於大小之跡也。北海若曰。夫自細視大者不盡。惟不盡。故謂其不可圍。自大視細者不明。惟不明。故謂其無形。夫精。小之微也。小之微者曰精。言小而又小也。垺。大之殷也。大之盛者曰垺。言大而又大也。殷。盛也。故異便。此勢之有也。由此觀之。大小之異便。其勢有如此也。夫精粗者。期於有形者也。既有精粗。即有形狀。無形者。數之所不能分也。今精曰無形。非眞無形也。但小之微而數有所不能分耳。不可圍者。數之所不能窮也。大曰不可圍。非眞不可圍也。但大之盛而數有所不能盡耳。可以言論者物之粗也。可以意致者物之精也。總之可以言論。可以意推者。皆局於物之形。而有精粗之別。非其至也。言之所不能論。意之所不能察致者。不期精粗焉。至於不可言論意察。則眞無形矣。眞無形。則亦不可以精粗言矣。是故大人之行。大人。蓋能體無形之道妙者。不出乎害人。不多仁恩。純是生意。卻不以仁恩自多。動不為利。不賤門隸。惟道是求。若不以斯役為賤。貨財弗爭。不多辭讓。於世無爭。亦非故為謙遜。事焉不借人。不多食乎力。不賤貪污。事不假力於人。亦不重勞乎己。澹然無欲。非苟貴儉廉而賤貪污也。行殊乎俗。不多辟異。冥心獨往。然非自炫詭奇。為在從眾。不賤佞諂。和光同塵。若無嫌於附和。世之爵祿不足以為勸。戮恥不足以爲辱。知是非之不可爲分。各執是非。故是非不可強爲分。細大之不可爲倪。互爲大小。故細大不可定爲倪。聞曰。道人不聞。不著聲聞。至德不得。不見有得。大人無己。渾然無我。約分之至也。約分。謂將眞性中之分量。歛之又歛。以至無所謂聞。無所謂得。並無所謂己。俾天下若大若小之類。皆無可舉似。即所謂不期精粗也。而道之超乎形色者見矣。○三次問答。義在遺跡觀空。以精其詣。河伯曰。若物之外。若物之內。惡至而倪貴賤。惡至而倪小大。河伯未達前旨。言果不期精粗。則離形以觀物。又從何處區別其貴賤大小乎。倪者物之見端。蓋取以爲區別之義。北海若曰。以道觀之。物無貴賤。以物觀之。自貴而相賤。以俗觀之。貴賤不在己。不在己。謂寵辱因人。○皆言貴賤無常。無事區別也。以差觀之。因其所大而大之。則萬物莫不大。因其所小而小之。則萬物莫不小。此言物之差等在大小、而大小實以相形而見、物非自大、有小者以形其大、人亦因而大之、但使所形者差小、則無物不可謂之大、物非自小、有大者以形其小、人亦因而小之、但使所形者差大、則無物不可謂之小、知天地之爲稊米也。知毫末之爲丘山也。則差數睹矣。其實大小無常、若於大之外更形其大、雖謂天地爲稊米可也、於小之中極言其小、雖謂毫末爲邱山可也、明乎此、則凡差等中無常之細數、亦無事區別、而已可概見矣。以功觀之。因其所有而有之。則萬物莫不有。物各有其所有也。因其所無而無之。則萬物莫不無。物各無其所無也。知東西之相反。而不可以相無。則功分定矣。其實有無無常、譬之無東不可謂西、有西乃以名東、相反而不可相無、功用之所屬、並不能定其果孰有果孰無也、明乎此、則凡功用中無常之分、亦無事區別、而可以類推矣。以趣觀之。趣、志趣也。因其所然而然之。則萬物莫不然。莫不各然其然因其所非而非之。則萬物莫不非。莫不各非其非知堯桀之自然而相非。則趣操睹矣。其實然非無常譬之堯以桀爲非桀亦以堯爲非相非者莫不自然而志趣之所屬並不能定其孰果然孰果非也明乎此則凡志趣中無常之操亦無事區別而可以想見矣○功分趣操二者之中皆寓貴賤小大之義故論及之並取以爲證也昔者堯舜讓而帝。之噲讓而絕。燕王噲讓位於燕相子之國人不服三年國亂之噲皆爲齊人所殺湯武爭而王。白公爭而滅。白公名勝楚平王孫封於白邑僭稱公起兵反楚楚葉公滅之由此觀之。爭讓之禮。堯桀之行。貴賤有時。未可以爲常也。貴賤無常小大可知此舉古人以爲證也梁麗可以衝城。而不可以窒穴。梁麗屋棟也棟梁大木可作攻堅之具而不可以塞穴言殊器也。騏驥驊騮。

一日而馳千里。捕鼠不如狸狌。言殊技也。鴟鵂夜撮蚤。早撮。捉也。蚤。跳蟲。齧人者也。察毫末。晝出瞋目而不見丘山。瞋言殊性也。此舉物理以爲貴賤大小無常之證。故曰。蓋師是而無非。師治而無亂乎。常言如此。不知有是卽有非。有治卽有亂也。蓋。通盍。是未明天地之理。萬物之情者也。是猶師天而無地。師陰而無陽。皆偏見也。其不可行明矣。然且語而不舍。非愚則誣也。愚者不知。誣則知而妄言。帝王殊禪。三代殊繼。差其時。逆其俗者。差。不當也。謂之篡夫。當其時。順其俗者。謂之義之徒。義不義只視乎時。何常之有。默默乎河伯。戒勿輕言。女惡知貴賤之門。小大之家。貴賤之門。從無貴賤開也。小大之家。從無小大成也。人能觀有而會其無。自無無事區別矣。○四次問答。義在洗

（滌識神以探其本）河伯曰。然則我何為乎。何不為乎。吾辭受趣舍。（四者皆應世大端常人所不能廢）吾終奈何。（河伯未達前旨故又言道既無事區別已將何所適從也）北海若曰。以道觀之。何貴何賤。是謂反衍。（貴賤者高卑之勢勢分未忘故不能游心於不衍反之則無貴無賤與道通矣）無拘而志。與道大蹇。（大蹇者未能游行自在）何少何多。是謂謝施。（多少者計較之私私情未泯故不免逐物以施行謝之則無少無多與道渾矣）無一而行。（一執一也）與道參差。（參差者未能渾合自然）嚴乎若國之有君。其無私德。繇繇乎若祭之有社。（繇繇即悠悠也）其無私福。泛泛乎其若四方之無窮。（泛泛流通之意）其無所畛域。兼懷萬物。其孰承翼。（心普萬物而無心並不見其承接引翼之跡）是謂無方。萬物一齊。孰短孰長。（無方猶無私也、惟無私故能視萬物爲一道無終始。物有體、而知其各足、並無或短或長之異、死生。不恃其成。有死生則物之成不足恃、一虛一滿。不位乎其形。虛滿遞乘則形無定位、年不可舉。已往之年莫再、故不可拾而舉、時不可止。未來之時方長、故不可挽而止、消息盈虛。終則有始。是所以語大義之方。論萬物之理也。謂示以妙道之行者在是、非常言也、無私無方、無終無始、蓋皆示以至道虛通、未可措意於何爲何不爲也、物之生也。若驟若馳。無動而不變。無時而不移。迄無常局、何爲乎。何不爲乎。道既莫測、物亦無常、果何者當爲、何者不當爲乎、夫固將自化。夫由變而化、物理之自然也、能與道大適、因而任之、則無所適從之中、自有適從、爲不爲俱不以成見參矣、○五次問答、義在大通自在、以解其懸、河伯曰。然則何貴於道邪。謂既無爲不爲之分、而一聽其自化、則又何取乎道、北海若曰。知道者必達於理。達於理者必明於權。明於權者不以物害己。至德者。火弗能熱。水弗能溺。寒暑弗能害。禽獸弗能賊。非謂其薄之也。薄輕犯也。言察乎安危。寧於禍福。寧安之也。謹於去就。莫之能害也。故曰天在內。天主於內。人在外。人順於外。德在乎天。人之得於天者爲德。故曰德在乎天。知天人之行。本乎天。位乎得。位猶居也。在天在人。默具眞知。則其行一本於天道。故能常處於得而無失也。蹢躅而屈伸。蹢躅者若卻若前。屈伸者或隱或見。反要而語極。雖復和光同塵。而能自反以得其樞要。動不乖寂。亦語不乖默。莫非虛通之極。則此惟知道者能之。何言道不足貴邪。○六次問答。義在守純養和以造其極。曰何謂天。何謂人。北海若曰。牛馬四足。是謂天。落馬首。落通絡。穿牛鼻。是謂人。

故曰無以人滅天。無以故滅命。有心曰故。命天性也。無以得殉名。謹守而勿失。是謂反其眞。守此三者。乃能性修反德。德至而同於初也。○

七次問答。義在深根寗極。以全其天。

七問七答。精義層出。語大者入道之基。反眞者得道之效。徹始徹終。允爲元理中無上妙諦。

夔憐蚿。夔一足之獸。蚿多足之蟲。蚿憐蛇。蛇無足。蛇憐風。風憐目。目憐心。遞相愛其行之速也。夔謂蚿曰。吾以一足趻踔而行。趻踔。行不常貌。予無如矣。言世更無如我之簡易者。今子之使萬足。獨奈何。疑其勉強。蚿曰。不然。子不見夫唾者乎。噴則大者如珠。小者如霧。雜而下者。不可勝數也。爲珠爲霧。雜然而下。唾而噴者。實出無心。並非強使之然。至如珠之多。如霧之細。則又隱喩其萬足也。今予動吾天機。純任自然。而不知其所以然。蚿謂蛇曰。吾以衆足行。而不及子之無足何也。蛇曰。夫天機之所動。何可易邪。吾安用足哉。言均此天機。不能相易。吾亦任天而動耳。安用足乎。蛇謂風曰。予動吾脊脅而行。則有似也。似。像也。謂有可見之形像也。今子蓬蓬然起於北海。蓬蓬然入於南海。蓬蓬然。塵動貌。而似無有。並無形像可見。何也。風曰。然。予蓬蓬然起於北海而入於南海也。信如子言。然而指我則勝我。鰌我亦勝我。鰌。通蹈。蹴也。惟無形似。故任人手指足踏。皆若力勝於我。雖然。夫折大木蜚大屋者。唯我能也。故以衆小不勝為大勝也。為大勝者。唯聖人能之。

此證無以人滅天意也。凡物之動。各有天機。而不離形似。惟風並形似而無之。純以天行。斯為大勝。

彼狃於人爲者徒役役耳易曰不疾而速不行而至非天下之至聖其孰能與於斯至於心目二者運行尤速然以近在吾身故可不言而喻人能於心目之間求得其大勝則更聖而不可知之之謂神矣

孔子遊於匡宋人圍之數匝宋當作衛而弦歌不輟子路入見曰何夫子之娛也孔子曰來吾語女我諱窮久矣而不免命也求通久矣而不得時也當堯舜而天下無窮人非知得也當桀紂而天下無通人非知失也時勢適然知無得失時有窮通夫水行不避蛟龍者漁父之勇也陸行不避兕虎者獵夫之勇也白刃交於前視死若生者烈士之勇也知窮之有命知通之有時臨

大難而不懼者。聖人之勇也。由處矣。汝且止矣。吾命有所制矣。無幾何。將甲者進。辭曰。以爲陽虎也。故圍之。陽虎曾暴於匡故也。今非也。請辭而退。此證無以故滅命意也。夫臨難不懼。遺死生矣。何何命之足言。蓋聖人葆其眞知以求眞道。雖險阻盡歷。而志氣不衰。其謂命有所制者。非制於天。實制於己也。至人事之窮通。則皆視若浮雲。而以無心付之耳。

公孫龍問於魏牟曰。龍少學先王之道。長而明仁義之行。合同異。離堅白。能合能離。操縱自我。然不然。人不謂然。而我然之。可不可。人不謂可。而我可之。困百家之知。窮衆口之辯。吾自以爲至達已。今吾聞莊子之言。汒[芒]焉異之。汒然自失之意。不知論之不及與知之弗若與今吾無所開吾喙喙口也敢問其方敢問是何方術公子牟隱几太息仰天而笑曰子獨不聞夫埳井之鼃乎埳陷也埳井壞井也謂東海之鼈曰鼈鼃屬吾樂與吾跳梁乎井幹之上跳梁跳躑也井幹井垣也入休乎缺甃之崖井中累甓曰甃有缺處故若崖也赴水則接腋持頤赴水則以兩腋拍水而閉其口頤口也蹶泥則沒足滅跗足背曰跗還虷蟹與科斗還謂回顧也虷井中赤蟲科斗蝦蟆子也莫吾能若也且夫擅一壑之水而跨跱埳井之樂跨越也跱止也此亦至矣其樂已極夫子奚不時來入觀乎東海之鼈左足未入而右膝已縶矣不能展動於是逡巡而卻告之海曰告鼃以海之大夫千里之

遠，不足以舉其大；千仞之高，不足以極其深。禹之時十年九潦，而水弗爲加益；湯之時八年七旱，而崖不爲加損。崖，岸也。夫不爲頃久推移，頃，頃刻也。不以多少進退者，多少，謂雨水也。此亦東海之大樂也。於是埳井之鼃聞之，適適然驚，規規然自失也。且夫知不知是非之竟，竟，境。而猶欲觀於莊子之言，冀以口舌爭長。是猶使蚉負山，商蚷馳河也，商蚷，即馬蚿蟲。必不勝任矣。且夫知不知論極妙之言，而自適一時之利者，利口。是非埳井之鼃與？且彼方跐黃泉而登大皇，彼，謂莊子。跐，蹈也。大皇，天也。無南無北，奭然四解，淪於不測，奭，猶釋也。釋然達於四方，而淪於不測之地，豈分南北。無西無東，始於玄冥，反於大通。立於無極之先，反而歸於大通之道，豈分西東。○東通韻，舊作無東無西，誤。子乃規規然而求之以察，索之以辯，規規，求索之貌。察，小明。辯，小言。是直用管闚天，用錐指地也，不亦小乎！子往矣！子且歸而思之。且子獨不聞夫壽陵餘子之學行於邯鄲與？壽陵，燕邑。餘子，未丁之夫。邯鄲，趙都也。未得國能，未得彼國之能。又失其故行矣，直匍匐而歸耳。匍匐，以手據地而行也。今子不去，將忘子之故，失子之業。公孫龍口呿（祛）而不合，呿，張口貌。舌舉而不下，乃逸而走。

此與下二章皆證無以得殉名意也。戰國好名之士，競以口辯爲先，不務眞修，而徒誇虛譽，是求得而轉失也，故首及之以爲殉名者戒。

莊子釣於濮水。楚王使大夫二人往先焉。（楚王。威王也。）曰。願以竟內累矣。（竟。通境。）莊子持竿不顧曰。吾聞楚有神龜。死已三千歲矣。王巾笥而藏之廟堂之上。（巾笥。藏以笥而覆以巾也。笥。藏衣之器。）此龜者。寧其死為留骨而貴乎。寧其生而曳尾於塗中乎。二大夫曰。寧生而曳尾於塗中。莊子曰。往矣。吾將曳尾於塗中。

（國爵為殉名者所羶慕。故又以此證焉。）

惠子相梁。莊子往見之。或謂惠子曰。莊子來。欲代子相。於是惠子恐。搜於國中。三日三夜。莊子往見之。曰。南方有鳥。其名鵷鶵。（鳳屬。）子知之乎。夫鵷鶵發於南海。

而飛於北海。非梧桐不止。非練實不食。練實。竹實也。非醴泉不飲。於是鴟得腐鼠。鵷鶵過之。仰而視之曰嚇。怒而拒物聲也。今子欲以子之梁國而嚇我邪。

富貴浮名。至於攘奪。是殉之甚者。故又以此證焉。

莊子與惠子遊於濠梁之上。濠。水名。梁。橋也。莊子曰。儵魚出游從容。儵魚。小魚也。是魚樂也。惠子曰。子非魚。安知魚之樂。莊子曰。子非我。安知我不知魚之樂。惠子曰。我非子。固不知子矣。子固非魚也。子之不知魚之樂全矣。言與魚全無相知之理矣。莊子曰。請循其本。請理話端也。子曰。女安知魚樂云者。既已知吾知之而問我。言子明知我能知魚之樂。故如是問也。我知之濠上也。我遊濠上而樂。則知魚遊濠下亦樂也。

此證反其眞意也。常人迷失眞性。每至憂患相尋。漆園惟能自得其樂。故能知魚之樂。夫魚之相忘於江湖。猶人之相忘於道術。觀物觀我。妙契眞機。道圓而通。洋洋乎得大自在矣。

至人訪道精益求精。時命不計。名譽不爭。昏昏默默。惟希自適其樂而已。昔鐵腳道人和雪嚥梅。而讀此不輟。其殆別有會心者乎。

至樂

天下有至樂無有哉。有可以活身者無有哉。活身者樂之實際。今奚爲奚據。奚避奚處。奚就奚去。奚樂奚惡。言實有此至樂活身之理。但未知人之趣舍何如耳。夫天下之所尊者。富貴壽善也。以此能招所樂故尊之所樂者身安厚味美服好色音聲也。所下者貧賤夭惡也。以此能招所苦故下之所苦者身不得安逸。口不得厚味。形不得美服。目不得好色。耳不得音聲。若不得者則大憂以懼。其爲形也亦愚哉。本冀養形反以傷生計亦愚矣夫富者苦身疾作。多積財而不得盡用。其爲形也亦外矣。夫貴者夜以繼日。思慮善否。爲固位計也其爲形也亦疏矣。人之生也與憂俱生。壽者惛惛。精神惛闇久憂不死。壽則憂愈久也何之苦也。其爲形也亦遠矣。烈士爲天下見善矣。人稱其善未足以活身。殉名受禍吾未知善之誠善邪。誠不善邪。若以爲善矣。不足活身。以身赴難以爲不善矣。足以活人。救人之危、故曰忠諫不聽。蹲循勿爭。蹲卑身也、言諫君而君不聽、當卑身循君、勿與爭善、故夫子胥爭之以殘其形。身受誅戮不爭名亦不成。意在以爭成忠諫之名、誠有善無有哉。言不足爲善○以上極言天下尊此四者之誤、今俗之所爲。與其所樂。吾又未知樂之果樂邪。果不樂邪。吾觀夫俗之所樂。舉羣趣者。誙阬誙然。如將不得已。誙誙、專確貌而皆曰樂者。吾未之樂也。

亦未之不樂也。（云不樂者言耳。其心殊不爾也。）果有樂無有哉。（言不足爲樂。）吾以無爲誠樂矣。又俗之所大苦也。故曰至樂無樂。至譽無譽。天下是非果未可定也。（樂苦不明。是非難定。）故雖然。無爲可以定是非。（畢竟無爲者有樂無苦。苦樂分則是非定矣。）至樂活身。（活身乃第一樂事。）唯無爲幾存。（庶幾身可長存。）請嘗試言之。天無爲以之淸。地無爲以之寧。故兩無爲相合。萬物皆化。（化生）芒乎芴乎。（芒通荒。芴通惚。）而無從出乎。芴乎芒乎。而無有象乎。（於天地之分處驗無爲。則淸寧有常。卽天地之合處驗無爲。則化生莫測。）萬物職職。（多貌。）皆從無爲殖。（生殖。）故曰天地無爲也而無不爲也。（有爲者實本於無爲。天地如此。在人可知。）人也孰能得無爲哉。（人能無爲則同乎天地矣。）

若之何舍身以求樂者。轉以無爲爲苦哉。大道活身。斯爲至樂。世人狃於俗見。其所甚樂者。實皆甚苦者也。苦樂不分。去道遠矣。

莊子妻死。惠子弔之。莊子則方箕踞鼓盆而歌。箕踞。足踞几上。其狀如箕也。惠子曰。與人居。長子。長。育也。老身死。不哭亦足矣。又鼓盆而歌。不亦甚乎。莊子曰。不然。是其始死也。我獨何能無槩然。槩。通慨。察其始而本無生。生。謂知覺運動也。非徒無生也。而本無形。非徒無形也。而本無氣。雜乎芒芴之間。變而有氣。氣變而有形。形變而有生。今又變而之死。是相與爲春秋冬夏四時行也。人且偃然寢於巨室。偃息也。偃然而寢。以天地爲巨室。死者不自知其死也。而我噭噭叫然隨而哭之，自以為不通乎命，故止也。

妻者偶也。莊子之喪妻，猶南郭之喪偶耳。鼓盆而歌，非即心如死灰之證乎。

支離叔與滑介叔，支離忘形，滑介忘心，皆寓名也。觀於冥伯之丘，冥伯，死者之稱。丘，蓋眾墓所在。崑崙之虛，虛通墟。黃帝之所休。黃帝所習息處。俄而柳生其左肘，柳，瘍也。柳多癰腫，故以為瘍癤之喻。其意蹶蹶然惡之。蹶蹶，不安貌。支離叔曰：子惡之乎？滑介叔曰：亡，無予何惡！生者假借也。人以四大假合而生身。假之而生生者，身又假之而生，生不已，如瘍癤之類亦是。塵垢也。暫湊集耳。死生為晝夜。且吾與子觀化，觀冥邱之物化。而化及我，我又何惡焉。

以假合生，自以幻化滅，不生不滅，黃帝之所休也。能得此大休息，則色身生滅，不足言矣。

莊子之楚見空髑(獨)髏(樓)(頭骨)髐(嘐)然有形(空枯之貌)撽(竅)以馬捶(撽旁擊也馬捶馬杖也)因而問之曰夫子貪生失理而爲此乎將子有亡國之事斧鉞之誅而爲此乎將子有不善之行愧遺父母妻子之醜而爲此乎將子有凍餒之患而爲此乎將子之春秋故及此乎於是語卒援髑髏枕而臥夜半髑髏見夢曰子之談者似辯士諸子所言(諸猶凡也)皆生人之累也死則無此矣子欲聞死之說乎莊子曰然髑髏曰死無君於上無臣於下亦無四時之事從然以天地爲春秋(從通縱)雖南面王樂不能過也莊子不信曰吾使司命復生子形爲子骨肉肌

膚反子父母妻子閭里知識子欲之乎髑髏深矉蹙額曰矉恨張目也矉蹙皆愁貌吾安能棄南面王樂而復爲人間之勞乎

極言死者之樂所以明生者之憂也人能於生之時求得其至樂活身之道其庶幾乎

顏淵東之齊孔子有憂色子貢下席而問曰小子敢問回東之齊夫子有憂色何邪孔子曰善哉女問昔者管子有言丘甚善之曰褚小者不可以懷大褚囊也綆短者不可以汲深綆索也夫若是者言管子之以爲爲是說命有所成而形有所適也夫不可損益命稟於天而各成其性形受於天而各適其宜此蓋有一定之分不可損益者也吾恐回與齊侯言堯舜

黃帝之道。而重以燧人神農之言。彼將內求於己而不得。不得則惑人。疑人之妄言。惑則死。將加人以刑。且女獨不聞邪。昔者海鳥止於魯郊。鳥名爰居。止魯東門之外。魯侯御而觴之於廟。御。通迓。奏九韶以爲樂。具太牢以爲膳。鳥乃眩視憂悲。不敢食一臠。不敢飮一杯。三日而死。此以己養養鳥也。非以鳥養養鳥也。夫以鳥養養鳥者。宜棲之深林。遊之壇陸。水中沙澶曰壇陸。壇與澶通。浮之江湖。食之鰌秋鰷由。鰌鰷皆小魚名。隨行列而止。委蛇而處。與衆鳥俱。彼唯人言之惡聞。奚以夫譊鐃譊爲乎。譊譊。喧雜也。咸池九韶之樂。張之洞庭之野。鳥聞之而飛。獸聞之而走。魚聞之而下入。

人卒(捽)聞之，相與還(旋)而觀之。樂聞故也。魚處水而生，人處水
而死，彼必相與異，其好惡故異也。故先聖不一其能，
不同其事。知其異故任之。名止於實，不没其眞。義設於適，不違其宜。是
之謂條達而福持。蓋謂條理通達，受福而能持也。
以人養物，且當酌其宜，矧在事君。凡事君者類然，而況其眞乎。
列子行食於道從，從，旁也。見百歲髑髏，攓蓬而指之曰：
攓，撥開也。唯予與女知，與，汝。相知。而未嘗死，未嘗生也。若果養
乎。養，憂心不定貌。詩中心養養是也。予果歡乎。言不以死生爲憂樂。種有幾，種
種化機不可悉數。得水則爲𢇍，浮塵得水氣，若斷若連，其名爲𢇍。𢇍者，相繼續也。蓋水苔欲生
之兆。得水土之際，水氣土氣相交之處。則爲鼃蠙之衣，苔也。生於陵

屯。屯阜也。則為陵舃。草。陵舃得鬱棲。糞壤。則為烏足。草。烏足之根為蠐（齊）螬（曹）。蟲。其葉為胡蝶。胡蝶胥也。蝶亦名胥。化而為蟲。生於竈下。其狀若脫。無皮骨。其名為鴝（渠）掇。蟲。鴝掇千日為鳥。其名為乾餘骨。鳥。乾餘骨之沫為斯彌。乾餘骨口中流沫。化斯彌蟲。斯彌為食醯（希）。斯彌復化食醯蟲。頤輅生乎食醯。頤輅之蟲。又從食醯而生。黃軦（況）生乎九猷。頤輅蟲化為九猷蟲。黃軦之蟲。又從九猷化生。瞀（茂）芮（汭）生乎腐蠸（歡）。黃軦蟲化為腐蠸蟲。瞀芮之蟲。又從腐蠸化生。羊奚比乎不箰（笋）久竹生青寍。羊奚。草名。其根比連於久不生筍之竹。則生青寍蟲。青寍生程。程生馬。馬生人。程。或謂蟲名。或謂豹之別名。郭註謂青寍三句。俗本多誤。姑具錄之。竊窺經旨。殆謂蟲臂鼠肝。聽之造物。百昌既反於土。則出臭而腐。由腐而化。感於所遇。以形相禪者。復轉禪轉生。蓋人之餘氣可化爲萬物。萬物之精氣皆可化而爲人。事至變而理至微。能會其通。自可無泥於名物也。人又反入於機。機者。陰陽摩盪消長之機。自有之無則曰入萬物皆出於機。皆入於機。能不出不入。斯超然物外矣。

氣化形禪。假合不窮。顛倒衆生。死生皆幻境耳。舍幻求眞。須知別有不死不生者在。

大道無爲。活身其效也。能遺棄死生。一念不起。是無爲始基。能超出生死。萬變不渝。是無爲定境。至無爲而無不爲。則其身常存。其樂亦未始有極。固非特犯人之形。而一得自喜者比也。蓋道力勝而氣化無權。邴邴乎先萬物而誕登矣。

達生

達生之情者。不務生之所無以爲。無以爲。雖爲而無用者也。達命之情者。不務知之所無奈何。無奈何。雖知而無益者也。養形必先之以物。物有餘而形不養者有之矣。富貴而天折者是。有生必先無離形。形不離而生亡者有之矣。少强而中乾者是。生之來不能卻。其去不能止。悲夫。世之人以爲養形足以存生。而養形果不足以存生。則世奚足爲哉。人以存生爲要。既失此要義。世間事尚何者足爲邪。雖不足爲而不可不爲者。其爲不免矣。既在世中。習俗難廢。夫欲免爲形者。欲免動作之勞。以安此形之所以爲形者。莫如棄世。棄世則無累。無累則正平。心正氣平。湛然常寂。正平則與彼更生。天地之氣，自外而入，故曰彼。更生則幾矣。近道。事奚足棄。而生奚足遺。謂棄世者忍而為此，必有取也。棄事則形不勞。遺生則精不虧。夫形全精復。與天為一。陰盡陽純。天地者萬物之父母也。合則成體。散則成始。始，先天氣也，能合能散，坐在立亡。形精不虧。是謂能移。迴顏補腦，故曰能移。精而又精。反以相天。

本為天地所生，轉以贊天地之化育，道所謂宇宙在手也。

世人非不自惜生命。而動之死地者。不達其情故也。遺棄世事。乃更生之門徑。由此而精之積累成眞。人道盡而天道通矣。

子列子問關尹曰。至人潛行不窒。遁甲無礙。蹈火不熱。行乎萬物之上而不慄。躡虛不懼。請問何以至於此。關尹曰。

是純氣之守也。善守純陽之氣。非知巧果敢之列。知巧果敢，世俗所尙。至人之守，不在此列。居，予語女。凡有貌象聲色者，皆物也。物與物何以相遠？相去不遠。夫奚足以至乎先？至乎先者，由後天返先天也。是色而已。囿於物也。則物之造乎不形，而止乎無所化。物，即老子所謂恍惚中之物。造乎不形，無色相也。止乎無所化，不變滅也。夫得是而窮之者，物焉得而止焉！得是道而窮盡之，則形神合一，自非外物所能禦。此陰盡陽純，所以能不窒、不熱、不慄也。彼將處乎不淫之度，念止於規中也。彼，謂得道者。淫，過也。而藏乎無端之紀，神休於祖竅也。紀，緒也。無端者，不見首尾也。遊乎萬物之所終始。物之成終成始，陰陽之進退爲之也。遊行而得其所，則心息相依，歸根復命矣。壹其性，不雜。養其氣，不傷。合其德，不離。以通乎物之所造。求至乎先也夫若是者其天守全純陽之氣守於身者得其渾全其神無郤隙物奚自入焉不爲物禦者且有以禦物矣夫醉者之墜車雖疾不死骨節與人同而犯害與人異其神全也乘亦不知也墜亦不知也死生驚懼不入乎其胸中是故遻悟物而不慴摺雖遻觸於物而其神不動彼得全於酒而猶若是而況得全於天乎聖人藏於天藏神於自然之天故莫之能傷也復讐者不折鏌干鏌鋣干將吳良劍名雖有忮心者不怨飄瓦鏌干飄瓦俱以無心故不摺折怨之傷○上言爲物所忤而不慴此言有忤於物而物亦不以爲嫌蓄皆卽淺形深藉喻守氣之道須純任自然方無戕賊之害也是以天下平均故無攻戰之亂無殺戮之刑者由此道也由此道則均平可致以喻自然之妙用也

不開人之天。而開天之天。不鑿混沌之竅。而闢虛靜之門。開天者德生。開人者賊生。得於天故曰德。戕以人故曰賊。不厭其天。勿忘。不忽於人。勿助。民幾乎以其眞。能反乎眞。斯至人矣。

氣無形而附於形。能並形而化之。斯出有入無。即氣而即神也。神氣合一。是爲眞人。

仲尼適楚。出於林中。見痀僂者承蜩。痀僂。曲脊也。承蜩。謂持竿黏蜩也。猶掇之也。如手拾物之易。仲尼曰。子巧乎。有道邪。曰。我有道也。五六月累丸二而不墜。手顫則竿頭易動。學至五六月拈蟬之時。能累二丸而不落。手法漸精。則失者錙銖。其承蜩所差者。不過錙銖之間。累三而不墜。愈精。則失者十一。所失愈少。累五而不墜。極精。猶掇之也。乃不復失。吾處身也。若橛株拘。橛。豎也。株拘。枯樹椿也。吾執臂也。執。堅持也。

若槁木之枝。雖天地之大。萬物之多。而唯蜩翼之知。志專如此。吾不反不側。不以萬物易蜩之翼。何爲而不得。惟專故得。孔子顧謂弟子曰。用志不分。乃凝於神。其痀僂丈人之謂乎。

其志不分。其神自合。不學承蜩而學承蜩者之專一。則道也進乎技矣。

顏淵問仲尼曰。吾嘗濟乎觴深之淵。觴深。淵名。津人操舟若神。便捷之極。吾問焉。曰操舟可學邪。曰可。善游者數能。浮拍於水曰游。好泳游者數習則能。所以云可學也。若乃夫沒人。則未嘗見舟而便操之也。沒人能鶩沒於水底者。不待見而便操。蓋謂其不學而能也。吾問焉而不吾告。敢問何謂也。仲尼曰。善游者數能。忘水也。

若乃夫沒人之未嘗見舟而便操之也。彼視淵若陵。不特與水相忘。且視水爲陵陸。視舟之覆猶其車卻也。視舟覆於水。猶車之退卻於坂也。覆卻萬方。萬端。陳乎前而不得入其舍。心爲神明之舍。惡往而不暇。神定則隨在暇豫。

以瓦注者巧。注。射也。射而賭物曰注。以瓦爲注。得失無動於中。故其中若巧也。以鉤注者憚。鉤。帶鉤。憚者恐其不中也。以黃金注者殙。昏殙則心智昏亂。賭益不中。其巧一也。而有所矜則重外也。矜惜鉤金。神奪於外。凡外重者內拙。雖巧亦拙。

入水不濡。形神俱妙。惟利害忘於外。斯精氣固於中也。世人貪生孤注。岸遠津迷。曾亦知汎汎中流。固有此游行自在者邪。

田開之見周威公。威公曰。吾聞祝腎學生。學養生也。吾子與祝腎遊。亦何聞焉。田開之曰。開之操拔篲以侍門庭。拔篲。掃帚也。亦何聞於夫子。威公曰。田子無讓。寡人願聞之。開之曰。聞之夫子曰。善養生者若牧羊然。視其後者而鞭之。性命雙修。道無偏廢。有所廢則有所後矣。故急須鞭向前也。威公曰何謂也。田開之曰。魯有單豹者。巖居而水飲。不與民共利。潔清自守。以畜精神。行年七十。而猶有嬰兒之色。不幸遇餓虎。餓虎殺而食之。有張毅者。高門縣薄。高門。大家也。薄。簾也。懸簾箔以蔽門。小家也。無不走也。奔競營生。以求溫飽。行年四十。而有內熱之病以死。豹養其內。而虎食其外。毅養其外。而病攻其內。此二子者。皆不鞭其後者也。仲尼曰。無入而藏。不偏於內。無出而陽。不偏於外。陽者向外之義。柴立其中央。若槁木之孤立。無心而得中也。內外適中。則亦無所謂後矣。三者若得。其名必極。極。至也。功全德備。稱至人矣。身名俱泰。何患之有。以下二喻。蓋即患之不可不防者。爲學人曲示也。夫畏塗者。險阻之路。十殺一人。則父子兄弟相戒也。相戒勿由。必盛卒徒而後敢出焉。不亦知乎。人之所取畏者。所當取以爲畏者。衽席之上。飲食之間。而不知爲之戒者。過也。此言患之隱伏而不覺者。祝宗人玄端以臨牢筴。祝宗人。祭祀之官。玄端。禮服。牢。豕室。筴。音策。木欄也。說彘曰。汝奚惡死。吾將三月豢(患)汝。穀食曰豢。十日戒。三日齊。藉白茅。加汝肩尻乎彫俎之上。尻。脊骨盡處。彫俎。彫鏤之俎也。則汝爲之乎。爲彘謀曰。不如食以糠糟。而錯之牢筴之中。錯置也。自爲謀則苟。生有軒冕之尊。死得於腞楯之上。聚僂之中則爲之。腞。通篆。畫飾也。楯。通輴。喪車也。載柩之車。畫龍爲飾。故曰腞楯。聚。叢積也。僂。通蔞。音柳。棺之牆。飾。以木叢棺而致飾於外。故曰聚僂。此蓋謂常人生死不顧。但使不失富貴則爲之。腞楯聚僂。榮死之具。死而得此虛爲榮。謀榮。與祀神之牲。高據雕俎之上。事正相類也。則去之。自爲謀則取之。所異彘者何也。此言患之明知而故蹈者。

學生之功。不容偏廢。傷生之處。不可不防。蓋養生者取諸益。遺生者取諸損。世人昧於養生。非偏於內即偏於外。其不能遺生之故。則又以衽席之上。飲食之間。軒冕之尊。念茲在茲。不以爲畏途而指爲樂境也。

桓公田於澤。管仲御。見鬼焉。公撫管仲之手。曰仲父何見。對曰臣無所見。公反。誒詒（熙怡）爲病。誒詒。神魂不安而譫語也。數日不出。齊士有皇子告敖者。曰公則自傷。（神搖故也）鬼惡能傷公。夫忿滀（畜）之氣。（忿滀鬱結也）散而不反。則爲不足。上而不下。則使人善怒。下而不上。則使人善忘。不上不下。中身當心則爲病。桓公曰。然則有鬼乎。曰有。沈有履。（沈水淤處）竈有髻（結）。戶內之煩壤。（糞除後積土處也）雷霆處之。東北方之下者。倍（裴）阿鮭（蛙）蠪（龍）躍之。西北方之下者。則泆（逸）陽處之。水有罔象。丘有峷。山有夔。野有方皇。（亦作彷徨）澤有委蛇。（履髻雷霆陪阿鮭蠪泆陽罔象峷夔方皇委蛇皆鬼物之名）公曰。請問委蛇之狀。何如。（公所見者在澤故獨問委蛇也）皇子曰。委蛇其大如轂。（轂居輪之中大可容軸者）其長如轅。（轅車前曲木上鉤衡者）紫衣而朱冠。其爲物也。惡聞雷車之聲。則捧其首而立。見之者殆乎霸。殆將霸也。桓公囅然而笑曰。囅然。大笑貌。此寡人之所見者也。於是正衣冠。與之坐。不終日。而不知病之去也。見怪則病生。不以為怪則病去。怪者心之魔也。常使此心見如不見。則道日進而魔日退焉。

紀渻子為王養鬬雞。十日。而問雞已乎。已可鬬乎。曰未也。方虛憍而恃氣。虛憍。客氣也。十日又問。曰未也。猶應嚮景。嚮。通響。聞聲觀影。猶動心也。十日又問。曰未也。猶疾視而盛氣。餘悍未消。十日又問。曰幾矣。雞雖有鳴者。已無變矣。聞他雞之鳴。而不為之動也。望之似木雞矣。精神凝定。其德全矣。異雞無敢應者。反走矣。

養雞猶養氣也。而馭氣者心。心不動則神凝。神凝而氣益足。老子曰弱其志。強其骨。能如木雞。似弱而實強矣。

孔子觀於呂梁。呂梁。地名。石絕水曰梁。縣水三十仞。八尺曰仞。流沫四十里。從極高陡下。故流沫最遠。黿鼉魚鼈之所不能游也。水至急故。見一丈夫游之。以為有苦而欲死也。使弟子並流而拯之。並流。沿流行也。數百步而出。丈夫已自出也。被髮行歌而游於塘下。塘下。堤岸下也。孔子從而問焉。曰。吾以子為鬼。察子則人也。請問蹈水有道乎。曰。亡。〔無〕吾無道。吾始乎故。長乎性。成乎命。與齊俱入。齊。通臍。水旋入處也。與汨〔骨〕偕出。汨。水涌出處也。從水之道而不為私焉。順水出入。而不以己之私與之。此吾所以蹈之

也孔子曰何謂始乎故長乎性成乎命曰吾生於陵而安於陵故也(素習)長於水而安於水性也(生成)不知吾所以然而然命也(自然之理)

從水出入而不爲私道之所以法自然也緣督以爲經有志於養生主者可以悟矣

梓慶削木爲鐻(梓梓人大匠名慶者爲之鐻簴也雕鏤爲飾用以懸鐘鼓者)鐻成見者驚猶鬼神(精妙絕倫似非人所能爲)魯侯見而問焉曰子何術以爲焉對曰臣工人何術之有雖然有一焉臣將爲鐻未嘗敢以耗氣也(氣損則心動心動則神不專故不敢耗)必齊以靜心齊三日而不敢懷慶賞爵祿(忘利)齊五日而不敢懷非譽巧拙(忘名)齊七日輒然忘吾有四肢形體也(忘我)

輒然，忽然也。當是時也，無公朝，忘勢若不爲公家削之也。其巧專而外滑消。外物滑心之事盡泯。然後入山林，觀天性，察木之生質。形軀至矣。然後成木質宛然。恰可爲鐻。乃因而成之。見鐻然後加手焉。恍有一成鐻在目，乃取而削之。不然則已。否則弗削。甯一則以天合天。純任自然，以神遇也。器之所以疑神者，其是與。誠至精通，技成若神。求得乎自然，而進而上之，其即雕刻眾形，而不爲巧者與。

東野稷以御見莊公。東野，姓；稷，名。進退中繩，直也。左右旋中規。圓也。莊公以爲文弗過也。雖組織之文，弗能過。使之鉤百而反。驅馬旋回，如鉤之屈，百遍而後反。顏闔遇之，入見曰：稷之馬將敗。公密而不應。密，默也。少焉，果敗而反。公曰：子何以知之？曰：

其馬力竭矣。而猶求焉。故曰敗。

力竭則敗。馬猶人也。世之奔馳索死。不肯暫休者。可以猛省。

工倕旋而蓋規矩。蓋猶過也。謂但以手運。而巧過於規矩。精之至也。指與物化。而不以心稽。故其靈臺一而不桎。神凝而無拘束之苦。忘足履之適也。忘要要通腰。帶之適也。忘。即不以心稽意。適。即不桎意。明明曳履束帶而不覺有物在足。有物在腰。則亦與之俱化矣。知忘是非。心之適也。不內變不外從事會之適也。內外俱忘。境會之適。始乎適而未嘗不適者。忘適之適也。凡人於適意之端。初意以為甚適。及相習日久。視為固然。遂並當日意中所謂適者。亦與之淡忘矣。

忘適之適。道之眞境。湛然常寂。相豫通矣。

有孫休者，踵門而詫子扁慶子曰：詫，逕問也。扁，姓；慶子，字也。休居鄉不見謂不修，臨難不見謂不勇。然而田原不遇歲，事君不遇世，賓於鄉里，賓，通擯。逐於州部，則胡罪乎天哉？休惡遇此命也。呼天而言，我何以遇此命。扁子曰：子獨不聞夫至人之自行邪？忘其肝膽，墮肢體。遺其耳目，黜聰明。芒然彷徨乎塵垢之外，芒然，無知貌。逍遙乎無事之業，是謂爲而不恃，長而不宰。爲道日損，而了不自矜；長人以仁，而若不自主。今汝飾知以驚愚，飾知以驚人之愚。修身以明汙，修身以明人之汙。昭昭乎若揭日月而行也。過於炫露。汝得全而形軀，具而九竅，無中道夭於聾盲跛蹇，而比於人數，亦幸矣。言炫露如彼，宜招禍患。

又何暇乎天之怨哉。子往矣。孫子出。扁子入坐有閒。仰天而歎。弟子問曰。先生何爲歎乎。扁子曰。向者休來。吾告之以至人之德。吾恐其驚而遂至於惑也。弟子曰。不然。孫子之所言是邪。先生之所言非邪。非固不能惑。是。孫子所言非邪。先生所言是邪。彼固惑而來矣。又奚罪焉。非先生惑之也。何罪之有。扁子曰。不然。昔者有鳥止於魯郊。魯君說之。爲具太牢以饗之。奏九韶以樂之。鳥乃始憂悲眩視。不敢飲食。此之謂以己養養鳥也。若夫以鳥養養鳥者。宜棲之深林。任其自止。浮之江湖。任其自游。食之以委蛇。任其自食。委蛇。自得也。則平陸而已矣。陸。道也。言平常之道以鳥養養鳥者不過是也。今休款啟寡聞之民也。款，小竅也。啟，開也。如竅之開，所見小也。吾告以至人之德。非平常之道。譬之若載鼷以車馬。鼷，小鼠。樂鴳以鐘鼓也。鴳，小鳥。彼又惡能無驚乎哉。下士聞道，不笑則驚，無以益其明，而適以滋其惑，此傳道者所爲長太息也。

精氣神三寶，闡發無遺，是參同悟眞之嚆矢也。長生久視，道盡於此矣。

山木

莊子行於山中。見大木枝葉盛茂。伐木者止其旁而不取也。問其故。曰無所可用。莊子曰。此木以不材得終其天年。夫子出於山。舍於故人之家。故人喜。命豎子殺雁而亨之。亨通享 豎子請曰。其一能鳴。其一不能鳴。請奚殺。主人曰。殺不能鳴者。明日弟子問於莊子曰。昨日山中之木。以不材得終其天年。今主人之雁。以不材死。先生將何處。莊子笑曰。周將處夫材與不材之間。有材而不以材自見所謂材不材之間也將者審度之詞材與不材之間。似之而非也。故未免乎累。以此混世而求自免是亦似矣然非道也故不免於累。蓋累於不能無心也若夫乘道德而浮游則不然。無譽無訾。榮辱兩忘一龍一蛇。屈伸自得與時俱化。而無肯專為。一上一下。以和為量。上下無常一循乎自然之理而不溢乎其外浮游乎萬物之祖。游心於未始有物之先物物而不物於物。通乎鬼神造化之故則物且藉之為消息而不物於物矣則胡可得而累邪。此神農黃帝之法則也。

若夫萬物之情。私情人倫之傳。常人所傳習者則不然。合則離。有合則有離成則毀。有成則有毀廉則挫。廉則見挫尊則議。尊則招議有為則虧。為此必虧彼賢則謀。忌其賢故謀之不肖則欺。知其愚故欺之胡可得而必乎哉。由是言之則材不材皆不免於累尚何者可必哉入世之難如此悲夫弟子志之。其唯道德之鄉乎。此外更無樂地材不材皆難免乎世。惟至人純任天利，得大自在。其所謂浮游乎萬物之祖者。其卽逍遙乎無何有之鄉者乎。

市南宜僚見魯侯。魯侯有憂色。市南子曰。君有憂色何也。魯侯曰。吾學先王之道。修先君之業。吾敬鬼尊賢。親而行之。無須臾離居。然不免於患。吾是以憂。市南子曰。君之除患之術淺矣。夫豐狐文豹。棲於山林。伏於巖穴。靜也。夜行晝居。戒也。警戒雖饑渴隱約。人不得知。無由乘其饑渴而餌之也。猶且胥疏於江湖之上。胥相也。疏遠也。而求食焉。定也。鎮定然且不免於罔羅機辟之患。是何罪之有枯哉。其皮爲之災也。今魯國獨非君之皮邪。吾願君刳形去皮。洒心去欲。而遊於無人之野。南越有邑焉。名爲建德之國。寄之南越。取其去魯之遠也。其民愚而樸。少私而寡欲。知作而不知藏。作。耕作。藏。蓋藏。與而不求其報。不知義之所適。不知禮之所將。猖狂妄行。乃蹈乎大方。從心所欲不踰矩也。其生可樂。其死可葬。吾願君去國捐俗。與道相輔而行。君曰。彼其道遠而險。又有江山。我無舟車奈何。將謂眞欲使之南越也。市南子曰。君無形倨。無留居。以爲君車。自卑而與物化。道足載以行矣。君曰。彼其道幽遠而無人。吾誰與爲鄰。吾無糧。我無食。安得而至焉。未體獨化。不能忘物也。市南子曰。少君之費。寡君之欲。雖無糧而乃足。性淡泊則內養足也。君其涉於江而浮於海。望之而不見其崖。愈往而不知其所窮。送君者皆自崖而反。君自此遠矣。超然物外。故有人者累。見有於人者憂。見有於人。謂爲人所仰賴者也。則必憂人之憂。故堯非有人。有天下而不與。非見有於人也。忘帝力於何有。吾願去君之累。不有人除君之憂。不見有於人。而獨與道游於大莫之國。大莫猶廣漠。以上皆所謂虛己而游也。方舟而濟於河。方並。有虛船來觸舟。雖有惼心之人不怒。惼狹也。有一人在其上。則呼張歙之。張開也。歙收也。呼他撐開收攏。一呼而不聞。再呼而不聞。於是三呼邪。邪著力之呼聲也。則必以惡聲隨之。向也不怒而今也怒。何故。向也虛而今也實。實故怒也。然則虛之爲用妙矣。人能虛已以遊世。其孰能害之。建德之國。大莫之國。即道德之鄉也。其要止在虛己。致虛之極。去人日遠。去道日近矣。彼第視為防害計者。於此尚隔一塵。

北宮奢。衛大夫居北宮。因以為號。奢其名也。為衛靈公賦歛以為鐘。歛民之財以為鐘。以為壇乎郭門之外。為壇以祭。因禱於其所。三月而成上下之縣。鐘架有兩層。故言上下之懸。蓋編鐘也。王子慶忌見而問焉。慶忌王族。周大夫也。曰子何術之設。言此三月之中。朝夕從事。勞亦甚矣。子果何術之設。而使神明之地。毫毛不損乎。想因見其從容蕆事。略不動心。故發此問也。奢曰。一之間無敢設也。純任自然。抱一而已。言此外別無方術也。奢聞之。既雕既琢。復歸於朴。且所謂方術者。皆雕琢性靈之具也。吾方欲人於雕琢之後。復還其太朴之自然。更何術之敢用哉侗乎其無識。不起意見也。儻乎其怠疑。不急趨起也。萃乎芒乎。草木叢生而無心。所謂萃乎芒乎也。送往迎來之時。其意境如此。其送往而迎來。來者勿禁。往者勿止。從其彊梁。隨其曲傅。因其自窮。彊梁。梗頑也。曲傅。柔順也。曰從曰隨。皆任之之意。自窮者。在我既因而任之。在彼轉若出於不得已。而有以自盡也。奢之行其所聞。而不以術見者。如此。故朝夕賦斂而毫毛不挫。無損吾心。而況有大塗者乎。有大塗則益無待於設矣。大塗猶大道也。奢既自其非術而又不敢以道自居。故謙言如此。至人之心。常應常靜。小術不用。大道自生。讀此可悟抱一虛中之旨。

孔子圍於陳蔡之間。七日不火食。太公任往弔之。太公。大夫稱。任。其名也。曰。子幾死乎。曰。然。子惡死乎。曰。然。任曰。予嘗言不死之道。謂試言不致犯患而死之道。東海有鳥焉，其名曰意怠。燕也。其爲鳥也，翂分翂翐秩翐，皆弱飛舒遲貌。而似無能。引援而飛，羣飛乃飛。迫脅而棲，羣棲乃棲。迫脅者，脅相接也。進不敢爲前，退不敢爲後，從容處中。食不敢先嘗，必取其緒。飲啄隨行，不敢越次。是故其行列不斥，斥，如斥候之斥。不斥，不戒備也。而外人卒不得害，是以免於患。以上言燕以不露其能，故免於患。直木先伐，甘井先竭。二者皆才之害。子其意者，飾知以驚愚，修身以明汙，昭昭乎若揭日月而行，故不免也。昔吾聞之大成之人曰：自伐者無功，功成者墮，終隳。名成者虧，終虧。孰能去功與名，而還與衆人。功名藉衆而成，還之而已，無與焉。道流而不明居，道會其通，彌自韜晦，未敢顯然居也。得行而不名處。德踐其實，不求聞達，非以虛聲處也。純純常常，純一其心，平常其行。乃比於狂。如猖狂之無知。削迹捐勢，迹，形迹。勢，勢利。不為功名。是故無責於人，人亦無責焉。至人不聞，不圖聲聞。子何喜哉？何喜於自見而招禍。孔子曰：善哉！辭其交遊，去其弟子，逃於大澤，衣裘褐，褐，毛布也。食杼序栗。杼，通芧，栗之屬，故曰杼栗。入獸不亂羣，入鳥不亂行。鳥獸不惡，而況人乎。

世路顛危，聖且難免，其他可知。然必如意怠之謀生，生亦苦矣。燕襲人間，何若鴻冥物外。世有抱不死道者，吾知更在東海之東。

孔子問子桑虖曰：吾再逐於魯，伐樹於宋，削迹於衛，窮於商周，圍於陳蔡之間。吾犯此數患，親交益疏，徒友益散，何與？子桑雽曰：子獨不聞假人之亡與？假，國名。亡，逃亡。林回棄千金之璧，負赤子而趨。或曰：爲其布與？布，錢貨也。赤子之布寡矣；身價遠不如璧。爲其累與？赤子之累多矣；過於璧。棄千金之璧，負赤子而趨，何也？林回曰：彼以利合，此以天屬也。夫以利合者，迫窮禍患害相棄也；以天屬者，迫窮禍患害相收也。夫相收之與相棄亦遠矣。且君子之交淡若水，小人之交甘若醴。君子淡以親，小人甘以絕。彼無故以合者，則無故以離。孔子曰：敬聞命矣！徐行翔佯而歸，翔佯，猶徜徉也。絕學捐書，弟子無挹於前，其愛益加進。無可挹取於前，而敬意愈覺相親，動以天故也。異日，桑虖乂曰舜之將死眞泠禹曰泠曉也謂以眞言曉示禹也女戒之哉形莫若緣緣因也形之動莫若因其自然情莫若率情之發莫若率其天眞緣則不離不離本性率則不勞不勞安排不離不勞則不求文以待形不求文飾即誠即形又何待哉形者形於外也不求文以待形固不待物足於已自無待於物物者何學與書之類皆是也

有待於外則世患頻仍求屬於天則道心不凝至人和光同塵無入不得皆自形緣情率中來

莊子衣大布而補之正緳係履而過魏王魏王曰何先生之憊邪莊子曰貧也非憊也士有道德不能行憊也衣敝履穿貧也非憊也此所謂非遭時也王獨不見夫騰猿乎其得柟梓豫章也攬蔓其枝而王長

其間雖羿蓬蒙不能眄睨也及其得柘棘枳枸之間也危行側視振動悼慄此筋骨非有加急而不柔也處勢不便未足以逞其能也今處昏上亂相之間而欲無憊奚可得邪此比干之見剖心徵也夫

孔子窮於陳蔡之間七日不火食左據槁木右擊槁枝而歌猋氏之風（神農之風詩）有其具而無其數（有擊木之具而無節奏）有其聲而無宮角（有歌聲而不主音律）木聲與人聲犂然有當於人之心（雖無節奏音律而開爽合於人心犂然如犂田者其上開釋也）顏回端拱還目而窺之仲尼恐其廣己而造大也愛己而造哀也（廣己謂恐其高視於我而不在規矩之中愛己謂恐其切念於我而有動於性情之際）

曰回無受天損易。無受人益難。天損只受之便是不受，故易。人益須去之，方是不受，故難。無始而非卒也。人與天一也。於今爲始者，於昨爲卒。在人在天，同此無定之局。夫今之歌者其誰乎。悟徹天人之故，則不涉矜張，亦了無憂苦。回未能忘情於我之歌，回抑思今之歌者果爲誰乎。蓋言猶是不受損益之故我也。回曰敢問無受天損易。仲尼曰。飢渴寒暑。窮桎不行。天地之行也。皆天地流行之大數。運物之泄也。運動萬物而發泄難已者。言與之偕逝之謂也。吾惟順化，與之偕往而已。爲人臣者不敢去之。臣受君命，理不敢逃。執臣之道猶若是。而況乎所以待天乎。然則天命我以窮，不得不順，故處窮而恬然不傷。此所謂安之便是無受天損也。何謂無受人益難。仲尼曰。始用四達。始用，初進也。初進之時，即四達而無不利。爵祿並至而不窮。

人益如此。物之所利。然不過借外物以爲利。乃非己也。於性分無與也。吾命有在外者也。乃吾之氣數偶有通於外者也。君子不爲盜。賢人不爲竊。吾若取之何哉。虛叨爵祿。無異盜竊。君子賢人之所不爲者。吾何取哉。此所謂去之方是無受人益也。故曰鳥莫知於鷾意鴯而燕也。目之所不宜處。不給視。不待周徧審視。雖落其實。口御之實。棄之而走。其畏人也。而襲諸人間。襲入也。言入巢於人室。社稷存焉爾。社稷以祭土穀之神。所以謀生養也。言但以暫時託居。生養在此耳。春來秋往。非常處也。彼貪爵祿而戀戀不已者。眞鷾鴯之不若矣。

何謂無始而非卒。仲尼曰。化其萬物而不知其禪之者。一氣運轉。萬物化生。而不知誰爲繼禪之端。焉知其所終。焉知其所始。正而待之而已耳。惟守正以聽變化之自然。可見境會之際。我以爲方來者。轉盼而又爲過去。此所以無始而非卒也。何謂人與天一邪。仲尼曰。有人天也。有天亦天也。人之不能有天性也。人或不能全其天。以性分有所加損故也。聖人晏然體逝而終矣。天者日逝而不停。聖人安然體其日逝者以終其身。上下同流。神明默契。此所以與天一也。

於造化推行之故。勘破眞源。則人世遭逢。不啻電光泡影。尙有何物足爲我累。天人合一。妙契自然。所謂體逝而終者。非謂隨波逐流。正所以盡性至命也。

莊周遊乎雕陵之樊。雕陵。陵名。樊。藩也。謂游栗園藩籬之內也。覩一異鵲。自南方來者。翼廣七尺。目大運寸。可回一寸。感周之顙。而集於栗林。感。觸也。栗林。栗木之林。莊周曰。此何鳥哉。翼殷不逝。逝則不集於林。殷。廣也。目大不覩。覩則不感人顙。蹇裳躩步。疾行也。執彈而留之。留，伺便也。觀一蟬方得美蔭而忘其身。螳蜋執翳而搏之。執翳，謂持之以自蔽者。蓋欲乘蟬之不見而取之也。見得而忘其形。異鵲從而利之。見利而忘其眞。失其常性，故不逝不覩。莊周怵然曰。意。通噫。物固相累。二類相召也。二者相類，故相召。由蟬而類推之，相召者無窮，相累者益無窮矣。捐彈而反走。虞人逐而誶之。虞人，掌栗林之虞侯也。誶，詈也。莊周反入。三月不庭。三月當是三月。不庭，不暢適也。藺且從而問之。藺且，莊子弟子。夫子何爲頃間甚不庭乎。莊周曰。吾守形而忘身。見雀之異形，眈眈守之以伺其便，意注神迷，幾不知吾身之何在矣。觀於濁水而迷於清淵。濁水喻物欲，清淵喻道妙。且吾聞諸夫子曰。夫子，謂老子。入其俗。從其俗。今吾遊於雕陵而忘吾身。忘身之犯禁違俗。異鵲感吾顙遊於栗林而忘真。遂於外誘。失其本真。栗林虞人以吾為戮。致虞人肆其誶詈以吾為自取戮辱之人。吾所以不庭也。

人於方寸之中。偶萌一念。便有無數倚伏之機。利見於前。害乘於後。相召相累。輾轉不窮。卽蟲鳥以借觀其顯焉者也。漆園三月不庭。現身說法。非徒慨入世之難。正以喻洗心之不易耳。

陽子之宋。陽子。陽朱也。陽一作楊。宿於逆旅。逆旅人有妾二人。其一人美。其一人惡。惡者貴而美者賤。陽子問其故。逆旅小子對曰。其美者自美。彼自以為美。吾不知其美也。其惡者自惡。彼自以為惡。吾不知其惡也。陽子曰弟子記之。行賢而去自賢之行。不自矜也。安往而不愛哉。

人人有一我見橫隔胸中。去道乃日以遠。此見一除。則弱志虛心。無入不得。天門從此開矣。

塵網彌天。憂患百出。志道之士。必於此關參破。方能安身立命。悟入性眞。譬海上之有神山。欲造其巔。先求航濟。否則烟波淼淼。喚渡無人。雖復方丈蓬瀛羅列彼岸。其如可望而不可即何。

田子方

田子方侍坐於魏文侯。數稱谿工。文侯曰。谿工子之師邪。子方曰非也。無擇之里人也。無擇。子方之名。稱道數當。故無擇稱之。文侯曰。然則子無師邪。子方曰有。曰子之師誰邪。子方曰。東郭順子。居東郭。因以爲氏。順子。其稱也。文侯曰。然則夫子何故未嘗稱之。子方曰。其爲人也眞。人貌而天。貌雖人而心則天。虛緣而葆眞。虛己順物。以養眞宰。清而容物。物無道。正容以悟之。不待言責。使人之意也消。不肖之心自消。蓋眞意所貫徹也。無擇何足以稱之。子方出。文侯儻然終日不言。自失之貌召前立臣而語之曰。遠矣全德之君子。始吾以聖知之言仁義之行爲至矣吾聞子方之師吾形解而不欲動儻然口鉗而不欲言不言吾所學者眞土梗耳喻所學之粗也土梗土人也夫魏眞爲我累耳言以勞形國事未得專精於學以復其眞也

眞道甚大體之者惟眞人世情迷於假合所學皆土梗耳

溫伯雪子適齊舍於魯魯人有請見之者溫伯雪子曰不可吾聞中國之君子明乎禮義而陋於知人心習於末學而昧於本體吾不欲見也至於齊反舍於魯是人也又請見溫伯雪子曰往也蘄見我今也又蘄見我是必有以振我也振我猶起予也出而見客入而歎明日見客

又入而歎其僕曰每見之客也必入而歎何邪曰吾固告子矣中國之民明乎禮義而陋乎知人心昔之見我者進退一成規一成矩從容一若龍一若虎其諫我也似子其道我也似父（蓋徒知飾貌飾言以冀動人觀聽者）是以歎也仲尼見之而不言子路曰吾子欲見溫伯雪子久矣見之而不言何邪仲尼曰若夫人者目擊而道存矣（目觸之而已知道在其身）亦不可以容聲矣（不待以容聲測而容聲亦不足以測之也目擊道存以眞遇眞故也俗儒那得知）

顏淵問於仲尼曰夫子步亦步夫子趨亦趨夫子馳

亦馳。此喻迹之可循者。夫子奔逸絕塵。瞬息千里。蹈塵無迹。此喻以神運者。而回瞠若乎後矣。瞠直視貌。瞻之在前。忽焉在後。其跡若可循。其神不可及也。夫子曰。回何謂邪。曰夫子步亦步也。夫子言亦言也。夫子趨亦趨也。夫子辯亦辯也。夫子馳亦馳也。夫子言道回亦言道也。此即亦步亦趨亦馳之喻。而質言之也。及奔逸絕塵而回瞠若乎後者。夫子不言而信。不期人信。而人信之。不比而周。不期人親。而人親之。無器而民蹈乎前。不設規矩。而人自履乎道。而不知所以然而已矣。索解不得。欲從末由。仲尼曰。惡。歎詞。可不察與。夫哀莫大於心死。而人死亦次之。陽氣盡則心死。所謂近死之心。莫使之復陽也。心死而身亦旋亡。故曰次之。○言外有死者不可復生。生者須早自策勵之意。日出東方而入於西極。萬物莫不比方。比、從也。從日之東西、以定方向也。有目有趾者。待是而後成功。是出則存。是入則亡。存亡、猶作息也。萬物亦然。有待也而死。有待也而生。物之死生、一視乎陽氣之盛衰、猶依日之出入爲存亡也。吾一受其成形。而不化以待盡。不化、猶不亡也。效物而動。效、猶感也。日夜無隙。而不知其所終。時無間斷、未能預識盡期。薰然其成形。但見和氣薰蒸成此形質。知命不能規乎其前。丘以是日徂。知命之不可知、未由規畫於未來、故日無一息之停、吾之與日俱徂者、亦不暫停、未嘗以天定勝人、自委於命也。○此蓋曲示所以奔逸絕塵之故。吾終身與女交一臂而失之。可不哀與。就其不暫停者而論、則吾之於汝、雖復終身相與、直不啻市交一臂而遂相失也。挽留無術、伊可哀矣。夫子語回之意、蓋勖其遺取神及時征邁、否則過此以往、與日俱徂、吾之爲吾、更不能緩以待汝也女殆著乎吾所以著也。但明於吾所顯著之迹耳如云言辨等是也彼已盡矣。彼所著者已過而不留了無餘蘊而女求之以爲有。是求馬於唐肆也。唐肆虛肆也吾服女也甚忘。女服吾也亦甚忘。服者思存之謂言吾與汝本無可執撫今思昔過即成忘矣雖然。女奚患焉。雖忘乎故吾。吾有不忘者存。去日不停則由新成故由故成忘惟能於不忘處體認則雖奔逸絕塵終當相及何必有瞠若乎後之慮哉此又於不易及者示以求及之方也惟恍惟惚大道之眞非幻相亦非粗跡學道者急起而直追之譬之觀人走馬瞬息已過而其人之聲音笑貌已歷歷默識於心是於相忘之中別有不忘者在也於其不忘者精以求之斯道之眞境得矣。

孔子見老聃。老聃新沐。方將被髮而乾。被散也乾曬也熱然似非人。慹然，不動貌。孔子便而待之。便，聽其自便也。少焉見曰：丘也眩與？其信然與？向者先生形體掘若槁木，掘，通兀，不動貌。似遺物離人而立於獨也。老聃曰：吾遊心於物之初。物之初，即元門所謂父母未生前也。孔子曰：何謂邪？曰：心困焉而不能知，口辟焉而不能言。辟，卷不開也。嘗爲女議乎其將。將者，且然而未必之詞。言姑即其近似者以擬之也。至陰肅肅，至陽赫赫。肅肅出乎天，赫赫發乎地。陰陽互爲其根也。兩者交通成和而物生焉，或爲之紀而莫見其形。紀，綱維也。消息滿虛，一晦一明，日改月化，日有所爲，而莫見其功。生有所乎萌，死有所乎歸，始終相反乎無端，而莫知乎其所窮。皆言物之外別有主宰乎物者在也。非是也且孰爲之宗。宗。主也。孔子曰。請問遊是。老聃曰。夫得是至美至樂也。得至美而遊乎至樂。謂之至人。孔子曰願聞其方。曰草食之獸不疾易藪。疾。惡也。易。移也。水生之蟲。不疾易水。行小變而不失其大常也。雖有變易。仍不失其水草之常。喜怒哀樂不入於胸次。不入者。不留也。過而不留。則常者終不變矣。夫天下也者。萬物之所一也。萬物同此天下。即同此眞宰。得其所一而同焉。與眞一合德。則四肢百體。將爲塵垢而死生終始。將爲晝夜而莫之能滑。而況得喪禍福之所介乎。介。猶際也。棄隸者若棄泥塗。隸。謂以勢分相屬者。知身貴於隸也。貴在於我而不失於變。且萬化而未始有極也。極盡也夫孰足以患心。得一以貞天君自泰已爲道者解乎此。

惟既履道者知之孔子曰。夫子德配天地。而猶假至言以修心。假借也古之君子孰能脫焉。脫免也謂皆不免於修爲也老聃曰不然。夫水之於汋也。汋澤也無爲而才自然矣。自然潤物至人之於德也。不修而物不能離焉。物自混成若天之自高。地之自厚。日月之自明。夫何修焉。孔子出。以告顏回曰。丘之於道也。其猶醯雞與。喻覆於甕中無所見也醯雞酒蟲一名蠛蠓微夫子之發吾覆也。吾不知天地之大全也。

初者道之眞元宗者道之眞宰人苟得之則貴在於我物莫能離至美至樂視軒冕如泥塗矣

莊子見魯哀公。哀公曰。魯多儒士。少爲先生方者。莊子曰。魯少儒。哀公曰。舉魯國而儒服。何謂少乎。莊子曰。周聞之。儒者冠圜冠者知天時。（圜音圓）履句屨者知地形。句音矩方也。緩佩玦者。緩五色絲繩穿玉玦以飾佩者。玦者決也。事至而斷。君子有其道者。未必爲其服也。爲其服者。未必知其道也。公固以爲不然。言公知不信。何不號於國中曰。無此道而爲此服者。其罪死。於是哀公號之五日。而魯國無敢儒服者。獨有一丈夫。儒服而立乎公門。公卽召而問以國事。千轉萬變而不窮。莊子曰。以魯國而儒者一人耳。可謂多乎。

舉魯國而儒者一人。眞道之難可知。

百里奚爵祿不入於心。故飯牛而牛肥。使秦穆公忘其賤。與之政也。有虞氏死生不入於心。完虞浚井是也。故足以動人。成邑成都師錫帝禪。

爵祿死生不入於心。皆以完其眞也。

宋元君將畫圖。眾史皆至。受揖而立。受謂受命也。舐筆和墨。在外者半。在外謂猶有在舍外而不即入者。皆極言眾史之迂緩矜持也。有一史後至者。儃儃然不趨。儃儃舒閒貌。受揖不立。因之舍。公使人視之。則解衣般礴臝。般礴箕坐也。臝露其形也。君曰可矣。是眞畫者也。

道之眞以持身。得其眞則如如自在。畫史其易見者也。

文王觀於臧。地名。見一丈夫釣。分明釣。而其釣莫釣。又似意不在魚。非持其釣。不是執釣以爲釣。有釣者也。別有釣意。常釣也。卽不執竿亦釣也。文王欲舉而授之政。而恐大臣父兄之弗安也。欲終而釋之。而不忍百姓之無天也。於是旦而屬諸大夫曰。昔者寡人夢見良人。黑色而頿。通髯。乘駁馬而偏朱蹄。馬色不純。而蹄偏於赤。號曰。寓而政於臧丈人。庶幾乎。民有瘳乎。諸大夫蹵然曰。先君王也。謂此夢兆乃先君王靈神之所致也。文王曰。然則卜之。諸大夫曰。先君之命。王其無他。又何卜焉。遂迎臧丈人而授之政。典法無更。未嘗變法。偏令無出。未嘗出一令。三年文王觀於國。則列士壞植散羣。不復樹黨。長官者不成德。不自居功。斔斛不敢入於四竟。斔六斛四斗。斛十斗。恐大小異式。故不敢入境也。○皆無爲而自治也。列士壞植散羣則尙同也長官者不成德則同務也斔斛不敢入於四竟則諸侯無二心也孫月峰曰三句疑是註語。文王於是焉以爲太師。北面而問曰。政可以及天下乎。臧丈人昧然而不應。泛然而辭。朝令而夜遁。終身無聞。以示有心爲政則政不可爲也。顏淵問於仲尼曰。文王其猶未邪。又何以夢爲乎。仲尼曰。默。女無言。夫文王盡之也。而又何論刺焉。彼直以循斯須也。特循一時之耳目以成用人之功。心普萬物而實無心也。

功成名遂身退天之道。臧丈人蓋善全其眞者。

列御寇為伯昏無人射，引之盈貫，引引弦，盈貫謂溢鏑也。措杯水其肘上。前手直而平，可置杯水於上，言定也。發之，適矢，一矢方去。復沓，第二矢已復在沓，將放也。沓以朱韋為之，所以韜右手食中無名三指，利於放弦者也。方矢，第二矢方去。復寓。第三矢又已寄在弦上，皆言其便捷也。當是時，猶象人也。不動如木偶。伯昏無人曰：是射之射，非不射之射也。嘗與女登高山，履危石，臨百仞之淵，若能射乎？於是無人遂登高山，履危石，臨百仞之淵，背逡巡，足二分垂在外，自背後視之，稍若逡巡，三分其足，一分退至崖岸，二分垂在空際，境之至危者也。揖御寇而進之。御寇伏地，汗流至踵。伯昏無人曰：夫至人者，上闚青天，下潛黃泉，揮斥八極，揮斥，縱放之意。神氣不變。今女怵然有恂目之志。心怯故目動。恂猶瞬也。爾於中也殆矣夫。

不射之射。射之眞也。至人守氣凝神。其效如此。

肩吾問於孫叔敖曰。子三爲令尹而不榮華。三去之而無憂色。吾始也疑子。今視子之鼻間栩栩然。栩栩和適貌。鼻間如此。息以踵之證也。子之用心獨奈何。孫叔敖曰。吾何以過人哉。吾以其來不可卻也。其去不可止也。吾以爲得失之非我也。外物耳。而無憂色而已矣。我何以過人哉。且不知其在彼乎。其在我乎。不知可貴者在令尹乎。在我乎。其在彼邪亡乎我。若在令尹與我無與。在我邪亡乎彼。若在我與令尹無與。方將躊躇。方將四顧。匿思遠矚。求道之眞。何暇知乎人貴人賤哉。

仲尼聞之曰古之眞人知者不得說美人不得濫盜人不得劫伏羲黃帝不得友死生亦大矣而無變乎已況爵祿乎若然者其神經乎大山而無介介礙也入乎淵泉而不濡濡濕也處卑細而不憊憊病也充滿天地既以與人已愈有

孫叔敖少得眞常之旨孔子因而廣之

楚王與凡君坐凡國名少焉楚王左右曰凡亡者三俄頃之閒三傳國滅蓋楚以凡國弱小有吞夷之意故使從者以言感也凡君曰凡之亡也不足以喪吾存吾所存者眞也夫凡之亡不足以喪吾存則楚之存不足以存存由是觀之則凡未始亡而楚未

始存也。

眞存者無一亡也。眞亡者無一存也。存亡在我。豈以國哉。

萬物皆幻相也。惟道爲眞。能與道合。斯眞人矣。

知北遊

知北遊於玄水之上。知識也寓名登隱弅焚之邱。知本不足與於道者然北者玄方玄水者玄地隱弅之邱者隱然弅起似有邱而無邱遊於此登於此則知較進矣所以遭妙人也而適遭無為謂焉。寓名無為謂者道妙本無無為無謂也知謂無為謂曰。予欲有問乎若。何思何慮則知道。何處何服則安道。服事也何從何道則得道。道由也三問而無為謂不答也。非不答。不知答也。本無名言知不得問。反於白水之南。白水南方皆昭著之處求玄不得反於知之故處也登狐闋缺之上。狐闋寓言狐疑歎闋也而覩狂屈焉。猖狂放屈不拘迹相亦寓名也知以之言也問乎狂屈。狂屈曰。唉哀。慢應聲也予知之將語若。幾落名言不知無為謂之渾也中欲言而忘其所欲言（究竟不可名言也）知不得問反於帝宮（帝宮者主宰之宮寓言方寸也）見黃帝而問焉（黃者中央心居人身之中見黃帝而問寓言求諸心也）黃帝曰無思無慮始知道無處無服始安道無從無道始得道（皆言自然乃合道也）知問黃帝曰我與若知之彼與彼不知也（謂無無爲謂與狂屈也）其孰是邪（四者孰是）黃帝曰彼無爲謂眞是也（道之本然）狂屈似之（庶幾合道）我與女終不近也（以有知有心故）夫知者不言言者不知故聖人行不言之教道不可致德不可至（道德純任自然致之至之皆近勉強故曰不可）仁可爲也（仁主愛物適啟人爲）義可虧也（義在裁制適見虧殘）禮相僞也（禮尙往來更相浮僞）故曰失道而後德失德而後仁失仁而後義失

義而後禮禮者道之華而亂之首也故曰為道者日損損之又損之以至於無為無為而無不為也今已為物也已落形質之中欲復歸根欲反於未生之前不亦難乎其易也其唯大人乎生也死之徒如春草之榮過時則萎死也生之始如園果之落得土復萌孰知其紀生死循環其綱維是者究不可測人之生氣之聚也聚則為生散則為死若死生為徒吾又何患若果有聚散而無窮盡則雖或生或死此氣常存任之可也故萬物一也本無二理是其所美者為神奇以生為神奇而美之其所惡者為臭腐以死為臭腐而惡之臭腐復化為神奇得氣故也神奇復化為臭腐氣盡故也故曰通天下一氣耳通天下之生死故此一氣為之耳聖人故貴

一惟聖人寶貴此氣故能一薪盡火傳歸根獨易也知謂黃帝曰吾問無爲謂
無爲謂不應我非不我應不知應我也吾問狂屈狂
屈中欲告我而不我告非不我告中欲告而忘之也
今予問乎若若知之奚故不近黃帝曰彼其眞是也
以其不知也此其似之也以其忘之也予與若終不
近也以其知之也狂屈聞之以黃帝爲知言無爲謂終於無
言妙諦也以視狂屈未免又多此一問
大道渾成參不得一毫知識有心卽乖開口便錯惟能損之又損以至於無自然元珠流露活潑潑
地於虛極靜篤之際放大光明絕不與諸緣作對所謂一也得其一萬事畢此卽知者所以不言之
故與

天地有大美而不言。利及萬物不言所利四時有明法而不議。氣候明分不須擬議萬物有成理而不說。各有成性不待辭說聖人者原天地之美而達萬物之理。是故至人無為，大聖不作，觀於天地之謂也。今彼神明至精，與彼百化。言即天地之精與彼百物之化觀之物已死生方圓，莫知其根也。如此異變如此異象卻不測其所以然扁然而萬物自古以固存。但見日變月異萬物紛呈常常如此而更無盡時扁音幡幡幡然變易之象六合為巨，未離其內；秋豪為小，待之成體。大無外小無間天下莫不沈浮，終身不故。天下以此一升一降變化日新陰陽四時運行，各得其序。陰陽四時以此不爽惛昏然若亡而存，油然不形而神。油然無所係也萬物畜而不知。此之謂

本根可以觀於天矣

道者自本自根觀於天而益見人能以自然者法天則歸根爲不難矣

齧缺問道乎被衣被衣曰若正女形體靜一女視神凝天和將至則沖和自復攝女知心歛一女度氣專神將來舍則神明自歸德將爲女美道將爲女居自然有此驗女瞳焉如新生之犢瞳焉無知直視之貌而無求其故無庸推測既往言未卒齧缺睡寐被衣大說行歌而去之曰形若槁骸心若死灰眞其實知不使此實知迷於幻妄也不以故自持有心曰故媒媒晦晦媒猶晦也無心而不可與謀彼何人哉殆未可以常情測矣

直揭道之眞境所以使人葆其眞曲示道之悟境更以使人開其悟或睡或歌皆妙諦也而妙道於

是乎傳矣。

舜問乎丞曰。道可得而有乎。曰。女身非女有也。女何得有夫道。舜曰。吾身非吾有也。孰有之哉。曰。是天地之委形也。生非女有。是天地之委和也。性命非女有。是天地之委順也。委者遺賸之意。和順皆以氣言。孫子非女有。是天地之委蛻也。形形相禪故曰蛻。言此皆天地遺賸之物。人偶得之。未可據爲己有也。○生理性命。賦於身之初者。孫子。替於身之後者。因委形而遞推之。皆以發明汝身非汝有之義。故行不知所往。處不知所持。食不知所味。皆不期然而然者。故不知也。○往屬足。持屬手。味屬口。三者又卽身中小體而言。天地之彊陽氣也。又胡可得而有邪。言此皆受形之初。一點健動之陽氣使然。若此氣一息。則將不得行。不得處。不得食矣。又

焉知所往所持所味乎由此類推舉凡附在吾身者更何者可得據爲有邪

大道非有非無執著此道以爲已有便不是道佛書云人法雙忘乃成空到此西土微言也不意早被南華道破

孔子問於老聃曰今日宴閒敢問至道老聃曰女齊戒疏瀹而心澡雪而精神掊擊而知疏瀹通其滯也澡雪滌其舊也掊擊去之也夫道窅然難言哉將爲女言其崖略窅然深奧之義崖邊際略粗略也夫昭昭生於冥冥有倫生於無形精神生於道此先天者性所自出也形本生於精此後天者命所由立也而萬物以形相生以形相禪生生不已故九竅者胎生八竅者卵生人物之生如此其來無迹其往無崖無門無房不知所出不知所歸四達

之皇皇也。大通溥博。○道之物物者如此。邀於此者。邀。如邀邀諸路之邀。此謂道也。四枝彊。枝。通肢。思慮恂達。恂。通也。耳目聰明。其用心不勞。其應物無方。天不得不高。地不得不廣。日月不得不行。萬物不得不昌。都少此不得。郤又純任自然。此其道與。道本難言。故作擬議之詞。且夫博之不必知。辯之不必慧。常人之博辯。無與道中之知慧。聖人以斷之矣。早有定論。若夫益之而不加益。損之而不加損者。道體。聖人之所保也。淵淵乎其若海。魏魏乎其終則復始也。運量萬物而不匱。深大莫測。故爲無窮之藏如此。則君子之道。彼其外與。以視君子之有爲。猶在外者也。萬物皆往資焉而不匱。蓋所謂不匱者。物自往而資焉。無爲者也。此其道與。言此乃天地根源自然之道也。

中國有人焉。非陰非陽。渾乎陰陽之際。處於天地之間。混乎天地之分。直且為人。彼直姑且為人耳。將反於宗。究將遊於物初之宗。自本觀之。生者喑醷物也。喑醷聚氣也。言人生不過偶爾聚氣之物也。雖有壽夭。相去幾何。須臾之說也。奚足以為堯桀之是非。同在俄頃中。又何足分是分非。果蓏有理。木實草實。各有倫理。種類不亂。人倫雖難。雖不能齊。所以相齒。其所以相序次者。任之自合。聖人遭之而不違。順其當然。無意必也。過之而不守。聽其自然。無留戀也。調而應之。德也。調和其間。因物以為應。德之及於人也。偶而應之。道也。偶然相值。虛己以為應。道之純乎天也。帝之所興。王之所起也。即帝王由是興起。亦以此應遊之道應之。非有心也。人生天地之間。若白駒之過郤。郤猶隙也。白駒隙中之光。日所照也。忽然而已。

注然勃然。興起貌。莫不出焉。生。油然漻然。流貌。歸虛莫不入焉。死。已化而生。又化而死。生物哀之。人類悲之。對死者言曰生物。別乎人類。解其天弢。墮其天袠。囊弓曰弢。囊衣曰袠。惟至人能解墮之。墮猶脫也。紛乎宛乎。紛綸宛轉。並適散之貌。魂魄將往。乃身從之。乃大歸乎。即道家尸解之說。○以上言生死無常。惟眞得道者。乃能復命歸根也。不形之形。自無而有。即已化而生也。形之不形。自有之無。即又化而死也。是人之所同知也。非將至之所務也。此眾人之所同論也。均此論道之言。而無至道之實。彼至則不論。論則不至。明見無值。求道於顯。則不相值。辯不若默。道不可聞。聞不若塞。此之謂大得。默而塞焉。於道得矣。

萬物形形相禪。無往非道。然可見者道之粗。非其至也。惟能不落言詮。不參色相。獨於未有天地自古以固存者。躬身求之。庶幾默默昏昏。得其一。萬事畢也。

東郭子問於莊子曰。所謂道惡乎在。莊子曰。無所不在。東郭子曰。期而後可。期者指其所在也。莊子曰在螻蟻。曰何其下邪。曰在稊稗。皆草之似穀而實細者。曰何其愈下邪。曰在瓦甓。甓。甎也。曰何其愈甚邪。曰在屎（矢）溺。東郭子不應。道無在無不在。言在已非。言期更誤。莊子特即下者言之。正欲由此引伸。以開其悟。東郭未達。故瞋而不應也。莊子曰。夫子之問也。固不及質。正獲之問於監市履狶也。正司市之官。獲其名也。監市市魁也。猶行家牙人之類。狶大豕。履者謂以足踏之。驗其肥瘠也。每下愈況。況比較之意。言子之不應以問時先有成見。故不復質證。獨不觀司市之官。且問及監市之履狶乎。夫狶之肥瘠不可知，惟履其股脚之間，難肥之處，則通體皆可類推。是每於近下之端，益有便於況比也。猶之道無不在，但自下者推之，而高者自見矣。女唯莫必，無乎逃物。言汝不須期定何者是道，天下豈有逃乎道之物哉。至道若是。本無不在。大言亦然。汝以我前四言為瑣小，不知雖大言之理亦如是。周徧咸。皆就大處言之。三者異名同實。文異義同。其指一也。言說到周徧咸三字，則如天覆地載，無物不在其中，與物之不能逃乎道外，隨在皆可見道者，正是一理。可見至道本無不在，小言之如是，大言之亦如是也。嘗相與遊乎無何有之宮。同合而論，無所終窮乎。此更即道之無不在而無在者精言之也。謂汝果看破物相，曷試與遊於虛無之中，同合而論道之無所底止者乎。嘗相與無為乎。澹而靜乎。漠而清乎。調而閒乎。澹則不紛而自至於靜，漠則不擾而自至於清，調則不戾而自至於閑，此皆無為故也。寥已吾志。研究至此則吾之志寂寥無感色相空矣無往焉而不知其所至。夫志者心之所之也志已寥寥然似無所謂往然正不能測其所至去而來不知其所止。即或見爲往而復來亦未能測其所止吾已往來焉而不知其所終。是則純以神行或往或來更莫能測其所終彷徨乎馮閎馮憑閎宏大知入焉而不知其所窮。但覺徜徉於馮大閎曠之處雖有過人聰慧入於其中亦無以窮其涯涘物物者主宰乎物者與物無際。與物冥同不見邊際而物有際者所謂物際者也物之各有邊際者謂之物際則可不可以言道也不際之際。若道則本無際而見於所際際之不際者也。雖有際而實則不際際者也謂盈虛衰殺此皆際也彼爲盈虛非盈虛。彼謂道也彼爲衰殺非衰殺。彼爲本末非本末。彼爲積散非積散也。四者皆道爲之而道實不與也由是以觀可見道雖主乎物

之中仍出乎物之外非淪於無亦非著於有無不在而實無在胡可得而期邪

道未嘗離物岐視之不可物不足盡道一視之亦不可以爲是則皆是以爲非則盡非是是非是是非非非悟得此旨乃可言道

妸(阿)荷甘與神農同學於老龍吉假設三人將神農隱以明道也几闔戶晝瞑妸荷甘日中奓(車)戶而入曰奓推開也老龍死矣神農隱几擁杖而起一驚嚗(剝)然放杖而笑嚗然放杖聲甫驚旋悟曰天知予僻陋慢訑(移)僻陋偏僻孤陋慢訑弛縱之意故棄予而死已矣夫子無所發予之狂言而死矣夫曰天者尊之之詞言老龍吉知予不足傳道故棄予而死乎則死者長已矣其抑以道之不可言傳無所用其發予之大言而死乎則死者正以啟予也弇堈(罔)弔聞之曰夫體道者天下之君子所

繫焉。今於道秋豪之端。萬分未得處一焉。謂神農也。而猶知藏其狂言而死。猶能默識老龍吉歸眞之意。又況夫體道者乎。此言抱道之人。卽密若無言。自足啟發人心。而爲道中人所宗主。如今之神農。於道本無灼見。譬之析秋毫之末爲萬一。尚未得處其一。特以老龍默爾大歸發其深省。遂有契夫藏言而死之眞。以彼淺見。且生其覺悟。深造可知。信乎言藏而道益顯。其維繫於道中者眾。其啟迪於言外者多也。視之無形。聽之無聲。於人之論者。謂之冥冥。所以論道而非道也。冥冥自是道體。而但以言論之則非。於是泰清問乎無窮曰。二人皆寓名。子知道乎。無窮曰。吾不知。又問乎無爲。寓名。無爲曰。吾知道。曰。子之知道。亦有數乎。曰。有。曰。其數若何。無爲曰。吾知道之可以貴。可以賤。可以約。可以散。此吾所以知道之數也。泰淸以之言也。問乎無始。（以無窮無爲之言爲問，無始亦寓名。）曰：若是則無窮之弗知與無爲之知，孰是而孰非乎？無始曰：不知深矣，知之淺矣；弗知內矣，（惟深則意得而忘言，故屬內。）知之外矣。（惟淺則猶滯言詮，與道爲二，故屬外。）於是泰淸中而歎曰：（聞未竟而遽歎也。）弗知乃知乎！知乃不知乎！孰知不知之知？無始曰：道不可聞，聞而非也；道不可見，見而非也；道不可言，言而非也。知形形之不形乎！道不當名。無始曰：（語畢又申言也。）有問道而應之者，不知道也。雖問道者，亦未聞道。道無問，（無可問。）問無應。（無可應。）無問問之，是問窮也；（所謂責空。）無應應之，是無內也。（所謂門面語也。）以無內待問窮。若是者。外不觀乎宇宙。內不知乎太初。是以不過乎崑崙。不遊乎太虛。崑崙至高。過此然後絕塵。方能遊乎太虛。道體蘊於虛無。而體道以身。卻從眞實而得。內修未至。終日談元談妙。總屬頑空。不過乎崑崙。則不遊乎太虛。益見委務積神。上通九天。非激厲至精。不足語斯詣也。

光曜問乎無有曰。寓名問答。夫子有乎。其無有乎。光曜不得問。而孰視其狀貌。孰通熟。窅然空然。無無之狀。終日視之而不見。聽之而不聞。搏之而不得也。光曜曰。至矣。其孰能至此乎。予能有無矣。有曜無質。是遺有歸空。而之後。所有者惟此無矣。未能無無也。尚未能合曜與質。脫然兩忘。並此無者亦遺之也。及爲無有矣。未能無無。則我猶在無字之內。是爲無所有矣。何從至此哉。何從至此窅然空然之境哉。

虛極靜篤。有無俱遺。窅然空然。如是如是。

大馬之捶鉤者。大馬。大司馬也。捶。鍛也。鉤。劍也。年八十矣。而不失豪芒。大馬曰。子巧與。有道與。曰臣有守也。有守者。不妄用其神也。臣之年二十而好捶鉤。於物無視也。非鉤無察也。是用之者。技。假不用者也。神。以長得其用。專其神正以善其技惟不用。故能長得其用也。而況乎無不用者乎。況此以不用爲用之神固無往而不用者乎。物孰不資焉。資不用以成其用萬物皆然物物者可知。不用爲用。大用出焉。妙萬物而物莫能離。非天下之至神。其孰能與於此。

冉求問於仲尼曰。未有天地可知邪。仲尼曰。可。可知。古猶今也。言未有天地。其時古矣。然自古至今。其所以爲天地者。總是這箇。並不以有無而異也。

冉求失問而退雖少有領會卻說不出故失問也明日復見曰昔者
吾問未有天地可知乎夫子曰可古猶今也昔日吾
昭然若解今日吾昧然復迷敢問何謂也仲尼曰昔之昭
然也神者先受之靈光乍露今之昧然也且又為不神者
求邪轉念又狗於迹象也無古無今無始無終此即古猶今之意而申言之也
謂天地自有之無其所以為天地者並無古今始終之別未有子孫而有子孫可
乎子孫皆繼體之名觀於未有而有天地不從可知乎蓋所以生子生孫生天生地者同此太極太極
又同此無極自無可以之有觀有亦可會其無矣冉求未對仲尼曰已矣未
應矣喝止其言不以生生死不以死死生言汝欲知此所以為天地者觀
於物之生死可知矣夫物之生死天地為之有生必有死有死必有生生死固對待者也然物自相生惟

此生生者獨不由生而死死物無不死惟此死死者獨不由死而生無死無生既有天地之後如是未有天地之先亦如是也

死生有待邪皆有所一體

至於物之死生不皆對待者邪既有對待則其或死或生皆不過後天血肉之軀耳

有先天地生者物邪

若夫未有天地自古以固存者豈猶得以物目之邪

物物者非物物出不得先物也

一有物出已涉形器不得為先乎物者矣

猶其有物也

蓋以既落後天猶然有物故也

猶其有物也無已

言由此有物而推之則自一至萬生生不已所謂以形相禪盈天地間皆物也

聖人之愛人也終無已者亦乃取於是者也

猶之聖人之愛人亦其性空之中添了愛緣故念念輾轉相續不絕與物之生生不已者同非其虛靈之體本如是也是則即後天以觀人物舉所謂未有天地之先湛然而長存者可以悟矣

直揭道體深之又深恍將太極未分之圖曲曲繪出無古無今無始無終無生無死未有天地與既

有天地。及天地間千變萬化。皆不外此。於此認得眞。看得破。則滌除元覽。直悟本根。一剎那間。已超出聲聞界矣。

顏淵問乎仲尼曰。回嘗聞諸夫子曰。無有所將。無有所迎。將送也。無將迎者。與物俱化而無心也。回敢問其遊。問何以遊心至此。仲尼曰。古之人外化而內不化。物肆應而心不與之俱也。今之人內化而外不化。心無主而物轉多滯凝也。與物化者。一不化者也。申言古之內不化者。常此無心也。常無心故一不化。一不化。乃能與物化耳。安化安不化。化與不化。純任自然。安與之相靡。必與之莫多。豈復有心將迎而與靡順之乎。但期與之省事耳。道所謂和光同塵。常應常靜也。狶韋氏之囿。黃帝之圃。有虞氏之宮。湯武之室。歷舉羣聖人游息之區。蓋為無心任化者。顯示處所。君子之人若儒墨者師。故以是非相鳌也。而況今之人乎。鳌。和也。言果能遊心於此。則雖儒墨之師。是非鋒起。猶不難以物我渾忘者和之。又況今之蚩蚩者乎。聖人處物不傷物。卽所謂與物化也。不傷物者。物亦不能傷也。卽所謂一不化也。唯無所傷者。爲能與人相將迎。無心順物。物我無傷。故能不將不迎。而妙於將迎也。山林與。皋壤與。使我欣欣然而樂與。樂未畢也。哀又繼之。哀樂之來。吾不能禦。其去弗能止。悲夫世人直爲物逆旅耳。徒以身爲外境哀樂之寄寓。不能外化而內不化。以妄爲眞。深堪悲歎也。夫知遇而不知所不遇。彼但知見聞所及。便謂之遇。而不知於無所見聞處。求所不遇以爲眞知。知能能而不能所不能。但知力量所及。便謂之能。而不能於無可着力處。求所不能以爲眞能。無知無能者。固人之所不免也。若第即尋常之知能而論。則有知即有不知。有能即有不能。此固人情所不免者也。夫務免乎人之所不免者。豈不亦悲哉。世人殫竭心力。但知於不必求免者。務求其免。勞苦終身。究竟何益。是亦大可哀矣。至言去言。至爲去爲。齊知之所知則淺矣。必欲於知之所知。齊之使無所不知。是以有涯殉無涯也。豈深造乎道者哉。不將不迎。游心於自然矣。外化而內不化。可以應物。可以全身。所謂抱一爲天下式也。道不可名。故強爲之容。元之又元。衆妙之門開矣。陸方壺云。讀此則三藏大乘皆可迎刃而解。信哉。

吳縣黃輿元校

南華眞經正義

雜篇目錄

盜跖

說劒

漁父

以上四篇舊本在列御寇前今從東坡先生

說離附於後

南華眞經正義

宛平陳壽昌輯

雜篇

庚桑楚

老聃之役役猶徒也有庚桑楚者偏得老聃之道偏獨以北居畏壘之山其臣之畫然知者用智而明於經畫者去之其妾之挈然仁者用仁而善於提挈者遠之擁腫之與居鞅掌之爲使擁腫呆笨之意鞅掌委頓之意二者正與畫然挈然相反居三年畏壘大穰歲大熟也畏壘之民相與言曰庚桑子之始來吾灑然異之灑然微驚貌今吾日計之而不足歲計之而有餘乍無可喜

久而有益。庶幾其聖人乎。子胡不相與尸而祝之。社而稷之乎。而語詞。庚桑子聞之。南面而不釋然。不快。弟子異之。庚桑子曰。弟子何異於予。夫春氣發而百草生。正得秋而萬寶成。夫春與秋豈無得而然哉。得其自然者而任之。大道已行矣。不自期行而行也。吾聞至人尸居環堵之室。謂隱處不耀也。一丈曰堵。環堵者面各一丈。言其小也。而百姓猖狂不知所如往。如相忘於天地。今以畏壘之細民。而竊竊焉欲俎豆予於賢人之間。我其杓之人邪。杓音嫡。標的也。喻高自表著。如揭木爲標以示人也。吾是以不釋於老聃之言。聃云功成物遂而百姓皆謂我自爾。今畏壘人反此。故不快也。弟子曰不然。夫尋常之溝。尋八尺。常倍之。巨魚無所還（旋）其體。

而鯢鰌爲之制。溝之淺者。本不足居巨魚。而不居則鯢鰌專擅矣。制。專擅也。步仞之邱陵。步。六尺。仞。七尺。巨獸無所隱其軀。而孽狐爲之祥。邱陵之小者。本不足居巨獸。而不居則妖狐爲怪矣。祥。怪也。○尋常之溝。步仞邱陵。喻小道。巨魚巨獸喻庚桑楚。鯢鰌孽狐喻畏壘之民。言此等道原不足見聖人藏身之妙用。然無此道。則民恣縱爲非而罹於罪。可見有此道而民已隱受其福也。且夫尊賢授能。先善與利。必先取以善化民以利澤民之人。自古堯舜以然。而況畏壘之民乎。此言民之報德正是古道。夫子亦聽矣。置之可也。庚桑子曰。小子來。夫函車之獸。函猶吞也。介而離山。介獨立也。則不免于罔罟之患。吞舟之魚。碭蕩而失水。碭流蕩也。則蟻能苦之。喻顯身則致禍。巨獸巨魚承前語轉下。故鳥獸不厭高。魚鱉不厭深。皆以深藏自全。夫全其形生之人。

藏其身也。不厭深眇而已矣。以上言道貴深藏。且夫二子者。堯舜。又何足以稱揚哉。是其於辨也。凡事分辨。如先善與利之類。將妄鑿垣牆而殖蓬蒿也。有意分辨其妄如此。簡髮而櫛也。簡擇。數米而炊。形容瑣屑。竊竊乎又何足以濟世哉。舉賢則民相軋。爭也。任知則民相盜。詐也。之數物者。不足以厚民。民之於利甚勤。子有殺父。臣有殺君。正晝為盜。日中穴阫。裴。阫牆也。吾語女。大亂之本。必生於堯舜之間。其末存乎千世之後。千世之後。其必有人與人相食者也。以上極言先善與利之流禍。可見以善利自見者之非道也。南榮趎蹵然正坐曰。南榮趎。庚桑楚弟子。若趎之年者已長矣。將惡乎託業以及此言邪。

藏身深眇之說。庚桑子曰。全女形。形質抱女生。生氣無使女思慮營營。若此三年。則可以及此言也。南榮趎曰。目之與形。吾不知其異也。目有同形。而盲者不能自見。有目不明。耳之與形。吾不知其異也。耳有同形。而聾者不能自聞。有耳不聰。心之與形。吾不知其異也。心有同形。而狂者不能自得。有心不靈。形之與形亦辟矣。昭然如闢。而物或間之邪。欲相求而不能相得。今謂趎曰。全女形。抱女生。勿使女思慮營營。趎勉聞道達耳矣。言既同此形質。卽當同此性靈。乃物欲間之。不能自得。今雖勉聞至道。只是從耳根入者。未足及化。蓋欲請益於前言外也。庚桑子曰。辭盡矣。言我所告子者。前言已盡。曰。奔蜂不能化藿蠋。蜀。奔蜂。細腰土蜂。能化桑蠶爲己子者。藿。豆也。豆間大青蟲曰藿蠋。越雞不能伏鵠卵。魯雞固能矣。鵠鴻鵠也。越雞小魯雞大。雞之與雞。其德非不同也。有能與不能者。其才固有巨小也。今吾才小不足以化子。子胡不南見老子。由北居而使之南也。南榮趎贏糧。盈贏擔糧也。七日七夜至老子之所。老子曰。子自楚之所來乎。南榮趎曰唯。老子曰。子何與人偕來之眾也。趎方獨見。而老子以爲與眾偕來。即釋氏所謂汝胸中正鬧也。南榮趎懼然顧其後。懼然猶駭然也。老子曰。子不知吾所謂乎。南榮趎俯而慙。仰而歎曰。今者吾忘吾答。因失吾問。言聞老子之說。未得其解。茫茫然無從置對。恍惚之間。遂併欲問之語而亦失也。老子曰。何謂也。南榮趎曰。不知乎人謂我朱愚。朱愚猶顓愚也。知乎反愁我軀。不仁則害人。仁則反愁我身。不義則傷彼。義則反愁我已。愁我者。謂非藏身之道。我安逃此而可。此三言者。趎之所患也。躊躇於三言之中。而成交戰之患。願因楚而問之。借庚桑楚爲先容而進問。老子曰。向吾見若眉睫之閒。吾因以得女矣。今女又言而信之。趎復自言。益見其不謬。若規規然若喪父母。規規。神失貌。揭竿而求諸海也。揭竿者。豎竿以白於衆。將以求所失也。所失未獲。而顧索諸茫無涯涘之海。宜其勞而無得矣。女亡人哉。失其本根。故謂之亡人。惘惘乎女欲反女情性而無由入。可憐哉。失其所歸。南榮趎請入就舍。請假館而卒業。召其所好。欲求其是。去其所惡。欲離其非。十日自愁。未卽能之。故又愁。復見老子。老子曰。女自灑濯孰哉。孰通熟。

鬱鬱乎然。見其用力自克·如熟物之氣·蒸鬱於中者然· 而其中津津乎猶有惡也。所惡猶未盡去夫外韄獲者不可繁而捉。將內揵。蹇以皮束物曰韄·捉·持也·揵·閉也·人心偶着一物·則謂之外揵·欲求無着·而未能覷破色相·但期物物以持之·是於紛紜之際繁而捉也·捉之不可·將客感日深·神明亦因之閉塞·此由外而累及內者也· 內韄者不可繆而捉。將外揵。人心偶係一念·則謂之內揵·欲求無係·而未能降伏識神·但冀念念以止之·是於纏結之餘·繆而捉也·捉之不可·將虛靈日汨·耳目亦失其明通·此由內而累及外者也· 外內韄者。道德不能持。而況放道而行者乎。言內外束縛如此將把持不住·尚何能任意而行去乎· 南榮趎曰。里人有病。里人問之。病者能言其病。然其病病者猶未病也。凡人受病既深·則神明昏聵·不復以病爲病·若尚能自言其病·是其疾痛此病之心·猶未病也· 若趎之聞大道譬猶飲藥以加病也。今我欲聞大道，而不能自言受病之處，雖承明致愈增回惑，猶之飲藥以加病也。趎願聞衞生之經而已矣。言更不敢別求大藥，但乞示以衞生之方足矣。○趎之言衞生者，本以喻淺近之言，而未知大道正不外此也。老子曰：衞生之經，能抱一乎。能勿失乎。即道德經所謂載營魄抱一能無離之意。能無卜筮而知凶吉乎。即不出戶知天下，不窺牖見天道之意。○一失吉韻，舊作吉凶，誤。能止乎。止猶定也。能已乎。已猶息也，即釋氏所謂大休歇也。能舍諸人而求諸已乎。自得。能翛然乎。無累。能侗然乎。無心。能兒子乎。專氣致柔之謂。兒子終日嘷而嗌不嗄（夏）。嘷，哭也。嗌，咽喉。嗄，聲乾也。和之至也。終日握而手不掜（業）。卷手曰握。掜，手筋急也。共其德也。共，通拱。言兒子拱握其手，乃其性自如此。終日視而目不瞚（舜）。瞚，開闔目數搖也。偏不在外也。謂不若人

之用意看物偏着在外也行不知所之居不知所為與物委蛇而
同其波。是衛生之經已。南榮趎曰。然則是至人之德
已乎。曰。非也。是乃所謂冰解凍釋者。冰解凍釋設喻極精蓋人之精
神其初澄澈如水略無凝滯乃一入世俗鑪錘便成藏結能先將此等積習滌除淨盡便足全其生初之
理雖曰窮神達化未足比德至人然返本還元築基之功立矣夫至人者相與交食
乎地而交樂乎天。言與物同適也不以人物利害相攖。不相
與為怪。不相與為謀。不相與為事。翛然而往。侗然而
來。獨往獨來是謂衛生之經已。此至人之衛生所以異於赤子也曰。然則
是至乎。然則我將注力於是而求其至乎曰。未也。言汝之學力尚未足講求到此吾
固告女曰。能兒子乎。兒子動不知所為。行不知所之。

身若槁木之枝。而心若死灰。若是者。禍亦不至。福亦不來。禍福無有。惡有人災也。功效至此。衛生之道已盡。由此而精之。其去至人不遠矣。

道莫要於衛生。衛生者何。養其身心而已。惟道集虛。故藏身不厭其深眇。惟道日損。故洗心必絕其紛營。至身心皆得其養。則與道大適。無思無爲。匪特能亦子之所能。卽至人亦可馴而至。世之言衛生者。幸勿忽此常經。外身心而別求捷獲也。

宇泰定者。發乎天光。胸宇安泰凝定。則發天光。靜生明也。發乎天光者。人見其人。自人視之猶人耳。人有修者。乃今有恆。修行至此。乃能常德不離。有恆者。人舍之。和光同塵。人安其宇。天助之。踐形復命。天相其衷。人之所舍。謂之天民。超越凡庸。天之所助。謂之天子。主宰萬化。學者學其所不能學也。所不能學者何以學。蓋以不學學之也。行者行其所不能行也。所不能行者何以行。蓋以不行行之也。辯者辯其所不能辯也。所不能辯者何以辯。蓋以不辯辯之也。○此皆修之實也。知止乎其所不能知。至矣。夫學行辯三者。皆不離乎知。其未可以知知者。亦惟優游涵養。順其自然。返諸吾心本體之明。不敢強求增益。是知止乎其所不能知。即禪家所謂定也。由定生慧。則不求至而自至矣。若有不即是者。天鈞敗之。人若求以勉強。未能順其自然之天。以理決之。道必不成。匪特難邀天助。且將有以敗之矣。天鈞。即天理也。大道有實效而無近功。學者但辯肯心。勿期捷足。助之敗之。自天主之。實則自人召之耳。備物以將形。具眾理以成形。誠其身也。藏不虞以生心。卻退藏於不思度之地。以活其心。敬中以達彼。然後由不貳之心。以達於外。若是而萬惡至者。惡災也。皆天也。天數。而非人也。非我致之。不足以滑成。不足以損我之成德。不可內於靈臺。不可因而擾吾之方寸。靈臺者有持而不知其所。心有定主。主無定在。持而不可持者也。有意於持。反害吾心。以不持持之斯得矣。○以上言誠身無咎。善養其未發之中也。不見其誠已而發。若未誠其身而妄發於外。每發而不當。則每發皆不當理。業入而不舍。雖明知不當。然業已入於其中。未能決然舍去。每更爲失。每欲自飾其過。而更形差謬。爲不善乎顯明之中者。人得而誅之。爲不善乎幽閒之中者。鬼得而誅之。其失如此。是所爲皆不善也。抑知人誅鬼誅。幽明之中。固有不可倖逃者乎。明乎人明乎鬼者。然後能獨行。人知幽明之可畏。則能愼獨矣。能愼獨故能獨行也。券內者行乎無名。券。契也。契合乎內者。尙實斂華。求在已也。券外者志乎期費。契合乎外者。貪多務得。求在外也。行乎無名者。唯庸有光。庸常而發輝光。志乎期費者。唯賈人也。如商賈之貿貨。人見其跂。跂高氣揚。猶之魁然。魁。大也。猶之麗然一物耳。與物窮者。物入焉。窮。約也。言券內者與物約於取求。則物亦樂爲親附。而歸其運量中矣。與物且者。其身之不能容。焉能容人。且。苟且也。言券外者苟且待物。惟利是求。將到處瑕疵。一身且不自容。況他人乎。不能容人者無親。無親者盡人。人理已絕。所謂心死也。兵莫憯於志。憯。傷也。鏌鋣爲下。寇莫大於陰陽。無所逃於天地之間。非陰陽賊之。心則使之也。

天人之際。相感甚微。夫天能厄人之身。天不能厄人之心。心死而身亦次之。皆人心之自賊耳。非獨厄於天也。萬物芸芸。同歸於盡。負陰抱陽。人以是生。亦以是死矣。果能勘破此關。而思以道力自勝。

非其心之必誠必敬。陰騭格天。又烏足與氣數爭權哉。

道通其分也。分則有畛域。道無畛域。故通乎其所分也。其成也毀也。即如曰成曰毀。本屬分途。而以道觀之則通爲一。惟其通。故無礙於分也。所惡乎分者。其分也以備。但據分之一面。自謂全備。不復由分而求其合也。所以惡乎備者。其有以備。其心全着於有。故據分之一面爲全備。不復由有而溯其無也。故出而不反見其鬼。夫分出於合。有出於無。但知於分者有者求之。是既出而不復反也。心神外馳。死期近矣。出而得是謂得死。以外馳爲有得。何得乎。但得死。死耳。哂之也。滅而有實。眞神已滅。而但有形骸。鬼之一也。與鬼何異。○以上深言不悟眞空。迷於色相之害。以有形者象無形者而定矣。惟能觀有知無。返諸成象成形之始。斯見道眞而紛擾絕矣。出無本。入無竅。本。根也。竅。孔也。○以下直揭道體。皆從無形之義推闡而出。有實而無乎處。實有此理。卻無方所之可求。有長而無乎本剽。標生生不已。卻不見其何始何終。本剽。猶終始意也。有所出而無竅者有實九字衍文。有實而無乎處者宇也。上下四方曰宇。有實而無處者道無定所。上下四方皆是也。有長而無本剽者宙也。古往今來曰宙。有長而無本剽者。道之往來千萬年常如是也。有乎生。有乎死。有乎出。有乎入。生死出入。皆有所自。入出而無見其形。入出者。入於所出之地也。是謂天門。眾妙之門。天門者。無有也。萬物出乎無有。有不能以有為有。有不能生。必出乎無有。必生於無。而無有一無有。聖人藏乎是。非所謂無有者亦無之。即齊物論中所云。未始有無也者。聖人藏神於是。則與道合眞。元之又元。純乎先天矣。道非形相。形相皆後起也。迷而不返。近死之心。不可復陽矣。至人脩然塵外。遊心於虛。即色即空。故不生不滅耳。嗟乎。重濁者墜。輕清者昇。鬼窟天門。惟人自取。昇墜之幾。可不愼哉。

古之人其知有所至矣。惡乎至。有以爲未始有物者。至矣盡矣。弗可以加矣。其次以爲有物矣。將以生爲喪也。弱喪。以死爲反也。反歸。是以分已。此已分生死者。其次曰始無有。既而有生。生俄而死。以無有爲首。以生爲體。以死爲尻。孰知有無死生之一守者。吾與之爲友。此貫穿生死者。是三者雖異。公族也。昭景也。謂猶公族中之有昭景也。夫昭屈景爲楚之公族三姓。今但稱昭景。略言之耳。著戴也。戴。任也。謂以任職之能而顯也。甲氏也。氏。姓也。凡首出羣類曰甲。謂以賜姓之榮而首稱也。著封也。封。封邑。謂以受邑之寵而顯也。非一也。枝派分流。故非一也。合其所分則一矣。〇以上言道有同歸。三說雖殊。其旨則一。蓋枝流不妨歧出而本源則必不可移也。有生黬也。闇有生皆出於闇穆，如釜底一抹是黑，有何彼此分別。披然曰移是。忽爾披然分散，人各曰造化移而在此矣，此立我之異見也。嘗言移是。試言其理。非所言也。本不足言。雖然，不可知者也。烏知不可一言乎。臘者之有膍胲，皮該臘，冬至後三戌大祭名。膍，牛肚也。胲，足大指毛肉也。可散而不可散也。散，棄也。膍胲乃牛身之微物，而臘祭時畢陳之，可散而不可散，蓋言微末之不棄也。觀室者周於寢廟，又適其偃焉。偃，屏厕也，非室之正者，而觀室者必適焉，不必適而亦適，蓋言周覽之無遺也。欲言移是，先設此喻，蓋以物雖微而不棄，室非正而不遺，可見理之不足言者，或可言矣。爲是舉移是。爲有此等道理，故我亦不遽廢此移是之說，舉者不廢也。請嘗言移是。舉之故試言之。是以生爲本，以已之生據爲根本。以知爲師，以已之知寺爲師資。因以乘是非。因此此相乘而日起是非。果有名實，如催有名實之可爭。因以己爲質。凡事以己身爲主。使人以爲己節。使人皆各執此見。以爲行己之度。因以死償節。不死不休。若然者。以用爲知。以不用爲愚。以徹爲名。徹。通也。以窮爲辱。皆生於有己見也。移是今之人也。古人渾同不如此。是蜩與鷽鳩同於同也。其卑見與微蟲小鳥何異。蜩與鷽鳩同。而人又與之同。故曰同於同也。

大道一而已矣。雖異派而同源。今人別戶分門。其意只是規規爲己。此等情識。自至人觀之。猶蟲鳥也。夫以萬物之靈。而僅下同於至微至蠢之一物。其亦思不物於物。古固別有與化爲人者乎。

蹍(碾)市人之足。蹍。踏也。則辭以放鷔(傲)。辭謝以放肆自引罪。兄則以嫗(語)。若兄蹍弟足。則不必辭謝引罪。但煦嫗之而已。大親則已矣。若父母踏子之足。則并不須煦嫗。可見情益親者。益無文也。故曰至禮有不人。視人卽己。至義不物。待物無別。至知不謀。至仁無親。至信辟金。避不須以金為質。辟，屏也。○此皆言有心為之者之非至也。徹志之勃。徹，去也。勃，動也。解心之謬。謬，通繆，纏也。去德之累。達道之塞。貴富顯嚴。顯耀。威嚴。名利。六者勃志也。容動。容貌。動作。色理。顏色。文理。氣意。容氣。私意。六者謬心也。惡欲喜怒哀樂。六者累德也。去就取與知能。六者塞道也。此四六者不盪胸中則正。正則靜。靜則明。明則虛。虛則無為而無不為也。此詳言人道之功效也。道者德之欽也。道法自然，天德之所貴也，故曰德之欽。生者德之光也。道實生人。人知覺皆天德之所照著，故曰德之光。性者生之質也。性即理也。有生即有常然之理，故為生之本質。性之動謂之為。性由靜而之動，動則事功見焉，故曰為。為之偽謂之失。為之漸離於性，則入於偽故曰失。○此言由靜而動漸失其眞也。知者接也知者謨也。外交於物曰接。內慮於心曰謨。二者相生相應。此情欲之知也。知者之所不知猶睨也。如睨者不必睢視於物。已無不見。此德性之知也。○知在為先。故特於此補出。動以不得已之謂德。此性之動。非妄動也。不得已而後動。動罔不吉矣。非即德之謂乎。動無非我之謂治。且此率性之動。雖動亦靜。物來順應。罔非眞我之自然。性功之密。事功亦成。非即治之謂乎。名相反而實相順也。德在內而治在外。名雖不同。實則相合也。○此言雖動猶靜。不離其眞也。

道者無而有。有而無者也。故凡有心作為。便非極詣。惟即此有為之心。損之又損。以至於無。無為而無不為。乃能無動非性。無性非眞。積眞成德。積德成治。不為而為。為而不為。斯有無兩遣。而聖人之能事盡矣。

羿工乎中微。而拙乎使人無己譽。工於邀譽。即所謂工於人也。聖人工乎天而拙乎人。通天道。謝人巧。夫工乎天而俍乎人者。俍通良。謝人巧。正是適人處。唯全人能之。唯蟲能蟲。唯蟲能天。自安於蟲。卽自率其天也。全人惡天。惡人之天。惡何也。惡在爲天。惡任爲由人之天。謂皆不知而任之也。而況吾天乎人乎。況於天人之間。自致其區別乎。全人必不爾也。惟純乎天。故能相忘於天也。一雀適羿。羿必得之。卽所謂工乎中微也。威也。人力也。非天也。以天下爲之籠。則雀無所逃。然以人力取雀。雖得無多。計必張大其力。以天下爲籠。庶幾雀無所逃。而皆爲我得矣。是故湯以庖人籠伊尹。秦穆公以五羊之皮籠百里奚。觀湯與秦穆以庖氏之職進尹。以五羊之皮贖奚。拔自媵臣。授以大政。可謂善於籠者矣。然亦因伊與百里本有志於王霸之業。故得投其所好以爲籠耳。人也。非天也。是故非以其所好籠之而可得者。無有也。若能全其天而一無所好。安可得而籠之邪。介者拸（恥）畫。介謂一足。拸，去也。畫，飾也。拸畫者，形質已殘。無心飾容也。外非譽也。非，猶毀也。謂其去飾之心，近於外毀譽也。胥靡登高而不懼，胥靡，賤囚，已罹於罪。故不復動心也。遺死生也。謂此不懼之心，近於遺死生也。○果能外之遺之，夫孰得而籠之。夫復謵（習）不餽而忘人。復，反復。謵，服習也。夫不受牢籠，超然物外，其反復所服習者，純乎天道之自然，絕無人事贈投之故，是眞太上之忘情矣。忘人因以爲天人矣。人貌而天。故敬之而不喜，侮之而不怒者，有人之形，無人之情，惟同乎天和者爲然。得天之和，相忘於順逆也。出怒不怒，則怒出於不怒矣。卽或發而爲怒，而怒以無心，雖怒不怒，蓋其所謂怒者，本自不怒而出也。出爲無爲，則爲出於無爲矣。抑或發之於爲，而爲以無心，雖爲無爲，蓋其所謂爲者，本自無爲而出也。欲靜則平氣，息無不調，動而亦靜。欲神則順心，中無所忤。存者自神。有爲也欲當。則緣於不得已。行乎其所不得不行。不得已之類。聖人之道。

相忘於天。體道之妙也。不見可欲。世鳥得而籠之。譬之魚忘乎水而安於水。招以涸轍。魚豈至哉。曰全人。曰聖人。皆人而天者也。不開人之天而開天之天。其斯爲妙道之行歟。

徐無鬼

徐無鬼因女商見魏武侯。武侯勞之曰。先生病矣。苦於山林之勞。故乃肯見於寡人。徐無鬼曰。我則勞於君。君有何勞於我。君將盈耆欲。長好惡。則性命之情病矣。君將黜耆欲。掔牽好惡。掔引去也。則耳目病矣。我將勞君。君有何勞於我。言嗜欲好惡。習與性成。縱之不可。戒之不能。內外交困。所以可勞。武侯超然不對。超然遐想之貌。不對則必自思所以免此者矣。少焉。徐無鬼曰。嘗語君吾相狗也。下之質執飽而止。是狸德也。謂搏執求飽。得飽則止。是猶狸狌捕鼠。無大志也。中之質若視日。凝然上視。上之質若亡其一。若有遺亡。心目交注。凝神而神不外散。斯爲極致。吾相狗。又不若吾相馬也。吾相馬。直者中繩。曲者中鉤。方者中矩。圓者中規。言其動合槼度也是國馬也。而未若天下馬也。天下馬有成材。成材生而如此也若卹若失。若喪其一。卹有憂也失失路也喪其一即亡其一之意若是者超軼絕塵。不知其所。武侯大說而笑。狗馬之喻純是凝神之旨凝神之至氣得其養抱一守中性命之情以固收視返聽耳目之用不疲因病立方內外皆愈此武侯所以聞而大快也徐無鬼出。女商曰。先生獨何以說吾君乎。吾所以說吾君者。橫說之則以詩書禮樂。從說之則以金板六弢。六弢即六韜太公之兵法也此書寶爲秘籍故曰金板猶曰金匱石室之書意也奉事而大有功者。文可經邦武可定亂不可爲數。而吾君未嘗啓齒。今先生何以說吾君。使吾君說若此乎。徐無鬼曰。吾直告之吾相狗馬耳。女商曰。若是乎。曰。子不聞夫越之流人乎。去國數日。見其所知而喜。去國旬月。見所嘗見於國中者喜。及期年也。見似人者而喜矣。似人似其國中人也。不亦去人滋久。思人滋深乎。夫逃虛空者。藜藋柱乎鼪鼬之逕。藜藋二草名。柱塞也。鼪鼬鼠狼也。逕徑也。踉位其空。逃者乃踉蹌而位處乎其空地。聞人足音跫然而喜矣。跫然行步聲。而況乎昆弟親戚之謦欬其側者乎。謦欬喉中聲也。久矣夫莫以眞人之言謦欬吾君之側乎。性眞人所固有。但爲物累迷喪耳。得眞言以覺之。不啻故舊重逢矣。暌隔既久。故相見益歡也。

人至眞性蕩失。形神俱困。得眞言爲之接引。正如異鄉淪落。忽覩親知。快意相遭。喜生望外。讀此可

見書生迂論策士浮談固人主所厭聞亦皆至人所不取

徐無鬼見武侯武侯曰先生居山林食芧栗厭蔥韭以賓寡人久矣夫賓通擯棄也今老邪其欲干酒肉之味邪其寡人亦有社稷之福邪徐無鬼曰無鬼生於貧賤未嘗敢飲食君之酒肉將來勞君也君曰何哉奚勞寡人曰勞君之神與形武侯曰何謂邪徐無鬼曰天地之養也一登高不可以爲長居下不可以爲短

言天地生人所以養吾形神者分量各足不齊而齊長短如一並不因所處之高下而易也

君獨爲萬乘之主以苦一國之民以養耳目鼻口夫神者不自許也形雖得養心神當有不自得處夫神者好和而惡姦也姦亂也

夫姦病也故勞之唯君所病之何也言君何故獨病其神也武侯曰欲見先生久矣吾欲愛民而爲義偃兵其可乎愛民爲仁偃兵爲義徐無鬼曰不可愛民害民之始也爲義偃兵造兵之本也君自此爲之則殆不成無所害何必言愛無所造何必言偃有心爲之事殆不成凡成美惡器也天下皆知美之爲美斯惡矣君雖爲仁義幾且僞哉謂有心而流於僞也形固造形僞則仁義之形形皆由造作而成非形之自然也成固有伐此形一成且不免矜伐之心變固外戰既有矜心則已益傲人益不服一變而爲外戰矣甚矣爲出有心揖讓即兵機也君亦必無盛鶴列於麗譙之間鶴列陣名麗譙門樓喻近處也無徒驥於錙壇之宮徒步兵驥騎兵錙壇祭壇喻密處此蓋喻言勿動心兵也無藏逆於得無藏億逆之心於貪

得。無以巧勝人。無以謀勝人。無以戰勝人。夫殺人之士民。兼人之土地。以養吾私與吾神者。其戰不知孰善。勝之惡乎在。心兵之戰。適傷其心。何者爲善。又何在爲勝乎。君若勿已矣。言爲君計。亦勿爲此等戰傷之事則已矣。修胸中之誠。以應天地之情而勿攖。夫民死已脫矣。君將惡乎用夫偃兵哉。存誠順應則民已脫於死死亡矣。果能不動心兵。又何待偃兵哉。

兵莫憯於志。須於方寸之地。斬去根株。人欲不萌。天和自至。養身養民。莫先於此。

黃帝將見大隗乎具茨之山。大隗。寓名。喻大道之隗然空寂也。具茨。山名。具備也。茨。聚也。特舉此山。亦隱喻道妙備聚於是也。方明爲御。在左爲御。昌寓驂乘。在右爲驂。張若謵朋前馬。馬前爲導。昆閽滑稽後車。車後爲從。○六人皆寓名。然命名卽以見義。約略擬之。曰方明者。方求道於昭昭。未能守其黑也。曰昌寓者。昌。大也。寓。居也。盛大宅中。未能損之又損也。曰張若者。意涉矜張。未能虛其心也。曰謵朋者。其人猶習於言。未能塞其兌也。曰昆閽者。昆。後也。閽。昏也。表光曲飾。未能以昏悶者光之也。曰滑稽者。跡近俳諧。未能宅心於虛寂也。舉六人以爲黃帝輔。蓋喻六識未泯。猶以知見能解爲聖也。至於襄城之野。七聖皆迷。無所問塗。襄城亦寓名。襄。除也。詩玁狁于襄是也。除去城府之野。卽所謂廣漠之野也。七聖遊方之內者。故至此皆迷也。適遇牧馬童子。襄城之野。固童子心地也。問塗焉。曰若知具茨之山乎。曰然。若知大隗之所存乎。曰然。眞境眞人。惟童子能知之也。黃帝曰。異哉小童。非徒知具茨之山。又知大隗之所存。請問爲天下。小童曰。夫爲天下者。亦若此而已矣。若此者。目前之境。卽襄城之野也。相忘於廣漠。而天下自治矣。又奚事焉。予少而自遊於六合之內。予適有瞀病。瞀。目眩也。遊於方內。斯有瞀病矣。○童子又自言少時。喻人生自赤子而稍長。便涉於方內也。有長者教予曰。若乘日之車。而遊於襄城之野。乘日之車。與日俱進也。道日進而復遊心於無城府之野。所以治瞀病者工矣。今予病少痊。予又且復遊於六合之外。夫為天下亦若此而已。予又奚事焉。黃帝曰。夫為天下者。則誠非吾子之事。雖然。請問為天下。小童辭。黃帝又問。小童曰。夫為天下者。亦奚以異乎牧馬者哉。亦去其害馬者而已矣。止是除害於馬。非有加也。可見仍是無所事事之旨。黃帝再拜稽首。稱天師而退。更不必求見大隗矣。蓋童子大隗。而二。二而一者也。

大道集虛。六識未除。終迷於往。惟能離形去知。童蒙卽聖功矣。天門宏開。日輪遙馭。將所謂具茨山者。不行自至。尙何事問途邪。

知士無思慮之變則不樂。辯士無談說之序則不樂。察士無淩誶之事則不樂。淩誶。淩鑠誚誶也。皆囿於物者也。

招世之士興朝。招世。招搖於世以自見者。興朝。志在奮興朝事也。中民之士榮官。中人以官爵爲榮。筋力之士矜難。多力故以禦難自矜。勇敢之士奮患。負氣故遇患則奮。兵革之士樂戰。久於行陣。樂試所習。枯槁之士宿名。宿如信宿之宿。宿名。欲名居於此而不去也。法律之士廣治。欲展治法。禮教之士敬容。修飾禮貌。仁義之士貴際。際猶遇也。仁義之士。於有關出處處尤爲不苟。○以上十二種人皆士類。

農夫無草萊之事則不比。商賈無

市井之事則不比 非其業之所在則意氣有所不注故不相親比也 庶人有旦暮之業則勸 百工有器械之巧則壯 得所藉則精神鼓舞○合上十二等人計之士農商庶工皆備而人類盡矣 錢財不積則貪者憂 權勢不尤則夸者悲 貪夸以性情言出衆曰尤 勢物之徒樂變 遭時有所用不能無爲也 勢物即勢利也勢物之徒即所謂貪夸者也樂於更變私冀逢時故能動而不能靜也 此皆順比於歲 不物於易者也 言此皆順比歲時之序以期發榮滋長於其間碌碌因時囿於形器不能神其物而自居於變易不測之地者也 馳其形性 潛之萬物 之往也 終身不反 悲夫 馳神逐物不死不休顚倒衆生良堪憫惻萬物各溺於所向情狀不同而同歸於盡其形化其心與之然可不謂大哀乎

莊子曰。射者非前期而中。謂之善射。天下皆羿也可乎。不期而中。倖中也。便以爲善射。而皆目之爲羿可乎。惠子曰可。莊子曰。天下非有公是也。而各是其所是。天下皆堯也可乎。惠子曰可。惠子亦自是者。故以爲可。莊子曰。然則儒墨楊秉四。楊。楊朱。秉。公孫龍字也。與夫子爲五。果孰是邪。或者若魯遽者邪。魯遽。周初人。亦自是者也。其弟子曰。我得夫子之道矣。吾能冬爨鼎而夏造冰矣。極寒之時。能不以火而爨鼎。極暑之時。能使水凍而成冰。魯遽曰。是直以陽召陽。以陰召陰。非吾所謂道也。二氣不難相召也。遽以弟子所能爲非道。吾示子乎吾道。於是爲之調瑟。廢一於堂。廢一於室。鼓宮宮動。鼓角角動。音律同矣。弟子言氣之相召者。遽示以音之相動者。廢，置也。置一瑟於堂，置一瑟於室，相去異地，鼓之而宮角相應，律無弗同，此魯遽所自謂是道者也。○舉宮角以該五音。夫或改調一弦，於五音無當也，鼓之二十五弦皆動，未始異於聲，而音之君已。此莊子駁魯遽之道，未足為異也。言無論二瑟五音相應，姑就一瑟言之，當其本調既成，五音各有定弦，今或改調一弦，而為變調，則於本調之五音，移動而無當也，宜不相應矣，乃鼓之而二十五弦亦隨之而變，無不相應，此豈於五音之外有異聲哉，蓋五音可旋相為宮，今所改一弦，便為變調之宮，如君主然，則餘弦自隨之而動也。一瑟之間，又是變調，無不相應如此，則二瑟五音之正，其相應尤理之常然，何足異乎，今遽以此傲其徒，自謂精微，不知五音之相動，與二氣之相召，實無以異也。特在人則見以為非，在己則見以為是耳。且若是者邪。惠子與四人各是所是，而究無公是，則乃如魯遽邪。惠子曰，今夫儒墨楊秉，且方與我以辯，相拂以辭，拂，逆也。以語言相抗對。相鎮以聲。鎮壓也以聲相壓服。名而未始吾非也則奚若矣。言四家皆以我爲是則何如矣○蓋謂人皆是我可見非我之自是未可以魯遽比也。莊子曰齊人蹢直子於宋者。蹢通躑蹢躅不行足之殘也。其命閽也不以完。其求鈃刑鐘也以束縛。鈃鐘長頸小鐘也古者以刖守門欲其子之爲閽故於足之殘者不復冀其完至求鈃鐘則必束縛之又惟恐其缺何其愛子不如愛物也○此喻惠子輕其天屬而不知保惟加意於詞辯也鐘有叩則鳴故以爲詞辯之喻。其求唐子也。唐子流亡之子以其荒唐無着故謂之唐子也。而未始出域有遺類矣。子已亡失求之而不出境亦終於遺失而已是亦不知愛子者故連類及之○此喻惠子不知別求眞道惟於四子之中求以詞辯相勝終無以償其失也。夫楚人寄而蹢閽者。夜半於無人之時而與舟人鬭。未始離於岑。離麗也岑岸也。而足以造於怨也。又即蹢閽曲設一喻言楚有病足爲闇之人附寄於舟以求歸者忘舟人載之之德乃敢於無人時與之鬬殊不知此時尚未曾着岸正少舟人不得而乃與之鬬則徒足造怨而已究何益乎○此喻惠子學不足以自濟正屬卬須我友之時乃彼岸未登爭端已起不以爲恩適造於怨情何癀也蓋漆園每欲引惠子於大道奈其堅白自鳴迷而不返故特設斯喻冀以生其悟也

惠子優於才而未聞道者也漆園反覆指陳冀其覺悟情詞悱惻可謂婉而多風者矣

莊子送葬過惠子之墓顧謂從者曰郢人堊惡漫其鼻端若蠅翼郢楚都堊白泥漫塗也使匠石斲之石匠人名匠石運斤成風也捷聽而斲之若不經意盡堊而鼻不傷郢人立不失容宋元君聞之召匠石曰嘗試爲寡人爲之匠石曰臣則嘗能斲之雖然臣之質死久矣質者施技之地也郢人是也

自夫子之死也吾無以爲質矣吾無與言之矣〔道器不可逢不得已而求諸才士已屬降格至并此而不存火傳絕矣此過惠墓者所以低徊不置也若第謂牙琴輟響感念知音猶未識漆園心事〕

管仲有病桓公問之曰仲父之病病矣〔言病甚也〕可不謂云〔猶言設有不諱〕至於大病則寡人惡乎屬國而可管仲曰公誰欲與公曰鮑叔牙曰不可其爲人絜廉善士也其於不已若者不比之〔不比數之〕又一聞人之過終身不忘使之治國上且鉤乎君〔鉤亦逆意〕下且逆乎民其得罪於君也將弗久矣公曰然則孰可對曰勿已則隰朋可其爲人也上忘而下畔〔上忘者善事上而若與之相忘也下畔者不擾下而

使之自爲界畔也。正與鈎君逆民者相反。愧不若黃帝而哀不已若者。以德分人謂之聖。以財分人謂之賢。以賢臨人。未有得人者也。以賢下人。未有不得人者也。其於國有不聞也。其於家有不見也。不事察察。勿已則隱朋可。於國有不見。於家有不聞。會得此旨。粗之可以輔世。精之郵所以修身。

吳王浮於江。登乎狙之山。多狙之山。衆狙見之。恂然棄而走。恂然怖貌。逃於深蓁。蓁棘叢也。有一狙焉。委蛇攫搔。攀援自得之貌。見巧乎王。王射之。敏給搏捷矢。才敏足以應給。故能接捷矢。搏接也。王命相者趨射之。相者左右之人。狙執死。見執而死。王顧謂其友顏不疑曰。之狙也伐其巧。恃其便以敖予。以至此殛也。

戒之哉。嗟乎。無以女色驕人哉。顏不疑歸而師董梧以鋤其色。去樂辭顯。三年而國人稱之。樂者驕氣之根。顯者亢德之賊。去之辭之。此三年中工夫。正非易易。見巧速禍。其人皆狙類也。若顏不疑者。可謂勇於不敢則活矣。

南伯子綦。即齊物論篇南郭子綦也。隱几而坐。仰天而噓。顏成子入見曰。即顏成子游。夫子物之尤也。言其出類拔萃。形固可使若槁骸。心固可使若死灰乎。曰吾嘗居山穴之中矣。當是時也。田禾一覩我。田禾。齊君也。而齊國之眾三賀之。以得見子綦為榮。我必先之。彼故知之。我必賣之。彼故鬻之。鬻。買也。若我而不有之。彼惡得而知之。若我而不賣之。彼惡得而鬻之。嗟乎。我悲人之自喪者。見人逐外喪眞。從而悲之。是悲人也。吾又悲夫悲人者。見人悲人。又從而悲之。是悲人之悲也。吾又悲夫悲人之悲者。輾轉相生。悲曷能已。以人類大同。均不免於自喪也。其後而日遠矣。惟恐已亦同其可悲。則所以爲已者自與人異。日遠一日。所以有此槁骸死灰之象也。

人情迷於幻妄。雖殫竭心力。而無得於已。且適以喪其眞。廣成子云。無勞汝形。無搖汝精。乃可以長生。若子綦者庶幾近之。

仲尼之楚。楚王觴之。孫叔敖執爵而立。市南宜僚受酒而祭。曰。古之人乎。於此言已。謂於此讌會之際。以言相勸勉也。此楚王乞言之詞。言稱古人。意在孔子。曰。丘也聞不言之言矣。未之嘗言。於此乎言之。市南宜僚弄丸而兩家之難解。不與子西白公勝之難。孫叔敖甘寢秉羽。而郢人投兵。甘寢安寢也。羽者文舞之所執。秉猶執也。投兵息兵也。言此二人解難卻兵。皆不在言也。上願有喙三尺。喙鳥嘴也。凡鳥喙長則不能鳴。○問答止此。以下則莊子發明也。彼之謂不道之道。彼謂楚王。道導也。謂導之使言也。此之謂不言之辯。此謂孔子。故德總乎道之所一。總歸根之意。道之所一。先天之樸。有一而未形也。而失道而後德。由後天而返先天。故仍歸根於此。言休乎知之所不知至矣。知之所不知。則無可言矣。故休乎此。此無可言處。即理之至精至微者也。道之所一者。德不能同也。非見德者所能同。知之所不能知者。辯不能舉也。非善辯者所能舉。名若儒墨而凶矣。以名相標。凶德也。故海不辭東流。大之至也。聖人并包天地。澤及天下。而不知其誰氏。是故生無爵。無爵而自貴也。死無謚。無謚而自傳也。實不聚。名不立。實與名二者皆非其所居，故不聚不立。此之謂大人。狗不以善吠爲良。人不以善言爲賢。而況爲大乎。賢尚不許，況大之名。夫爲大不足以爲大。有心爲大，大者且不可爲。而況爲德乎。夫大備矣。莫若天地。然奚求焉而大備矣。天地大備，非求之也。知大備者。無求。無失。無棄。澹然無求，則無所謂得，何有於失。無所謂取，何有於棄。不以物易己也。惟全其己者而已。反己而不窮。理無窮盡。循古而不摩。不事揣摩。大人之誠。不爲而自得，故曰誠。

道蘊於一，不在語言文字之末，何有儒墨是非之名。惟辯以不辯，爲以無爲，斯道之渾然自然者見矣。渾然者何，大是也。自然者何，誠是也。

子綦有八子。陳諸前。子綦，即南伯子綦。召九方歅。因。歅，即九方皋，善相馬者。

曰爲我相吾子孰爲祥九方歅曰梱也爲祥子綦瞿然喜曰奚若曰梱也將與國君同食以終其身同食者同肉食也子綦索然出涕曰吾子何爲以至於是極也九方歅曰夫與國君同食澤及三族而況於父母乎今夫子聞之而泣是禦福也子則祥矣父則不祥子綦曰歅汝何足以識之而梱祥邪盡於酒肉入於鼻口矣而何足以知其所自來言汝之祥梱者盡於酒肉之間夫酒肉固入於鼻口矣若所以致此者必有故汝不知也吾未嘗爲牧而牂生於奧牂牝羊室西南隅奧曰未嘗好田而鶉生於宎大鶉鴳鶉室東南隅爲宎若勿怪何邪言汝不以爲怪何反以爲祥邪吾所與吾子遊者遊於天地吾與

之邀樂於天。順天自適。吾與之邀食於地。隨地自養。吾不與之爲事。不與之爲謀。不與之爲怪。吾與之乘天地之誠。而不以物與之相攖。吾與之一委蛇。而不與之爲事所宜。皆言其無心而純任自然也。今也然有世俗之償焉。今乃不期然而然得此飲食之報。是不牧而牂生不田而鶉生矣。是可怪也。凡有怪徵者必有怪行。殆乎。徵於前必驗於後。怪行猶怪事也。殆危也。非我與吾子之罪。幾天與之也。非自取。吾是以泣也。無幾何而使梱之於燕。盜得之於道。怪徵之驗。全而鬻之則難。不若刖之則易。於是乎刖而鬻之於齊。適當渠公之街。然身食肉而終。渠公齊富室爲街正者。買梱以自代。故梱得肉食終身。

常人之所謂祥。皆至人之所謂怪也。然則求合乎至人。當以見怪於常人爲大祥。

齧缺遇許由曰。子將奚之。曰將逃堯。曰奚謂邪。曰夫堯畜畜然仁。畜畜。有物之意。吾恐其爲天下笑。後世其人與人相食與。夫民不難聚也。愛之則親。利之則至。譽之則勸。致其所惡則散。愛利出乎仁義。凡愛人利人之名。皆由仁義而出。捐仁義者寡。利仁義者衆。天下之捐仁義而與之相忘者少。利仁義而藉之以行私者衆。夫仁義之行。唯且無誠。且假夫禽貪者器。從禽而貪得無厭。假之以弋取之器。欲有以濟其貪矣。以踰仁義之用本非至誠。以之治民。適以資其要結之具。貽害將無窮也。是以一人之斷制利天下。譬之猶一覘也。覘。通瞥。暫過目也。斷制出於一人。所見有限。猶目之一瞥。豈能盡協物情。言必無以利天下也。夫堯知賢人之利天下也。而不知其賊天下也。夫唯外乎賢者知之矣。不自賢者。始知有心之賊天下。天下事無利則無害。見以爲利。害已乘之矣。治術如此。道術可知。

有暖姝者。温柔妖媚。有濡需者。因循偷安。有卷婁者。拘攣痀瘁。所謂暖姝者。學一先生之言。則暖暖姝姝而私自說也。自以爲足矣。而未知未始有物也。不知其孤陋。是以謂暖姝者也。濡需者豕蝨是也。豕蝨。齧豕蟲也。擇疏鬣自以爲廣宮大囿。疏鬣。疏長之毛。奎蹏曲隈。乳閒股腳。兩股之閒曰奎。曲隈。曲屈之處。自以爲安室利處。不知屠者之一旦鼓臂布草操煙火。殺之而燎其毛。而已與豕俱焦也。此以域進。此以域退。進退爲境所闇。此其所謂濡需者也。卷婁者舜也。羊肉不慕蟻。蟻慕羊肉。羊肉羶也。舜有羶行。百姓悅之。故三徙成都。至鄧之虛。鄧邑名。虛通墟。而十有萬家。堯聞舜之賢。舉之童土之地。曰冀得其來之澤。冀人來歸舜。則瘠土成沃。舜舉乎童土之地。年齒長矣。聰明衰矣。而不得休歸。自取勤苦。所謂卷婁者也。是以神人惡眾至。言非好而致也。眾至則不比。不比則不利也。此和也。眾聚則不和。不和而求其和。殫精勞形。故不利也。故無所甚親。無所甚疏。抱德煬和。煬融和也。以順天下。此謂眞人。一稱。於蟻棄知。蟻猶有知知也。於魚得計。魚則相忘矣。於羊棄意。羊猶有意意也。以目視目。無所視。以耳聽耳。無所聽。以心復心。無用心。若然者其平也。繩因物而無所私曲。其變也循。順物而無所作爲。古之眞人。再稱。以天待之。不以人入天。純任自然而不雜以勉强。古之眞人。三稱。贊古以勗今也。〇三稱眞人以贊作收。恰與篇首三峯遙遙相映。章法既符。古韻亦合。明眼人當自辨之。

聖知適以傷生。與寡聞淺見之徒無以異也。夫以心復心。乃全其神。神全而氣自充。所謂長於上古而不爲老者。其眞人之謂乎。

得之也生。失之也死。此言對症之藥。得之也死。失之也生。此言不對症之藥。藥也。皆謂之藥。其實堇也。謹烏頭。桔梗也。雞癰也。芡實。家零也。豬苓。是時爲帝者也。其實用各異。何可勝言。藥有君臣佐使。各因症候以一味爲君。其詳不可枚舉也。〇藥爲眞道所需。故即以藥設喻。示未可偏主一說也。句踐也。越王以甲楯三千。棲於會稽。楯，干也。會稽，山名。唯種也。種，越大夫。輔越滅吳。後為句踐所誅。能知亡之所以存。唯種也。不知其身之所以愁。能保國而不能保身。故曰鴟目有所適。能夜而不能晝。鶴脛有所節。節，骨節也。能長而不能短。解之也悲。解，斷也。○三者皆偏於一。其所以偏於一者。以本源淺薄。宜於此者不宜於彼。未能與時偕行也。故曰風之過河也有損焉。日之過河也有損焉。吹曬能令水耗。請只風與日相與守河。請，使也。只，是也。若使此風與日相與守河而不去。而河以為未始其攖也。河之為河者自若。蓋物雖損已。已終無所攖拂也。恃源而往者也。以有自然之源。恃之而往。故往無不宜。非偏於一者所可比也。故水之守土也審。審者，安定之意。影之守人也審。物之守物也審。物猶物物。將自壯之物。道家所謂藥物也。○道家鍊精鍊氣須純任自然活潑潑地乃能無損於外而常德不離試觀水土之自然相入形影之自然相依益見內藥外藥之自然相合蓋自然者無時不然故能安能安故能定也○以上層層闡發純用喻言至此乃揭明藥物之義下文更申言之

故目之於明也殆。耳之於聽也殆。心之於殉也殆。三者失其自然故殆也凡能其於府也殆。能在外者府在內者益於外必損於內也殆之成也不給改。不給猶不及也禍之長也茲萃。萃積也其反也緣功。緣有見功之心反以得禍其果也待久。堅心忍耐意盡希圖後效而不知久而益危而人以為己寶。不知其禍而轉以為寶不亦悲乎。故有亡國戮民無已。甚言其危殆也不知問是也。不知求道故也

故足之於地也踐。雖踐。恃其所不蹍。蹍猶踐也而後善博也。足之踐地無多必恃所不踐處有餘地然後便於行步而至博遠也人之於知也少。

雖少。恃其所不知。而後知天之所謂也。人之所知無幾亦必恃有不盡之知以養其知乃能知造化之自然而辨先天之眞藥物也知大一。一氣之初知大陰。至靜之象知大目。陰陽五行知大均。物一太極知大方。充滿兩間知大信。眞實無妄知大定。一念不起至矣。此言道之本然也大一通之。達其氣也大陰解之。釋其紛也大目視之。明其類也大均緣之。因其性也大方體之。全其量也大信稽之。考其有也大定持之。防其失也此言道之當然也盡有天。盡淨之中而有天倪循有照。循變之際而有覺照冥有樞。冥默之中而有樞要始有彼。太始之地而有彼端則其解之也。似不解之者。自然之悟其知之也。似不知之也。無心之知不知而後知之。其問之也。欲問此道不可以有崖。道無端也而不可以無崖。道又非無端也頡滑有實。謂低昂旋轉、不可係執、而確有實理也、古今不代。而不可以虧。古今不相替代、而又無少虧欠、則可不謂有大揚搉乎。揚、舉也、搉、引也、謂如此言道、可不謂大有闡發、舉而引之以陳其趣乎、闔不亦問是已。闔、曷也、奚惑然為。何不考問乎此、而坐守其惑為、以不惑解惑。復於不惑。是尚大不惑。道之所以貴明也、由明而誠、藥物得矣、

大道活身、在而無害、凡狃於一偏而有可有不可者。其源薄也。源者何、蓋即先天自然發見之處、順其自然。則定而不易、違其自然、則危而不安、世人認賊作子、日即危亡、昏然無知、良堪憫惻、然所謂問道以求知者、亦惟即知之所知、養其知之所不知。勿助勿忘。由定生覺、然後自然之天、一一默會於吾心。非有非無。於恍惚中親見其物。是問以解惑。惑解而知進矣。即知即行。大道於是乎得。

則陽

則陽游於楚。則陽，字彭陽。夷節言之於王。王未之見。夷節歸。彭陽見王果曰。夫子何不譚我於王。王果曰。我不若公閱休。彭陽曰。公閱休奚為者邪。曰冬則擉觸鼈於江。夏則休乎山樊。樊，陰也。有過而問者。曰此予宅也。以此為安居也。陸引公閱休，及詳其人，乃如此高尚，未免令求薦者爽然若失。夫夷節已不能。而況我乎。言夷節談汝於王，且不能取信，何況我乎。吾又不若夷節。不若者，不能似其為人也。夫夷節之為人也。無德而有知。不自許以之神其交。自無期許之骨，而委婉以妙乎交人之術。固顛冥乎富貴之地。顛冥，顛倒昏冥，貪而迷也。非相助以德。相助消也。言夷節固巧於干進貪戀富貴之人，

未能援人以德適足以自敗者敗人名行而已○直言夷節之品貪鄙如此未免令求薦者惡然汗下

夫凍者假衣於春暍者反冬乎冷風○暍中暑病也病寒則宜假衣於冬病熱則宜反風於夏今皆不以其時於病何益以喻不擇人而求薦雖薦亦不足動聽也夫楚王之爲人也形尊而嚴其於罪也無赦如虎○此言楚王暴厲可畏本不易動也非夫佞人正德其孰能撓焉○佞人善於逢迎正德使物自化或皆能不畏暴厲此外更無敢攖其鋒者也故聖人○即正德之人其窮也使家人忘其貧其達也使王公忘爵祿而化卑○化爲卑牧其於物也與之爲娛矣○與物偕適其於人也樂物之通而保己焉○適彼而不喪我故或不言而飲人以和與人並立而使人化父子之宜○使人於己不啻父子之相親甚言其飲人以和也彼其乎歸

居。彼謂公閱休。其音記。其乎。皆語詞。而一間其所施。忽接入公閱休有化人之德。而歸居江山。乃間其所施而不用。其於人心者若是其遠也。無其德者且欲輕犯暴厲。以貪富貴。有其德而甘自退閒。豈不與人心相去之遠乎。故曰待公閱休。非我所能。故待彼也。謂必若公閱休。始可化楚王之暴。而薦人於王前也。

道以知希為貴。無聖人之德。而欲出而問世。徒自辱耳。抱道若公閱休。庶使王公大人。降尊而聽已也。昔佛圖澄與諸石遊。而視若海鷗鳥。其卽得此道者邪。○此節透脫玲瓏。以文妙論。亦最上乘也。

聖人達綢繆。達。解脫之意。綢繆。事理糾纏之處。周盡一體矣。一。卽道也。一體。猶道體也。而不知其然性也。順其自然曰性。復命搖作。搖作。猶搖動也。靜極自動。而以天為師。人則從而命之也。聖人動靜皆依乎天。所謂不知其然也。而人則以為非聖人不能耳。憂乎知而所行恆無幾時其有止也。

若之何。世人用心憂知慮之少。而所行究竟無多。時命所限。莫可如何。豈若聖人自然之妙哉。生而美者人與之鑑。美不自見。待人告之。故曰人與之鑑。不告則不知其美於人也。若知之若不知之。若聞之若不聞之。其可喜也終無已。惟渾然相忘。故其美常在。人之好之亦無已。人亦常好之。性也。聖人之愛人也。人與之名。聖德不自知其然。人則從而命之也。不告則不知其愛人也。若知之若不知之。若聞之若不聞之。其愛人也終無已。亦惟渾然相忘。故其德常在。人之安之亦無已。性也。相安而能久。性之孚也。舊國舊都。望之暢然。以故鄉喻本性。雖使邱陵草木之緡。緡。物合也。入之者十九。十分遮却九分。猶之暢然。況見見聞聞者也。況見所得見。聞所得聞。親遇本性。其快又當何如。以喻與聖人居則見見聞聞無非性眞矣以十仞之臺縣衆閒者也且聖人者超然物表如懸高臺於衆際一望可知更無外物之蔽人有不樂而安之者乎聖凡同此性眞以凡人不能盡性故特美其名於聖人其實聖不自聖惟以循其自然者示萬物以歸根耳自然者何天也卽道也以是知人事之勉强皆非吾性中所固有也動以人人所固有斯由迷生覺親見本來矣有不暢然意得者乎

冉相氏上古帝號得其環中以隨成環中眞空之義虛而善應故隨在皆成其中也與物無終無始終始如一無幾無時幾先幾也無幾卽所謂不得其朕也無時不拘於一時也日與物化者外一不化者也內闔嘗舍之舍止也謂人胡不體此眞空而止於是也夫師天而不得師天與物皆殉純任自然者謂之天環中之妙全在無心若一有心名爲師天則不得師天究歸於逐物矣其以

爲事也若之何。言人之從事於此者當何如也故作問詞夫聖人未始有天。未始有人。未始有始。未始有物。未有天何論人未有始何論物超以象外恰在箇中與世偕行而不替。居處猶人而潛修不輟所行之備而不洫。洫消也從容肆應而精氣不消○從事於環中之道者如此其合之也若之何。言人之能合乎此者果奚若也又問湯得其司御門尹登恆。道之主調御者曰司御道之正出入者曰門尹道之致長久者曰登恆三者皆寓名也爲之傅之。因以師之也。從師而不囿。得三者而師其全道故不囿於一偏也得其隨成。爲之司其名。之名嬴法。司主也嬴剩也得其隨在皆成之中凡所名稱皆以此中爲之主蓋名者實之賓特法外之剩餘耳心得其兩見。仲尼之盡慮。爲之傅之。盡絕也兩者何名與法也名在外而法在心由表測裏斯兩見矣仲尼之何思何慮妙契眞空亦以得此心法。從而師之耳。○湯與仲尼能合乎環中之道者如此。容成氏曰。除日無歲。容成。黃帝之臣。其語止此。無內無外。此引古語以爲斷也。無日則歲於何成。無內則外於何附。可見環中之道。內必無心以握樞。故外能隨在以成化。若一落名相。則內先亡矣。外何能合道哉。太空太虛。太元太極。揭列聖之心傳。環中之義盡之矣。

魏瑩與田侯牟約。瑩。魏王。田侯牟。齊王也。田侯牟背之。魏瑩怒。將使人刺之。犀首聞而恥之。犀首。官名。公家之孫名衍者。爲此官也。曰。君爲萬乘之君也。而以匹夫從讐。衍請受甲二十萬。爲君攻之。虜其人民。係其牛馬。使其君內熱發於背。然後拔其國。使其君憂懼內熱。然後其國可拔。忌也出走。然後扶抶其背。折其脊。忌。田忌。齊將也。因其大將出走。乃得扶撻其背。折裂其脊。所謂增不去羽不亡也。

季子聞而恥之。曰：築十仞之城，城者既十仞矣，則又壞之，此胥靡之所苦也。胥靡，罪人之為役夫者也。今兵不起七年矣，此王之基也。衍，亂人，不可聽也。華子聞而醜之，曰：善言伐齊者，亂人也；善言勿伐者，亦亂人也；謂伐之與不伐亂人也者，又亂人也。總未免營心於事也。君曰：然則若何？曰：君求其道而已矣。道則與太虛同體，王業且不足言，況勝怨乎。惠子聞之而見戴晉人。惠子聞華子求道之言，故引戴晉人見之於王。戴晉人，梁國有道人也。戴晉人曰：有所謂蝸者，蝸牛。君知之乎？曰：然。應之也。有國於蝸之左角者曰觸氏，有國於蝸之右角者曰蠻氏。觸者，爭也；蠻者，蠢也；皆寓名也。時相與爭地而戰，伏尸數萬，逐北旬有五日而後反。地也。尸數也。旬日也。皆二氏自見其然。君曰意。通噫。其虛言與。曰臣請爲君實之。君以意在四方上下有窮乎。在察也。君曰無窮。曰知遊心於無窮。而反在通達之國。若存若亡乎。以遊心無窮者。而反視海內相通之境。眇然似有似無。君知之乎。君曰然。曰通達之中有魏。於魏中有梁。梁魏都。於梁中有王。王與蠻氏有辨乎。君曰無辨。客出而君惝然若有亡也。此時回想刺客。騁怨眞堪失笑。客出。惠子見。君曰客大人也。聖人不足以當之。惠子曰。夫吹管也。猶有嗃也。吹劍首者吷而已矣。管孔稍大。吹之猶有嗃然一聲。劍首之環孔甚小。吹之吷然氣過。無甚聲可聞也。堯舜人之所譽也。道堯舜於戴晉人之前。譬猶一吷也。其細曾不足聞。怒者火也。一念忿懥。百脈沸騰。雖以情理喻之。終輾轉而不可釋。戴晉人以片言解盛怒。是於火氣方升。而撲之以水也。世人爭利爭名。皆此熱中之火爲之。但能通盤一算。則索然意盡。炎炎者不覺冰冷矣。

孔子之楚。舍於蟻邱之漿。蟻邱。邱名。漿。賣漿之家。其鄰有夫妻臣妾登極者。極。屋棟也。升屋之極。蓋覆屋也。子路曰。是稯稯何爲者邪。稯。通總。禾聚束也。當是指其束草覆屋。因問此何如人也。仲尼曰。是聖人僕也。僕。猶徒也。是自埋於民。自藏於畔。田間。其聲銷。逃名。其志無窮。志大。其口雖言。其心未嘗言。忘言。方且與世違。而心不屑與之俱。遠俗。是陸沈者也。不須避人避世。而已成大隱。如無水而自沈也。是其市南宜僚邪。夫子素聞其人。子路請往召之。孔子曰已矣。彼知丘之著於已也。著猶知也。知丘之適楚也。以丘爲必使楚王之召已也。彼且以丘爲佞人也。夫若然者。其於佞人也羞聞其言。而況親見其身乎。而何以爲存。言僚必避去。子路往視之。其室虛矣。果避。

在陸而沉。眞大隱也。聖人猶不得見。其人可知。昔許宣平因太白來訪。題詩去之。其末句云。又被人來尋討着。移庵不免更深居。當即此意。

長梧封人問子牢曰。長梧地名。君爲政焉勿鹵莽。治民焉勿滅裂。鹵莽不精細也。滅裂不均平也。昔予爲禾。耕而鹵莽之則其實亦鹵莽而報予。芸而滅裂之。其實亦滅裂而報予。

予來年變齊。齊音劑。耕法也。深其耕而熟耰之。耰。鋤也。其禾繁以滋。予終年厭飧。莊子聞之曰。今人之治其形。理其心。多有似封人之所謂遁其天。離其性。滅其情。亡其神。以衆爲。以馳騖衆事。故鹵莽其性者。欲惡之孽爲性。萑葦蒹葭。萑。荻之堅者。葦。大葭也。蒹。似萑而細。葭。蘆也。四者皆生污下之處。喻心地之荒穢也。始萌以扶吾形。尋擢吾性。擢。亂也。欲惡既萌。與官形表裏相助。而因以亂性。並潰漏發。不擇所出。漂疽疥癰。漂。通瘭。疽。病也。四者皆外症。內熱溲膏是也。溲膏。便濁也。眞性亂則和氣傷。而諸病作矣。

丙修之功。至精至密。以鹵莽滅裂爲之。無以爲養。適滋其病矣。漆園即封人之言而曲爲曉喻。是眞洞見世人之癥結者。

柏矩學於老聃。曰請之天下遊。老聃曰已矣。天下猶是也。又請之。老聃曰女將何始。曰始於齊。至齊見辜人焉。已伏辜之罪人。推而強之。令其正臥。解朝服而幕之。幕覆也。號天而哭之曰子乎子乎。天下有大菑。子獨先離之。言天下人行且盡罹於罪。子其先焉者也。曰莫為盜。莫為殺人。又言不是為盜乎。不是為殺人乎。揣其罪所坐也。榮辱立然後覩所病。榮辱相形則病。貨財聚然後覩所爭。貨財不通則爭。今立人之所病。聚人之所爭。窮困人之身。使無休時。欲無至此得乎。究其源。而歸咎於上之人之陷之也。古之君人者。以得為在民。以失為在己。以正為在民。以枉為在己。百姓有過。在予一人。故一形有失其形者。一形失其生理。

退而自責今則不然匿爲物而愚不識。故隱其事而以不識者爲愚。大爲難而罪不敢。大爲所難而以不敢爲者爲罪。重爲任而罰不勝。過重其任而於不勝者加罰。遠其塗而誅不至。遠其限程而於不至者加誅。民知力竭則以僞繼之日出多僞士民安取不僞夫力不足則僞知不足則欺財不足則盜盜竊之行於誰責而可乎。言之也哀

蚩蚩者氓求生而死蓋有死之者矣惟眞知不死之道庶幾與彼更生得大解脫乎。

蘧伯玉行年六十而六十化。化者與年俱變也。未嘗不始於是之而卒詘之以非也。境過情遷。詘通黜。未知今之所謂是之非五十九非也。今六十而知五十九之非再進一年必又以今爲非則今所謂是不

且同於昔之非乎。萬物有乎生而莫見其根。有乎出而莫見其門。舉此以證是非不可知之理。物之生出可知者也。生之根。出之門。不可知者也。人皆尊其知之所知。而莫知恃其知之所不知而後知。可不謂大疑乎。言人皆尊其智之所及知。而不知所謂知者。皆賴有此不知不識之地。而知識以開。不此之求。第郎知覺已發。之端據以為知。其惑甚矣。已乎已乎。且無所逃此。世人自謂聰明。終歸於大惑。是無所逃也。則所謂然與然乎。既在迷惑之中。則所謂然者豈果然乎。可見是非無定。未可據已見以為知也。

大道希夷。難以智索。惟象罔乃可獲元珠也。世人狃於識神。失之遠矣。○引伯玉不是美其進德。只是取為是非無定之徵。

仲尼問於太史大弢。伯常騫。狶韋曰。三人皆官太史。夫衛靈公飲酒湛樂。湛。通耽。不聽國家之政。田獵畢弋。不應諸侯之際。際。交際。其所以爲靈公者何邪。諡法亂而不損曰靈。又德之精明亦曰靈。有美惡兩義故審之。大弢曰。是因是也。言正如子所言。因公之爲人如是。而以是諡之。此偏於惡者言。伯常騫曰。夫靈公有妻三人。同濫而浴。濫。浴器。史鰌奉御而進所。搏幣而扶翼。史鰌奉御物而進公之處所。公使人代捧所奉幣。又使人扶翼之。蓋敬其賢也。其慢若彼之甚也。三妻同浴。見賢人若此其肅也。致敬。史鰌。是其所以爲靈公也。此兼美惡而言。豨韋曰。夫靈公也死。卜葬於故墓不吉。卜葬於沙邱而吉。沙邱。地名。掘之數仞。得石槨焉。洗而視之。有銘焉。曰。不馮其子。馮。通憑。靈公奪而里之。而。汝也。里。居也。夫靈公之爲靈也久矣。之二人何足以識之。觀石槨所銘。可知未生之前。其諡已定。二子紛紛辨美惡。烏足識先天自然之妙蘊乎。預定者在天之天。大定者在人之天。論美辨惡。徒自擾耳。郎靈公之得諡觀之。可悟希言自然之旨。

少知問於太公調曰。假設二人。何謂邱里之言。四井為邑。四邑為邱。五家為部。五部為里。邱里之言。猶公論也。太公調曰。邱里者。合十姓百名而以為風俗也。合異以為同。合十百為邱里。散同以為異。散邱里為十百。○同異以合散而名。其實一也。特散之則無以觀其全耳。今指馬之百體而不得馬。而馬係於前者。立其百體而謂之馬也。散指馬之百體。不得便為馬也。而馬現在當前者。合此百體而立之。則為馬矣。可見合異為同。方能見道也。是故邱山積卑而為高。江河合水而為大。大人合併而爲公。兼收並蓄。公則溥也。是以自外入者。有主而不執。由中出者。有正而不距。道之由聞見入者。吾心雖有主宰。而卻不執定一己之見。道之由體驗出者。吾心雖有取正。而並不距逆他人之意。能如此則合萬事萬物而併於一途。所謂大公之無我也。四時殊氣。天不賜。故歲成。試觀四時異氣。天則合四時之氣以爲氣。利萬物而不自以爲恩。故歲自成。不賜不以爲恩也。五官殊職。君不私。故國治。五官異職。君則合五官之職以爲職。而不私輕重。故國自治。文武大人不賜。故德備。文武張弛異宜。大人則合文武以爲用。時文時武。利萬民而不自以爲恩。故純懿之德備。萬物殊理。道不私。故無名。萬物各具一理。大道合之以爲公。故無得而名。無名故無爲。無爲而無不爲。道妙如此。時有終始。世有變化。不可以成見參。禍福湻湻。至有所拂者而有所宜。湻湻。流行貌。禍福者天之道。於不善者禍之，而善者自福，是有所拂者。中實有所宜，而無私之非公也。自殉殊面。有所正者有所差。若專以己見自殉，如與人殊其面向，則於此有所正者，於彼必有所差，蓋不公因而不當也。比於大澤。百材皆度。百材不同，而同歸於度。度者，謂合乎百工之所度也。觀乎大山。木石同壇。木石不同，而同生於壇。○皆言合異為同也。此之謂丘里之言。丘里之言，其合異為同者如是而已。少知曰。然則謂之道。名之為道足乎。太公調曰。不然。明明借丘里之言，發出渾同之道，今日謂之道，而又不以為然，何哉？蓋道可意會，不可名稱，名之曰道，只就道之近似者名之耳。然則太公調意，非謂渾同者不足見道，特謂以道名之，未足盡無名之妙也。今計物之數不止於萬。而期曰萬物者。以數之多者號而讀之也。是故天地者。形之大者也。陰陽者。氣之大者也。道者為之公。道為天地陰陽所公共不可指之爲形不可指之爲氣是其大更爲無偶也因其大以號而讀之則可也。譬之於物曰萬是因物之不可數而約略號之以便於稱謂也若道之大更無從指稱故亦强爲之名如萬物之約略號之耳豈眞以有可名者名道哉已有之矣。乃將得比哉。既有道之名便不可與無名比則若以斯辯。譬猶狗馬。其不及遠矣。如子云謂之道則是道猶狗之名狗馬之名馬同於一物其不及道遠矣少知曰。四方之內。六合之裏。萬物之所生惡起。疑既不可名爲道則萬物之生將以何者爲本邪太公調曰。陰陽相照相蓋相治。日陽月陰一往一來是謂相照陰陽之精互藏其宅是謂相蓋相蓋者相掩覆也陰主翕受陽主施與是謂相治四時相代相生相殺。四時之氣嗣續生剋循環不窮是謂相代相生相殺欲惡去就。於是橋起。人在陰陽四時之中蘊斯情慮欲惡去就不啻憑虛而起橋者駕虛之象也雌雄片合。於是庸有。片通牉。儀禮夫婦牉合。謂合其半以成夫婦。雌雄卽夫婦也。庸有。常有也。夫婦既合則子孫常有。猶陰陽四時之合而生生不已也。安危相易。禍福相生。緩急相摩。聚散以成。此數者皆人事也。從欲惡去就而生。亦此名實之可紀。精微之可志也。就人事之名實精微而論。其可紀可志者不過如此。隨序之相理。隨序者。造化中自然相依之序也。有此序而人事得以相理。橋運之相使。橋運者。造化運行。若橋之駕空而自分升降也。有此運而人事之進退。若或使之。窮則反。自有而之無也。終則始。自無而之有也。此物之所有。物之所有。理盡於斯。言之所盡。知之所至。極物而已。觀物理者。卽使言到盡頭。知到至處。終不能超出物外。故曰盡物而已。觀道之人。是不僅從物理研求者。不隨其所廢。冥會於已廢之後。不原其所起。洞悉於未起之先。此議之所止。觀道者離物觀空。心通造化。此種境界。直是不可思議。故曰議之所止也。言此以明道先乎物。但卽萬物之生。究其所始。心已着於物矣。奚足語道。妙哉。少知曰。季眞之莫爲。接子之或使。二家之議。孰正於其情。孰偏於其理。莫爲者。莫之爲而爲也。或使者。若或使之也。少知未悟前旨。不能離物觀空。故又舉二子之說。以求折中。冀得人情物理之至當也。太公調曰。雞鳴狗吠。是人之所知。雖有大知。不能以言讀其所自化。若究其一鳴一吠天然之故。雖智者不能以言語解讀其自化之妙。又不能以意其所將爲。又不能意度其所將欲爲之機。斯而析之。精至於無倫。大至於不可圍。斯剖析也。詩斧以斯之是也。一鳴一吠。尙不能明其所以然。若將此理分析到極處。小至莫破。大至莫載。豈可復容言讀意測邪。或之使。莫之爲。未免於物而終以爲過。二說皆從物上起論。故終不免於過。或使則實。莫爲則虛。太實太虛所以爲過。有名有實是物之居。以實則滯於有。豈知有名有實是即物之所處而言。

不可謂道之有也。無名無實在物之虛。太虛則墮於無。豈知無名無實是就物之

空虛處論。不可謂道之無也。可言可意言而愈疏。蓋大道非有非無。不可思議。若

第即有無在物可以言讀可以意測者言道。則愈言而愈遠矣。未生不可忌。已死不

可徂。試即物之生死而論。未生之初。不容不生。豈可禁忌。既生而死。豈可強存。徂存也。死生

非遠也。死生之理。本在目前。初非甚遠。理不可覩。但欲見而不可見耳。或之使

莫之爲。疑之所假。若以爲或之使。若以爲莫之爲。皆是中心疑惑。假借此以立論耳。

吾觀之本。其往無窮。吾欲即此理以究其始。則往者已無窮。不知何始也。吾求

之末。其來無止。吾欲即此理以究其終。則來者方無止。不知何終也。無窮無止。

言之無也。與物同理。既無窮止。從何擬議。知言之所以無。便是與物理融合爲一處。

或使莫爲言之本也與物終始彼或使莫爲二說其立言本旨始終期於一物上見道道不可有不知未能離物則是有也道豈可着於有乎有不可無一有便不能無矣道之爲名所假而行若以眞實而觀字道曰道尚是假名以行於世或使莫爲在物一曲況二者之說皆爲泥物而在於一偏夫胡爲於大方安得謂之大道言而足則終日言而盡道言而不足則終日言而盡物足圓偏也不足偏滯也苟能忘言會理故曰言未嘗言盡合元道也如其執言不能契理既乖虛通之道故盡是滯礙之物也道物之極道之不可名稱物之超乎色相者言默不足以載非言非默議有所極唯於似言非言似默非默恍惚中求之庶此不可名稱超乎色相之眞差堪擬議也道妙如是彼或使莫爲皆落邊見其說烏足取哉

大道渾同彌綸六合一物一太極萬物均此太極也然道可因物而見不可卽物而名惟能離物觀

空。乃得不落言詮。不可思議之妙。清淨經云。吾不知其名。强名曰道。又云遠觀其物。物無其物。蓋至心滅性見。惟見於空。斯大道之精得矣。

外物

外物不可必。故龍逢誅。比干戮。箕子狂。善不可爲。惡來死紂之佞臣。桀紂亡。惡不可爲。○善惡均於被禍。不可必一也。人主莫不欲其臣之忠。而忠未必信。故伍員流於江。萇弘死。句於蜀藏其血。句三年而化爲碧。弘忠於周。遭讒被放。刳腸而死。蜀祭器碧。碧玉也。○主欲臣忠而忠遭主戮。不可必二也。人親莫不欲其子之孝。而孝未必愛。故孝己憂而曾參悲。二人皆遭後母之變。故有憂悲之事。孝己殷高宗子。○親欲子孝而孝被親疑。不可必三也。木與木相摩則然。同類之火。金與火相守則流。相克之火。陰陽錯行。則天地大絯（駭）。絯駭動也。於是乎有雷有霆。水中有火。乃焚大槐。陰陽搏擊之火。○此皆以火患喻人事也。火之爲火不同。而同此焚如之咸。以此人之善惡忠孝不同而同罹禍害。觀火患之難防。益見人事之難必。何也。以物之在外故也。惟能不務外而務內。斯死生無變。操之自已矣。有甚憂兩陷而無所逃。甚憂憂之極也。世人不知外物之難必。而營求不已。故其心若有甚憂。每兩陷於利害之中。而無所逃遁也。螴(陳)蜳(惇)不得成。心若縣於天地之間。螴蜳。反覆不安之意。既無所逃其憂。又求成而不得。故心若懸於天地之間也。慰暋(昏)沈屯。利害相摩。生火甚多。眾人焚和。慰鬱也。暋悶也。沈機深而不可見也。屯事難而不得動也。人情於憂不可解之事。抑鬱煩悶。既難驟見分曉。又無術以轉移。利害之念。輾轉相摩。生火益多。天和盡滅。故謂之焚和也。月固不勝火。月喻性中清明之氣。於是乎有僓(頹)然而道盡。僓然猶頹然。終日煎熬。生氣盡矣。○上以火患喻人事。此則直指人心之火患也。

外物難必。內火徒炎。惟先於見聞之地。勘破幻塵。斯取坎塡離。天和至矣。

莊周家貧故往貸粟於監河侯。監河之官以侯稱者。監河侯曰諾。我將得邑金。封邑之金。將貸子三百金可乎。莊周忿然作色曰。周昨來有中道而呼者。周顧視車轍中有鮒魚焉。鮒小魚。周問之曰。鮒魚來。子何為者邪。對曰。我東海之波臣也。君豈有斗升之水而活我哉。周曰諾。我且南遊吳越之王。激西江之水而迎子。可乎。鮒魚忿然作色曰。吾失我常與。常與者常相與謂水也。我無所處。吾得斗升之水然活耳。然者謂如此便活耳。君乃言此。曾不如早索我於枯魚之肆。

大道以活身為急務。稍涉因循。則命非己有。人在氣中。猶魚在水中。時借鑒於失水之魚。不覺惕然汗下。

任公子爲大鉤巨緇。任國名。鉤。釣鉤也。巨緇。大黑索也。任公子以大鉤爲釣。巨緇爲綸。五十犗以爲餌。犗。犍牛也。以五十犍牛爲釣餌。蹲乎會稽。投竿東海。蹲。踞也。自會稽之山。而投竿東海。旦旦而釣。期年不得魚。久而無所得魚。已而大魚食之。牽巨鉤。錎沒而下。已而大魚食其餌。大鉤幾爲所牽而陷沒。鶩揚而奮鬐。白波若山。鬐。魚口邊出水處也。驚恐而展開其鬐。呼吸波浪。其高若山。海水震蕩。聲侔鬼神。憚赫千里。搖動海水。其聲可畏。雖千里之遠。皆聞其聲。而畏憚恐嚇也。任公子得若魚。離而腊之。離。剖之也。乾肉曰腊。自淛河以東。蒼梧以北。莫不厭若魚者。厭。飽也。已而後世輇才諷說之徒。輇才。小才也。皆驚而相告也。見小而不見大。故驚駭而相告也。夫揭竿累。趣灌瀆。守鯢鮒。其於得大魚難矣。累。細繩也。鯢鮒。皆小魚也。擔揭細小之竿繩。趣田中灌水之溝瀆。適得鯢鮒。難獲大魚也。飾小說以干縣令。縣令。猶今揭示賞格之類。言見小之人。飾其辭說干求於上。求合其所示之令格也。其於大達亦遠矣。大達。謂通達之大道也。是以未嘗聞任氏之風俗。其不可與經於世亦遠矣。言與經世之大道相去甚遠也。

志大成者。不期小效。至人超凡入聖。固自艱難勤苦中來。○上章言言大而迂。無俾急用。此言器小而溢。難語遠謨。合而觀之。漆園醒世之心益見。

儒以詩禮發冢。大儒臚傳曰。上傳語告下曰臚。東方作矣。事之何若。問天將明。發冢事何如也。小儒曰。未解裙襦。襦。短衣也。口中有珠。指死者。詩固有之曰。青青之麥。生於陵陂。賦墓田也。生不布施，死何含珠爲。（笑其貪吝也。○又引詩以譏死者，確是儒者口吻。）接其鬢，壓（葉）其顪（諵）。（壓，按也。顪，頤下毛也。）儒以金椎控其頤，徐別其頰，（口旁曰頤，頤旁曰頰。控別，皆開也。）無傷口中珠。（手方取之，口又致慎。）

（冢中殘唾，無當元珠。託詩禮以名家，而顧爲此剽竊之行，儒之爲儒，其去道也遠矣。）

老萊子之弟子出薪，（出而採薪。）遇仲尼，反以告，曰：有人於彼，修上而趨下，（其身上長下短。趨，音促。）末僂而後耳，（末僂，謂頭前也。頭微前而耳卻近後。）視若營四海，（營目憂世。）不知其誰氏之子。老萊子曰：是丘也。召而來。仲尼至。曰：丘，去女躬矜，（矜持之行。）與女容知，（智慧之貌。）斯爲君子矣。仲尼揖而退，蹙然改容而問曰：業可得進乎？老萊子曰：夫不忍一世之傷，而驁（放）萬世之患。驁然不顧以犯萬世之患。患猶忌也。抑固窶邪。亡其略弗及邪。其殆甘心自取困窮邪。亦或不自知其才略之短邪。惠以歡為驁。終身之醜。中民之行進焉耳。藉私惠以博人歡。不以為恥。反生其傲。乃行之最可醜者。惟庸人或務此耳。相引以名。外煽聲譽。相結以隱。內要人心。與其譽堯而非桀。不如兩忘而閉其所譽。堯正能引名結隱者。桀反此。故一譽之一非之。不知其無當於道也。反無非傷也。有心反古則傷。動無非邪也。有意動衆則邪。聖人躊躇以興事。以每成功。聖人不得已而應。故每有成功。何不法之。奈何哉其載焉終矜爾。何故終身載此矜知以行邪。道之眞以持身。其身不修。而能寄託乎天下。未之有也。彼聖如孔子。尚未免自取困窮。而況其凡乎

宋元君夜半而夢人被髮闚阿門。闚。通窺。阿。曲也。阿門。曲側之門也。

曰予自宰路之淵（宰主也路淵名）予爲清江使河伯之所（清江水名）漁者余且得予。（頎一殖下同）元君覺。使人占之。曰此神龜也。君曰漁者有余且乎。左右曰有。君曰令余且會朝。明日余且朝。君曰漁何得。對曰且之網得白龜焉。其圓五尺。君曰獻若之龜。龜至。君再欲殺之。再欲活之。心疑。卜之曰。殺龜以卜吉。乃刳（枯）龜也。（刳剖）七十二鑽而無遺筴。（每占必鑽龜凡占七十二次皆驗也）仲尼曰。神龜能見夢於元君。而不能避余且之網。知能七十二鑽而無遺筴。不能避刳腸之患。如是則知有所困。神有所不及也。（推類寄慨）雖有至知。萬人謀之。（恐明有所不到也）魚不畏網而畏鵜鶘。（暗於大而明於小也。鵜鶘，水鳥之食魚者。去小知而大知明，去善而自善矣。嬰兒生無石師而能言，石，通碩。與能言者處也。無知者有自然之能也。

龜以神稱，豈無靈異，乃卒同羅網之魚，不免刳腸之禍，則以其任知故耳。至人棲心虛寂，氣數無權，與嬰兒之無知而有良能，意境相似。學道者由此悟入，有餘師矣。

惠子謂莊子曰：子言無用。莊子曰：知無用而始可與言用矣。夫地非不廣且大也，人之所用容足耳。然則廁足而墊之致黃泉，墊，掘也。人尚有用乎？言苟以容足之外皆爲無用之地，側足而掘之，以下至黃泉，則餘地皆水，不堪轉步，即此容足之處，亦不可用矣。惠子曰：無用。莊子曰：然則無用之爲用也亦明矣。可見天下事惟有餘於用之外者，乃有以成其用也。何獨於吾言而疑之乎。與徐無鬼篇恃其所不蹍意相發明。

莊子曰。人有能遊，且得不遊乎。胸次洒然，一塵不掛，自不爲世網所羈。人而不能遊，且得遊乎。塵根太重，卽欲謝絕世緣，此心亦不能自勝。夫流遁之志。遂物。決絕之行。殉已。意。通噫。其非至知厚德之任與。夫流遁則不復，決絕則不疑，深入迷津，去道日遠。若智至德厚，心與天遊，自不爲此也。任，猶爲也。覆墜而不反，火馳而不顧。雖遭覆墜而終身不反，急如火馳而更不回顧，此皆貪戀世榮之故。雖相與爲君臣，時也。殊不知有貴有賤，而名爲君臣者，特一時之假合耳。易世而無以相賤。及沒身之後，豈復有貴賤之分。極言人世浮榮，不足據也。故曰，至人不留行焉。惟至人勘破幻塵，故無留戀其行之意。夫尊古而卑今。

學者之流也。流，輩也。初學淺見之輩，類皆愛古而薄今也。且以狶韋氏之流。觀今之世。夫孰能不波。若將眼界放高，從上古第一流人物以觀今日，則無論學與不學，皆同此波靡耳。上言世榮不足貴重，此言世習亦不足計較也。唯至人乃能遊於世而不僻。和光同塵，了無偏僻。順人而不失已。彼教不學。承意不彼。彼教罔不徇而學之，然亦承其意而不顯分彼此。蓋既非留戀世緣，亦不鄙薄世習，所以隨處逍遙，得大自在也。至人心與天遊。無人相。無我相。活潑潑地。直將大千世界。作戲劇觀。具此靈襟。正所謂假饒不作仙，亦證菩提道也。

目徹爲明。徹，通也。耳徹爲聰。鼻徹爲顫。羶審於嗅味曰顫。口徹爲甘。得其正味曰甘。心徹爲知。眞知。知徹爲德。眞德。凡道不欲壅。壅則哽。哽而不止則跈。蹍 跈則衆害生。壅塞也哽噎也跈踐也足不良於行者如被人跈踐也足三陰之脈皆起於足指而上循喉嚨邪氣循經絡而行故哽而不止則變為足病也足病則衆害皆生不特哽與跈矣道壅之弊如此 物之有知者恃息。息所以通一身之氣 其不殷。不殷不當也謂氣之行不得中和也 非天之罪。天之穿之。日夜無降。竅以通息天之穿於人身無止歇之時 人則顧塞其竇。乃人反以嗜慾塞其通天之竇耳 胞有重閬。浪 閬空曠也胞膜中有重重空曠之處 心有天遊。自然活潑之機 室無空虛。則婦姑勃谿。勃谿爭也谿空也勃谿爭踐空處也謂室無餘地則尊卑逼塞相乘踐也 心無天遊。則六鑿相攘。六鑿六根之鑿性者也天門不開則六根用事而奪性 大林邱山之善於人也。亦神者不勝。夫心有天遊則方寸之內逍遙無際何假清曠之處而後適哉今見邱林之曠而喜者由平日胸次逼窄神明不勝故也。○此心無天遊之證。德溢乎名。德之溢外。由於名彰。名溢乎暴。名之溢外由於表暴。謀稽乎誸。（賢）誸。急也。急而後考謀。知出乎爭。爭而後騁智。柴生乎守。柴梗塞。生於執一。官事果乎眾宜。官猶司也。果。固必之意。司事者未能虛中順應而妄冀事事之合宜。則卽此此求宜之心已成滯相矣。○此六鑿相攘之徵。道之大用。莫妙於虛。住世出世。皆以此得大自在。否則五賊未見。六鑿爭起。擾擾兩大之中。無往非累心之境矣。

春雨日時。草木怒生。銚（挑）鎒於是乎始修。銚鎒。皆田器。草木之到植者過半。而不知其然。到。通倒。草木首地而生。故曰到植。此喻修道而能準乎自然者。靜然可以補病。靜則神氣來復。故可以補病也。眥（恣）媙（滅）可以休老。眥。目際。媙。滅也。老形之兆。發於目。眥披媙皺紋。可以沐浴老容。故曰眥媙可以休老也。寍可以止遽。寧定則心閒泰、可以止迫遽也。○此言學道而由勉強入者。雖然。若是勞者之務也。非佚者之所。未嘗過而問焉。聖人之所以駴天下。駴、猶駭也。神人未嘗過而問焉。賢人所以駴世。聖人未嘗過而問焉。君子所以駴國。賢人未嘗過而問焉。小人所以合時。君子未嘗過而問焉。

學道之功。由漸而頓。勿忘勿助。純任自然。及其時至。神知自有超凡入聖之妙。若徒以養形爲務。雖勞勞從事。終非眞教中人。

演門有親死者。演門、宋城門名。以善毀爵爲官師。授以牧民之職。其黨人毀而死者半。堯與許由天下。許由逃之。湯與務光。務光怒之。紀他聞之。帥弟子而踆於窾水。窾、空也。水旁有

空隙處故蹲身於此也諸侯弔之弔其苦也他蓋襲由光之跡而加甚者也三年申

徒狄因以踣河自投於河狄又襲他之跡而加甚者也筌者所以在魚

筌取魚竹器所以爲此筌者意在得魚也得魚而忘筌蹄者所以在兔蹄兔

罝也係其足故曰蹄得兔而忘蹄言者所以在意得意而忘言

吾安得夫忘言之人而與之言哉

事未可徒以跡襲道未可徒以言傳傳之以言愈傳愈誤不至戕生而不止也必待忘言者而與之言而大道於是乎傳矣

寓言

寓言十九。寄寓之言。十居其九。重言十七。引重之言。十居其七。巵言日出。和以天倪。巵言。如酒之在巵。因器爲量。任人斟酌也。日出者。謂寓言重言中皆有此也。和以天倪。不以己與也。寓言十九。藉外論之。託一事以論此事。親父不爲其子媒。親父譽之。不若非其父者也。喻藉外言之。則易信也。非吾罪也。人之罪也。不是我故爲支離。因人情難於直陳耳。與己同則應。不與己同則反。同於己爲是之。異於己爲非之。人情如此。所以須寓言也。重言十七。所以已言也。是爲耆艾。已。止也。六十曰耆。五十曰艾。引重一人以止辯者。其人蓋前輩也。年先矣。而無經緯本末以期年耆者。是非先也。期。待也。言徒以春秋之高。待以耆宿之禮。是年之先。非道之所謂先也。

人而無以先人。無人道也。不能盡人之道。人而無人道。是之謂陳人。陳人猶老朽也。此等人何足引重。明已所徵皆耆賢也。巵言日出。和以天倪。因以曼衍。所以窮年。怡然曠然。藉遣歲月。不言則齊。理歸於一。齊與言不齊。言與齊不齊也。惟不言則是非可齊。若有意齊之。反成不齊。蓋齊與言。言與齊。已成二義故也。故曰無言。不若一概無言。言無言。一概無言。不是喑啞。只是言而無言耳。終身言。未嘗言。無一言直指。終身不言。未嘗不言。其理已顯也。有自也而可。有自也而不可。有自也而然。有自也而不然。惡乎然。然於然。惡乎不然。不然於不然。惡乎可。可於可。惡乎不可。不可於不可。物固有所然。物固有所可。無物不然。無物不可。此言人之有言。不過卽可不可然不然以立論·豈知勘破物情·凡所謂然可者·固有定而又無定者乎·非巵言日出。和以天倪。孰得其久。惟藉此不執我見之巵言·以消遣歲月·故可要諸久也·萬物皆種也。以不同形相禪。萬物芸芸·皆此生氣·本非異種·特一受其成形·遂各以不同形者·自相禪代也·始卒若環。循環·莫得其倫。無端·是謂天均。此乃天理之均徧無所不在者·天均者天倪也。

自述立言之旨。冀人之因文見道也。

莊子謂惠子曰。孔子行年六十而六十化。始時所是。卒而非之。未知今之所謂是之。非五十九非也。惠子專以強辯爲是·迷而不返·故莊子言孔子大聖·猶有昨非今是之境·所以箴惠子·使不執堅白以自終也·惠子曰。孔子勤志服知也。惠子不能自省·因謂孔子之所以爲此者·殆勵志而行其所知，故日就月將如此也。莊子曰。孔子謝之矣。而其未之嘗言。謝之，謝去有爲之迹也。言孔子已無勤志服知之事，但聖不自聖，未嘗自言耳。孔子云。夫受才乎大本。復靈以生。孔子嘗言人之受才於造物，須使虛靈不昧，由後天復其先天，方於生理無愧。平日持論如此，則其與道合眞，希言自然，謝去有爲之迹可知矣。鳴而當律。言而當法。利義陳乎前。而好惡是非。直服人之口而已矣。由孔子復靈之說觀之，可見至人以全生爲上。若徒以鳴能中律，言能中法，義利顯陳，而曰好曰惡，皆能辨論其是非，是以口才勝人，亦第服人之口已耳。使人乃以心服。而不敢蘁立。定天下之定。蘁，迕也。惟能不尙口辯，使人目擊道存，自然心服，不敢與之相迕，而立則雖好惡是非，極天下之至難定者，至此亦無不大定。所謂以道服人者也。是非返其受生之靈性，而妙契先天者不及此。已乎已乎。吾且不得及彼乎。

萬物之中人最靈。人而不靈。蠢然一物耳。至人宇宙在手。萬化生心。探諸稟受之原。斯爲不負惠子以堅白自鳴。小有才而未聞大道。漆園特借聖言殷殷接引。惜乎其終不悟也。○凡漆園引聖言處只是借重耆艾以伸己說。若以儒書之義釋之。轉失本旨。

曾子再仕而心再化。化。變易也。曰吾及親仕三釜而心樂。祿少而樂。六斗四升曰釜。後仕三千鍾不洎。既不洎。不及奉親也。吾心悲。祿多而悲。六斛四斗曰鍾。弟子問於仲尼曰。若參者可謂無所縣其罪乎。縣。係也。爲親而仕。心無係。無係祿之罪。曰既已縣矣。已懸係於祿養。夫無所縣者。可以有哀乎。以哀專主悲言。而樂可類推。蓋既不以祿薄爲可悲。自不以祿多爲可樂也。彼視三釜三千鍾。如觀雀蚊虻相過乎前也。彼謂無係也。夫無係者。視祿之多少。猶鸛雀蚊虻之過吾前也。豈有哀樂於其間哉。觀。通鸛。水鳥。似鴻而大。

哀樂不入。斯帝之懸解。道所謂養生主也。可以保身。可以全生。其卽可以養親者乎。

顏成子游謂東郭子綦曰。當卽齊物論篇南郭子綦。自吾聞子之言。一年而野。有返樸歸眞之意。而功夫未純。故曰野。二年而從。從順也。由勉強漸近自然。故曰從。三年而通。形神內徹。故曰通。四年而物。於無中窺見眞有。虛者實之之象。故曰物。五年而來。修持既久。將所謂物者。不求而自至。故曰來。六年而鬼入。鍊氣歸神。故曰鬼入。七年而天成。由後天返其先天。無少缺欠。故曰天成。八年而不知死不知生。坐在立亡。非無非有。故曰不知死生。九年而大妙。散則成氣。聚則成形。變化從心。故曰大妙。

此眞道中自然火候。可以身證。未易以言傳也。

生有爲。生時處境不同。各有所爲。死也勸公。然有生卽有死。人至死時。均此形枯氣竭。

尚有何區別。平日見人富貴利達。輒詡造物之以其有私。至此方悟同歸於盡。所以謂之勸公也。

死也有自也。而生陽也無自也。夫以死爲勸公。豈以生爲私乎。亦非也。蓋生死之理本自無異。特以死者屬陰。此氣自有而無。情勢顯見。在人則以死爲有自。生者屬陽。此氣自無而有。朕兆難窺。在人則以爲無自。究之氣一聚則生。氣散則死。死生雖異。其本於大公則一也。而果然乎。惡乎其所適。惡乎其所不適。若果勘透生死之理如此。則知氣聚氣散。純任自然。無適無不適。斯隨在皆適耳。

天有歷數。日月五星。在天有經歷之度數。地有人據。山河兩戒。在地有人物之依據。吾惡乎求之。二者不必深求。雖求之而其故終不可測。亦惟聽其自然而已。以喻人之有生死亦如是也。

莫知其所終。若之何其無命也。莫知其所始。若之何其有命也。不意此物之終而忽終。終者似有定限。不意此物之始而忽始。始者究自何來。是謂之無命不可謂之有命亦不可也。

有以

相應也。若之何其無鬼邪。無以相應也。若之何其有鬼邪。幽明之故。有時相應。有時不相應。是謂之無鬼不可。謂之有鬼亦不可也。生者假借也。陽長陰消。莫之止亦莫之禦。惟能遺棄生死。別求不滅之眞。庶外其身而身長存。冥冥之中。獨見曉焉。非獨委心任去留也。

衆罔兩問於景曰影下同。若向也俯而今也仰。向也括而今也被髮。括束也。向也坐而今也起。向也行而今也止。何也。景曰。叟叟也。罔兩非一。故疊呼之。奚稍問也。稍小也。言何屑屑而問也。予有而不知其所以。言雖有此俯仰行止諸狀。而不自知其然。予蜩甲也。蛇蛻也。似之而非也。影之附形。若與甲蛻之附於蜩蛇者無異。然甲蛻確有一定之質。又有時解脫。故曰似之而非。火與日吾屯也。遇明則顯。若煙屯而不散。陰與夜吾代也。遇暗而息，若受代之暫休。彼吾所以有待邪。彼謂形也。而況乎以有待者乎。形為吾之所待，況形又有待於使其形者乎。彼來則我與之來，彼往則我與之往。彼強陽則我與之強陽。強陽，氣之偏於動者曰強陽。強陽者又何以有問乎。言此強陽之氣，無論我不及知，卽我所附之形，亦不自知也。汝又何事多此一問乎。

乘天地之正，以御六氣，至人之所以無待也。於罔兩影形之外求之，斯齊物論所謂眞宰者見。

陽子居南之沛，老聃西遊於秦，邀於郊，至於梁而遇老子。子居南邁，聞老子時將西遊，思要於中途而見之，直至梁地始相遇也。老子中道仰天而歎曰：始以女為可教，今不可也。陽子居不答。至舍，進盥漱巾櫛，以盤水沃洗曰盥。漱，漱口。巾以拭面，櫛以梳髮。脫屨戶外，膝行而前曰。向者弟子欲請夫子。夫子行不閒。是以不敢。今閒矣。請問其故。老子曰。而睢（雖）睢盱（吁）盱。睢，仰目。盱，張目。皆傲視貌。而誰與居。傲則人遠之。大白若辱。常若有玷。盛德若不足。皆言自韜晦也。陽子居蹵然變容曰。敬聞命矣。其往也舍者迎將。將，送也。謂初往沛時，凡旅邸中人，皆肅然迎送也。其家公執席。妻執巾櫛。其旅舍之主人，與妻，亦極致其恭敬。舍者避席。煬者避竈。舍，息也。煬，炊也。同止旅邸之中，而不敢與抗，故避之。其反也。舍者與之爭席矣。和光同塵，異人不自異也。子居一經訓迪，積習頓除。是眞能三伐毛三洗髓者。

列御寇

列御寇之齊。中道而反。遇伯昏瞀人。伯昏瞀人曰。奚方而反。奚方。猶何故也。曰吾驚焉。曰惡乎驚。曰吾嘗食於十饗而五饗先饋。饋。餉也。賣漿者十家。五家不待沽而饋。伯昏瞀人曰。若是則女何為驚已。曰夫內誠不解。內之成心。積而不化。形諜成光。卽誠卽形。有若間諜偵得機密。而洩之於外。其光不可掩也。以外鎮人心。使人輕乎貴老。敬己之德。過於爵齒。而䪥其所患。䪥。猶釀也。言炫燿如此。乃釀禍之本也。夫饗人特為食羹之貨。其貨甚賤。多餘之贏。其贏無幾。其為利也薄。其為權也輕。獲利既薄。則所以權輕重者。其心亦輕。而猶若是。猶知敬我而以饗為饋。而況於萬乘之主乎。身勞於國。而知盡於事。彼將任我以事。而效我以功。吾是以驚。萬乘之主。則權其大者遠者以謀利其國。若於身勞智盡之際。見我之光耀。必將任我以事。責我以功。而勞形盡慮。且將及於我矣。豈非形諜之釀患哉。伯昏瞀人曰。善哉觀乎。美其有識。女處已。汝可止而不遊矣。人將保女矣。然卽止此。人亦將保附汝矣。詞若稱美而意實不足也。無幾何而往。謂伯昏往省御寇於家也。則戶外之屨滿矣。伯昏瞀人北面而立。敦杖蹙之乎頤。敦音頓。豎也。豎杖抵頷。蹙謂抵而皮皺也。立有間。不言而出。賓者以告列子。賓通擯。列子提屨跣而走。暨乎門。曰。先生既來。曾不發藥乎。曰。已矣。吾固告女曰。人將保女。果保女矣。非女能使人保女。而女不能使人無保女也。而焉用之感豫出異也。何用此感人懽心自為表異乎。必且有感，搖而本性，又無謂也。若必表異感人，無益且有損也。與女遊者又莫女告也。彼所小言，盡人毒也。言祇有毒之者，而無有藥之者也。莫覺莫悟，何相孰也。孰，誰何也。詰問之詞。言既莫之覺悟，無以藥汝，汝又何事相詰問而辨其誰何也。巧者勞而知者憂，無能者無所求，飽食而遨遊，汎若不繫之舟，虛而遨遊者也。此示以解毒之方也。學道須忘我相，何論眾生，稍溢於外，必損其中，故惟虛己以游，都無受想行識，世緣日澹，而道果漸成矣。

鄭人緩也，緩，其名。呻吟裘氏之地。呻吟，詠讀也。裘氏，地名。祇三年而緩為儒，學成名立。河潤九里，澤及三族，使其弟墨，不使學儒而使學墨蓋恐其名出己上也緩之居心未免公私參半夫心之公私全在念頭初起處區別此卽所謂人之天也儒墨相與辨其父助翟溺愛少子也弟習墨翟之教故曰助翟十年而緩自殺其父夢之曰使而子為墨者予也闔胡嘗視其良既為秋柏之實矣闔胡皆何也夢中疊語也良音浪塚也言爾但以爾子之學墨為優抑思使爾子之學墨者墓柏已拱秋實垂垂爾獨何心竟不往而一視乎蓋緩以其父助弟殺己惡其忍而無良故見夢時且怨且嘗也○見夢之言止此以下莊子斷詞夫造物者之報人也不報其人而報其人之天彼故使彼言造物於人惟窺其念頭起處以為報應今緩不使其弟學儒而使之學墨惟恐其名出己上是彼動念之初原有此等念頭故如影隨形卽使之如彼以為報也夫人以己為有以異於人以賤其親言緩自以儒道為貴有心表異於人故特使其弟學墨是以貴者自處以賤者處其

弟也。親。指兄弟之親言。齊人之井飲者相捽也。夫以兄弟之親有心相賤。譬之眾人同飲於井。不相讓而相爭。皆非情理之正。齊人即齊民。猶眾人也。捽者。持其髮而爭也。故曰今之世皆緩也。自我論之。可見一念之私。一時之忿。皆足致殺身之禍。而上干造物之和。今世之人。往往蹈此。皆緩之類也。自是有德者以不知也。浮名不務。私忿自捐。惟無計較之私。乃能全其心德。而況有道者乎。古者謂之遁天之刑。若以古人視今之世。則所謂緩之徒者。皆遁棄天理。得罪於造物者也。言外見緩之殺身。實由自取。不得謂天報之酷矣。

不報其人而報其人之天。造化祕機。一言揭破。孫思邈有云。太上畏道。其次畏天。亦此意也。學道者能於念頭起處。勇猛滌除。則築基之功立矣。

聖人安其所安。所安者屬天。不安其所不安。所不安者屬人。眾人安其所不安。不安其所安。至人純任自然。常人動多勉強。莊子曰。知道易。勿言難。純乎天者道也。運知尚易。忘言斯難。非昏昏默默。窈窈證密。修不足語希夷之旨也。知而不言。所以之天也。知而言之。所以之人也。之天者。聖之人者。凡趨向不同。語默自異。古之人天而不人。知者不言。言者不知。之天之人。安勉殊而聖凡別矣。

朱泙漫學屠龍於支離益。單千金之家。單猶殫也。三年技成。而無所用其巧。龍不易屠。學至能成。神乎技矣。大道始於有作。終以無爲。此三年後所以不復用其巧也。

聖人以必不必。以理之有可必者。而猶以不必安之。故無兵。兵。爭端也。眾人以不必必之。以理之不必然者。而競以偏見必之。故多兵。順於兵故行有求。猶於爭端。故動則求濟所欲。兵恃之則亡。然兵不可恃也。

天下之兵起於爭。人心之兵起於必於固必之私。滌除淨盡。則虛己養和。兵氣銷而道心定矣。

小夫之知。不離苞苴竿牘。裹曰苞。藉曰苴。如以果實相遺。必苞苴之。竿牘者以竹簡爲書相問遺也。敝精神乎蹇淺。而欲兼濟道物。太一形虛。此皆跛蹇淺薄不足道之事。彼獨敝其精神以此爲智。而欲兼濟天下。輔導萬物。以合於太一之始。無形之妙。豈可得邪。形虛即無形也。若是者。迷惑於宇宙。其所見若是。則上下四旁之宇。古今往來之宙。且迷惑而不知也。形累不知太初。蓋爲形迹所累。而不知有太初自然之理也。彼至人者。歸精神乎無始。惟至人則歸其精神。致於無物之始。而甘瞑乎無何有之鄉。而安處乎無爲之地。甘美也。瞑睡也。以美睡喻安處也。水流乎無形。發泄乎太清。其應物也。如水之流。而又無形迹可見。精神發洩之處。純乎太清。無少渣滓。至人之功用如此。悲哉乎。女爲知在毫毛。而不知大寧。常人所見者小。其知只在毫毛之末。不識無爲自然之理。有此大寧至靜處也。太一太初太清太寧。皆先天也。求大道者欲覓源頭。須先放開眼孔。

宋人有曹商者。爲宋王使秦。其往也。得車數乘。王說之。益車百乘。反於宋。見莊子曰。夫處窮閭阨巷。困窘織屨。槁項黃馘者。項。頸也。馘。面也。商之所短也。一悟萬乘之主。而從車百乘者。商之所長也。商蓋以驕莊子。莊子曰。秦王有病召醫。破癰潰痤者。痤。癤也。得車一乘。舐痔者得車五乘。以舌取物曰舐。痔。下漏病也。所治愈下。得車愈多。子豈治其痔邪。何得車之多也。子行矣。

所治愈下。而所得愈多。人世浮榮。以道眼觀之。自覺不堪入目。

魯哀公問乎顏闔曰。吾以仲尼爲貞幹。貞幹。猶楨梁也。貞通楨。國其有瘳乎。曰殆哉圾乎。圾。危也。仲尼方且飾羽而畫羽有自然之文采。既以爲飾。而又畫之。過於文矣。從事華辭。專從事於華靡之言。以支爲旨。而以枝葉之言爲美。忍性以視民。而不知不信。矯飾其自然之性以臨民。而不自知其無實。受乎心。宰乎神。有所受則心不虛。有所宰則神不圓。夫何足以上民。夫何足以長民哉。彼宜女與。予頤與。誤而可矣。言仲尼之性。與汝相宜與。抑予之祿以頤養之與。若誤而爲此。則無怪矣。今使民離實學僞。非所以視民也。視。通示。爲後世慮。不若休之。勿用。難治也。施於人而不忘。非天布也。言與天之布化不同。商賈不齒。雖以事齒之神者弗齒商賈爲士類所不齒雖偶有交易之事亦只貌爲周旋神明中終不屬也以喻施而不忘其計較之私與商賈正同使之上民又豈民情之所屬乎聖人所以駴天下神人未嘗過而問焉天事人事志趣固自不同

爲外刑者金與木也爲內刑者動與過也妄動多愆皆天之奪其魄也宵人之離外刑者金木訊之訊問也離內刑者陰陽食之也食蝕夫免乎外內之刑者惟眞人能之外內皆刑難乎免矣惟至人宇宙在手非五行二氣所能拘故獨優而游之得大解脫也

孔子曰凡人心險於山川難於知天天猶有春秋冬夏旦暮之期人者厚貌深情故有貌愿而益貌若愿謹內實盈溢益盈溢也有長若不肖內挾所長貌若不肖有順懁(儇)而達貌柔佻而內通

徵。有堅而縵。貌堅剛而內緜弱。有緩而釬。旱貌寬緩而內躁急。釬急也。故其就義若渴者。其去義若熱。貌之不足信而情之不可測如此。○引孔子之言止此。故君子遠使之而觀其忠。遠則易欺故也。近使之而觀其敬。近則易褻故也。煩使之而觀其能。煩則難理故也。卒猝然問焉而觀其知。卒則難辨故也。急與之期而觀其信。急則易爽故也。委之以財而觀其仁。財易起貪故也。告之以危而觀其節。危易改節故也。醉之以酒而觀其則。醉易亂度故也。雜之以處而觀其色。雜處易慢故也。九徵至不肖人得矣。正考父一命而傴。語正考父孔子十世祖士一命。傴。背曲也。再命而僂。呂大夫再命。僂腰曲也。三命而俯。循牆而走。卿三命。全身向下且不敢當正路也。孰敢不軌。孰敢猶何敢也。如而夫者。謂彼不肖之人。

一命而呂鉅。呂鉅，驕矜之貌。再命而於車上儛，乘車而軒舞，輕浮自得之態。三命而名諸父。呼伯叔之名。驕極也。孰協唐許？唐堯許由，天下且輕之，夫豈受命而驕者，所可同日語哉。

九徵至而物無遁情。三命加而人多驕態，至人以此靜觀，用心如鏡矣。

賊莫大乎德有心而心有睫，德出有心，已非自然，心又時開時合，如有睫然。賊何如之。及其有睫也而內視，方寸之地，何察多端。內視而敗矣。紛擾害道矣。凶德有五，耳目鼻口心也。中德為首。心也。何謂中德？中德也者，有以自好也，而吡其所不為者也。凡心有偏好，則訾夫他人之不同為者。吡，訾也。窮有八極，言八者極窮也。達有三必，言三者必達也。形有六府。形者表暴於外之名，府者蓄藏於中之義。言有此六者蓄藏於中，即不免表暴於外也。美髯長大壯麗勇敢。八者俱過人也。因以是窮。世俗所忌。緣循。依傍而始行者。偃佚。俯伏而善屈者。困畏。懦弱而膽薄者。不若人。三者俱通達。世俗所喜。知慧外通。喪內。勇動多怨。仁義多責。多責者責備多也。〇知慧勇動仁義是謂六府。達生之情者傀。傀大也。化生者天之理。任天則大。達於知者肖。肖小也。用知者人之情。任人則小。達大命者隨。達小命者遭。大命者造化之原。小命者氣數之感。隨則聽其在我。遭猶限於所遇也。〇此蓋勉人研求大道。解心去睫。洞澈本根。庶不役役於八極三必六府中也。有滌除元覽之功。乃識無為自然之妙。於眞致中得大自在。固非徒以委心任運。自謂達人。

人有見宋王者。錫車十乘。以其十乘驕稺莊子。驕稺驕矜而孩視人也。莊子曰。河上有家貧。恃緯蕭而食者。緯織也。蕭蘆也。

其子沒於淵。得千金之珠。其父謂其子曰。取石來鍛之。鍛捶也。夫千金之珠。必在九重之淵。而驪龍頷下。子能得珠者。必遭其睡也。使驪龍而寤。子尚奚微之有哉。言殘食無遺也。今宋國之深。非直九重之淵也。宋王之猛。非直驪龍也。子能得車者。必遭其睡也。使宋王而寤。子爲虀粉夫。研米使分曰粉。虀粉皆碎意也。採珠頷下。九死一生。罔知取於驪龍。不若求以象罔。

或聘於莊子。莊子應其使曰。子見夫犧牛乎。色純曰犧。衣以文繡。食以芻菽。及其牽而入於太廟。雖欲爲孤犢。小牛曰犢。其可得乎。

此與秋水篇譏喻同旨。

莊子將死。弟子欲厚葬之。莊子曰。吾以天地爲棺槨。以日月爲連璧。星辰爲珠璣。萬物爲齎送。齎裝也。吾葬具豈不備邪。何以加此。弟子曰。吾恐烏鳶之食夫子也。鳶鴟也。莊子曰。在上爲烏鳶食。在下爲螻蟻食。奪彼與此。何其偏也。以不平平。其平也不平。物理本無不平。我先恐其不平。而以不平平之。則本平者亦不平平矣。以不徵徵。其徵也不徵。徵測也。物理本自易測。我先防其不測。而以不測測之。則易測者亦不測矣。此蓋郎予奪之偏。推廣言之。以示逆億者之失其常心也。明者唯爲之使。見外物而爲之役。神者徵之。不待測而無不測也。夫明之不勝神也久矣。明者私智。神者虛靈。而愚者恃其所見入於人。凡事只知助以人爲。其功外也。不亦悲乎。究之功力外馳。眞神內喪。迷而不悟。良可哀矣。

無則入有。解乃歸眞。抱道如漆園。豈復計及葬具乎。觀其指示及門之語。可見世情務外。雖復殫竭智力。終無禪於性眞。咏歎長言。不特爲鑿石錮泉之輩。喚醒癡迷。並足使拔山蓋世之雄。淒然淚下。

天下

天下之治方術者多矣。方術亦在道中，特局於一方，不可以道名耳。皆以其有爲不可加矣。古之所謂道術者，果惡乎在。設問。曰無乎不在。答。○涵蓋天地。曰，既答而復言也。神何由降，明何由出。言此道則無從降出也。聖有所生，王有所成。言得此道，乃有以生成也。皆原於一。一者道之根也。不離於宗，命物之化而守其宗。謂之天人。不離於精，形全精復。謂之神人。不離於眞，眞常不忒。謂之至人。以天爲宗，以德爲本，以道爲門。三者皆以無爲爲體。兆於變化，兆見端也。以有爲爲用。謂之聖人。以仁爲恩，以義爲理，以禮爲行，以樂爲和。薰然慈仁，謂之君子。此皆得其一而具有內聖之德者。以法爲分。

以法度爲天下區別。以名爲表。以名器爲天下標準。以參爲驗。以參此合彼爲徵驗。以稽爲決。以考古準今爲決斷。○所參稽者、仍不外法與名也。其數一二三四是也。事物之來、如數一二三四者然、歷歷不爽、無所難也。百官以此相齒。以法度名器相齒序、於是乎官有定職。以事爲常。盡職者以克勤民事爲常。以衣食爲主。民事則以衣食爲本。蕃息畜藏。老弱孤寡爲意。衣食既已豐足、尤以煢獨爲念。皆有以養。養其身家。民之理也。各得其養、民之所以理也。○此散爲萬而見於外王之業者。古之人其備乎。內外俱備。配神明。配、合也。醕天地。醕、和也。育萬物。和天下。澤及百姓。明於本數。係於末度。本舉而末從也。六通四闢。小大精粗。其運無乎不在。道之廣大如此。其明而在數度者。舊法世傳之史。尚多有之。其在於詩書禮樂者。鄒魯之士。搢紳先生。搢笏於大帶之間。故曰搢紳。多能明之。詩以道志。書以道事。禮以道行。樂以道和。易以道陰陽。春秋以道名分。其數散於天下。而設於中國者。百家之學。時或稱而道之。道之傳流如此。天下大亂。賢聖不明。道德不一。天下多得一察焉以自好。一察。一偏之見也。譬如耳目鼻口。皆有所明。不能相通。猶百家眾技也。皆有所長。時有所用。雖然。不該不徧。一曲之士也。判天地之美。析萬物之理。判則不全。析則不合。察古人之全。若以古人之大全視之。寡能備於天地之美。稱神明之容。是故內聖外王之道。闇而不明。鬱而不發。天下之人。各為其所欲焉以自為方。方術。悲夫。百家往而不反。必不合矣。愈趨愈遠。後世之學者。不幸不見天地之純。古人之大體。道術將為天下裂。裂。卽分離之之義。不侈於後世。不示奢侈。不靡於萬物。不事靡費。不暉於數度。不光華。以繩墨自矯。處已以約。而備世之急。應人之窮。此儉約勤勞之教也。古之道術有在於是者。墨翟禽滑釐。聞其風而說之。為之大過。已之大順。已。止也。大順。猶太甚也。作為非樂。命之曰節用。非樂。節用。墨子書中篇名。生不歌。死無服。墨子汎愛兼利而非鬭。愛人利物。而以爭鬭為非。其道不怒。又好學而博。句。不異。不與先王同。聞見既多。敢於自是。雖非有心立異。而學術已殊。毀古之禮樂。黃帝有咸池。堯有大章。舜有大韶。

禹有大夏。湯有大濩。文王有辟雍之樂。武王周公作武。咸池大章大韶大夏大濩及武。皆樂名。古之喪禮。貴賤有儀。上下有等。天子棺槨七重。諸侯五重。大夫三重。士再重。今墨子獨生不歌。死不服。桐棺三寸而無槨。以爲法式。以此教人。恐不愛人。是拂人之性也。以此自行。固不愛己。是自居於薄也。未敗墨子道。言今之學墨者尚多。其教固未廢也。雖然歌而非歌。哭而非哭。樂而非樂。當歌當哭當樂而皆以爲非。是果類乎。果近於人情乎。其生也勤。其死也薄。其道大觳。俗觳。觳。枯瘠不潤也。使人憂。使人悲。其行難爲也。恐其不可以爲聖人之道。反天下之心。天下不堪。墨子雖獨能任。奈天下何。離於天下。不近人情其去王也遠矣。墨子稱道曰。昔者禹之湮洪水。湮塞也。決江河而通四夷九州也。名川三百。支川三千。小者無數。禹親自操橐耜。橐盛土之器。耜掘土之具。而九雜天下之川。九通。糾糾雜。使川之縱橫相入也。腓無胈拔。腓。足之腓腸也。毛音跋人細毛也。毛曰胈。脛無毛。脛。膝以下骨也。沐甚雨。櫛疾風。置萬國。禹大聖也。而形勞天下也如此。使後世之墨者。多以裘褐爲衣。裘褐。布裘也。以跂屐蹻撟爲服。木屐曰跂。草履曰蹻。此言其儉。日夜不休。以自苦爲極。此言其勤。曰不能如此。非禹之道也。不足謂墨。相里勤之弟子。五侯之徒。相里勤亦學墨而爲師於世者。其弟子皆五國諸侯之徒。言從學者衆也。南方之墨者。苦獲。已齒。鄧陵子之屬。居南方者。若苦獲。若已齒。若鄧陵子等三人。

俱誦墨經。而倍譎不同。亦讀墨書，而其譎怪尤倍於墨子，且其說又皆不同。相謂別墨。故自名以別墨，言墨之別派也。以堅白同異之辯相訾。以觭羈偶不仵之辭相應。觭，隻也。不仵，不異也。觭偶本異，而曰不相仵，此强辯之事也。以觭偶不仵之辭相爲問答，故曰相應。以巨子爲聖人。巨，通鉅。巨氏之子，習墨而傑出者也。皆願爲之尸。皆願奉之爲別墨之主。冀得爲其後世。至今不決。人人皆冀續其道脈，故至今不絕。決，絕也。墨翟禽滑釐之意則是。推原其始，墨翟之意，欲敎人儉約，亦是美意。其行則非也。但所行太過當。將使後世之墨者。必自苦以腓無胈。脛無毛相進而已矣。相進，猶相尚也。亂之上也。治之下也。亂天下之罪多，治天下之功少。雖然，墨子眞天下之好也。雖然，墨子之好，出於其心之眞。將求之不得也。求之今世，無復此人。雖枯槁不舍也。才士也夫。雖極其枯槁亦爲之不止亦可謂豪傑之士也夫不累於俗。去世俗之累不飾於物。不以外物自奉不苟於人。不苟合於人不忮於衆。而亦不拂衆心願天下之安寧以活民命。以人人之安寧生全爲願人我之養畢足而止。無人無我皆願其足以自養而已以此白心。以此爲心而暴白於天下古之道術有在於是者。宋鈃刑尹文聞其風而悅之。作爲華山之冠以自表。華山上下平均作冠象之以自表飾接萬物以別宥爲始。其接引人也以別宥之意爲本始別宥者分別之中意多原宥也。語心之容。容有容也命之曰心之行。命名也行猶用也以聏而合驩。聏和也蒸煦之意以調海內。以蒸煦之意合人之驩冀海內以此調和也請欲置之以爲主。欲人皆置此心爲主見侮不辱。救民之鬬。謂民好鬬也爲受侮不辱之說以救之禁攻寢兵救世之戰。謂時世好戰爭也爲禁攻寢兵之說以救之以此周行天下。上說下教。上以說其君下以教世人雖天下不取。強聒而不舍者也。強以此說擾亂人耳而不止也故曰上下見厭而強見也。人皆厭之猶強欲以此表見雖然。其爲人太多。雖然其爲人之意太過其自爲太少。其所爲太自苦曰請欲。設爲問詞固置五升之飯足矣。先生恐不得飽。弟子雖饑不忘天下。日夜不休。雖師不得飽弟子恆饑而猶志存天下日夜不息曰我必得活哉。圖傲乎救世之士哉。不期活已而但謀活人以圖傲夫求名求實而藉口於救世者亦猶豫讓曰吾之爲此極難所以愧天下之爲人臣懷二心者也曰君子不爲苛察。其說又曰君子務寬恕而不爲苛察不以身假物。不以己故假借物力以爲無益於天下者。明之不如己也。明之無益。不如不明也。以禁攻寢兵為外。於外無攻戰之爭。以情欲寡淺為內。於內無情欲之汩。寡淺猶減削也。其小大精粗。其行適至是而止。其學之大小精粗雖不同。而所行之大意僅如是而已。公而不黨。易而無私。易。坦易也。決然無主。決去係累。而無偏主。趣物而不兩。趣。趨也。隨事而趨。不生兩意。不顧於慮。不謀於知。於物無擇。與之俱往。於物無所決擇。惟與之順其自然而行。古之道術有在於是者。彭蒙田駢慎到。聞其風而悅之。齊萬物以為首。其學以齊萬物為首務。小大如一。不起分別也。曰天能覆之而不能載之。地能載之而不能覆之。大道能包之而不能辯之。大道能包羅天地而無所分辯。此言天地與道。皆有所能。有所不能也。知萬物皆有所可。

有所不可。萬物雖皆在道中。然亦各有故曰選則不偏。吾人則當隨其材而用之斯天下無棄物若選而擇之則天下之物有不偏者矣教則不至。物物各具天性之良能不待於教若待教導而使之然則吾之教必有所不及者矣道則無遺者矣。惟與之同歸於道則道體物而未始有遺大成大小成小無不偏不至之患矣即所謂齊也。是故慎到棄知去己。而緣不得已。棄智慮去己私緣於不得已以應天下之物泠汰於物。以爲道理。泠者不熱汰者不渾於物了無沾滯以爲道理當如是也曰知不知。將薄知而後鄰傷之者也。若執着物理而自爲分辨曰何者爲知何者爲不知則將迫於知而卒近於自傷蓋知識一開即不免鑿殘混沌矣謑奚髁課無任。謑髁不正貌蓋圓轉不任職事也而笑天下之尚賢也。縱脫無行。縱放脫略不事行檢而非天下之大聖。椎拍輐阮斷。與物宛轉。

椎則善推拍則應節輐去圭角斷去牽滯皆所以與物宛轉也舍是與非苟可以免不執是非庶無累也不師知慮不知前後魏然而已矣不倚知識而獨立也推而後行曳而後往無成心也若飄風之還若羽之旋若磨石之隧磨石磑也隧轉也皆以喻轉動之無心也全而無非全自全也動靜無過未嘗有罪是何故問何以能無非無過無罪也夫無知之物無建己之患建立也無用知之累動靜不離於理是以終身無譽惟無譽則亦無非無過無罪矣故曰至於若無知之物而已極言其不生分別心也無用賢聖夫塊不失道塊者塊然而無知也豪傑相與笑之曰慎到之道非生人之行而至死人之理以其無知故也適得怪焉言但見駭於世而已田駢亦然學於彭

蒙得不教焉。不言之教。彭蒙之師曰。古之道人。至於莫之是莫之非而已矣。無是無非萬物之所以齊也。其風窢[洫]然。窢然逆風動物之聲。以喻其過而無迹也。惡可而言。言至人風教隨時過去。未可留其聖迹執而言之也。○其師之言如此。常反人。人情好論是非。其道獨以無是非為至。故常相反也。不聚觀。不聚人之觀聽。而不免於魭斷。魭猶輐也。言其所謂無是非者。尙不免宛轉遷就。意主於魭斷。未能純任自然也。其所謂道非道。而所言之韙[韋]不免於非。韙是也。

彭蒙田駢慎到不知道。雖然。槩乎皆嘗有聞者也。言約略亦有所聞。但非道之至耳。以本為精。以物為粗。以有積為不足。致虛極則必至於無積而後止。澹然獨與神明居。古之道術有在於是者。關尹老聃。聞其風而悅之。建之以常無有。以無極為宗。主之以太一。以太極為主。以濡弱謙下為表。道虛而用之或不盈。是故以濡弱謙下為表焉。表謂應事接物見之於外者道之用也。以空虛不毀萬物為實。空虛無礙則物物皆全實者真境。蓋謂道之體也。關尹曰。在己無居。形物自著。尹之言曰。在己之心一無所住。而形形物物莫非己心之所顯發。此便是無所住而生其心。其動若水。故若水之動。其動無心。其靜若鏡。若鏡之靜。其靜無心。其應若響。若響之應聲。其應無心。芴乎若亡。恍忽之際。若亡而實存。寂乎若清。虛寂無物若清而實神。同焉者和。與物同塵而和其光也。得焉者失。保此道者不欲盈。故得而不自得也。未嘗先人而常隨人。老聃曰。知其雄。守其雌。能而隱於不能。為天下谿。處下待輸而不積也。有知其白。守其辱。潔而不為自潔。為天下谷。居虛受感應而不藏也。有水曰谿。無水曰谷。人皆取先。己獨取後。曰受天下之垢。人皆取實。有之以為利。己獨取虛。無之以為用。無藏也故有餘。既以與人已愈有。歸然而有餘。因有餘而特狀其貌。其行身也徐而不費。從容少事。無為也而笑巧。無為故哂彼巧者。人皆求福。己獨曲全。曰苟免於咎。以深為根。以微妙玄通。深不可測為根柢。以約為紀。以治人事天。莫如儉嗇為紀法。曰堅則毀矣。銳則挫矣。常寬容於物。不削於人。削，侵削也。可謂至極。關尹老聃乎。古之博大真人哉。寂寞無形。清虛而無象。變化無常。往來而無體。死與生與。不知死生。天地並與。直與天地同體。神明往與。與造化同運。芒乎何之。忽乎何適。萬物畢羅。大無不包。莫足以歸。不知何者足當其歸宿。古之道術有在於是

荒

者。莊周聞其風而悅之。以謬悠之說。謬悠。虛遠也。荒唐之言。荒唐。放曠也。無端崖之辭。端。起處。崖。止處。時恣縱而不儻。儻。苟也。不以觭見之也。觭。一端也。不以一端自見也。以天下爲沈濁不可與莊語。以天下之人。沈溺五濁。不可以莊重之語道之。以巵言爲曼衍。故以有味之言。優游而深入之。以重言爲眞。借重於古先。欲人以爲眞。以寓言爲廣。寄寓爲言。廣大不拘。獨與天地精神往來。而不敖倪於萬物。神與化游。平視庶類。敖倪。猶傲睨也。不譴是非。以與世俗處。譴。責也。和光同塵。故相忘於是非也。其書雖瓌瑋。而連犿無傷也。瓌瑋。奇特之狀。連犿。相從之貌。其書雖若驚世駭俗。而卻善體物情。連環宛轉。與物相從而不違。是以雖瓌瑋而無傷也。其辭雖參差。而諔詭可觀。其辭旨抑揚縱奪。參差不一。而滑稽詭譎之中。卻有可深思而得之理。彼其充實（多所蘊蓄）不可以已（不可窮止）上與造物者遊而下與外死生無終始者爲友其於本也弘大而闢（開豁）深閎而肆（深精深閎虛廓肆者縱任之意）其於宗也可謂稠適而上遂矣（稠音調謂調御閑適放於自然也）雖然其應於化而解於物也（應自然之大化以解萬物之懸結）其理不竭（無窮盡也）其來不蛻（蛻猶蟬蛻之蛻不蛻者言不見其脫化之迹也）芒乎昧乎（神不可知）未之盡者（人未有能盡其妙者）惠施多方（不成一家）其書五車其道舛（喘）駁（不純）其言也不中麻（歷）物之意（言不中理但以意經歷于物而懸揣之耳）曰至大無外謂之大一至小無內謂之小一（無外極言其大無內極言其小本自易解名之曰大一小一便是強詞奪理其意蓋謂大小不同而至大至小要同是大小中之一也）無厚不可積也其

大千里。無厚薄也薄不可積然卻大至千里言至微而寓至博之用也天與地卑。地下有天是迭為卑山與澤平。山上有澤是勢相平日方中方睨。日既昃則睨視而昃由中來是方中方昃卽方中方睨也物方生方死。死由生兆是方生方死也大同而與小同異此之謂小同異。大同小同同中有異大小各具端倪是於物之分處論同異也故謂之小同異萬物畢同畢異此之謂大同異。同則盡同異則盡異萬類更無區別是於物之合處論同異也故謂之大同異南方無窮而有窮。謂之南已有涯涘今日適越而昔來。知有越時心已先到連環可解也。兩環相連實各自為圓故曰可解我知天下之中央燕之北越之南是也。無人知天之盡處則中央烏知不在於人之所謂極北與極南也氾愛萬物天地一體也。天地非大我非小○以上乃惠施與人辯之話端也惠施以此為大觀於天下。（謂於天下物理獨見其大。）而曉辯者。天下之辯者。相與樂之。卵有毛。（謂卵無毛。何以生有毛之禽鳥。）雞三足。（有足足者。）郢有天下。（楚都郢而稱王。亦與有天下者等。）犬可以為羊。（犬羊之名。皆人所命。若先名犬為羊。則為羊矣。）馬有卵。（胎卵亦由人命也。）丁子有尾。（楚人呼蝦蟆為丁子。丁子無尾。而實為有尾之科斗所化。則謂之有尾亦可。）火不熱。（熱者火用而非火體。如火生於木石。木石未嘗熱。又如火鼠出入火中。火可以浣布。皆不熱之說所藉口也。）山出口。（空谷傳聲。）輪不蹍地。（蹍地何以能轉。）目不見。（目必假光。是不見也。）指不至。（至則不須指矣。）至不絕。（以為既至。不知此外無窮。）龜長於蛇。（形短命長。）矩不方。（天下自有方。非以矩也。）規不可以為圓。（天下自有圓。非以規也。）鑿（漕）不圍枘（芮）。（枘自入之耳。鑿未嘗圍之。鑿孔也。枘塞孔之木。）飛鳥之景（影）未嘗動也。（鳥動耳。非影動。）鏃矢之疾。而有不行不止之時（審際）狗非犬（狗大則曰犬犬小則曰狗實一物也言既以大者爲犬何得更以小者當之）黃馬驪牛三（驪黑色黃黑同謂之色一也與馬牛之體而爲三）白狗黑（黑白人所名耳烏知白之不當名爲黑乎）孤駒未嘗有母（謂之孤則無母矣）一尺之捶日取其半萬世不竭（一尺之捶折而爲二今日用此五寸明日用彼五寸輾轉用之則萬世不竭捶杖也以上乃天下之辯者所持之話端也）辯者以此與惠施相應終身無窮桓團公孫龍辯者之徒（二人皆辯士）飾人之心（飾猶蔽也）易人之意（易猶亂也）能勝人之口不能服人之心辯者之囿也（辯者迷於其中而不能出）惠施日以其知與人之辯特與天下之辯者爲怪此其柢也（惠施無他長特故與辯士爲奇異其根柢不過如此）然惠施之口談自以爲最賢曰天地

其壯乎。自多其辯。謂天地爲之增氣。施存雄而無術。言施但存此雄心。究無學術也。南方有倚人焉。倚通畸。曰黃繚。問天地所以不墜不陷。風雨雷霆之故。惠施不辭而應。不辭讓而應。不慮而對。不思慮而對。徧爲萬物說。說而不休。多而無已。猶以爲寡。益之以怪。以反人爲實。而欲以勝人爲名。是以與衆不適也。適。猶宜也。弱於德。得於心者甚弱。强於物。辯於外者甚强。其塗隩奧矣。迂曲非大道也。由天地之道。觀惠施之能。其猶一蚉一䖟之勞者也。其於物也何庸。無用。夫充一尚可。夫使不圖於一。其才尚堪造就。曰愈貴道幾矣。果能情見乎詞。益貴道術。則庶幾矣。惠施不能以此自寍。不能以此道寍一其心志。以求進於太上忘言之域。散於萬物而不厭。

而獨以其精神散求萬物之理，以遷就其說而不厭其煩。卒以善辯爲名。惜乎惠施之才。駘蕩而不得。馳騖而無所得。逐萬物而不反。逐於萬物而不知反其本。是窮響以聲。形與影競走也。悲夫。響出於聲，欲窮響而不知止聲。影生於形，欲息影而不知止形。皆不知本之喻也。

此爲南華全部後敘。上下古今。光芒萬丈。以文妙論。自是得漆園之火傳者。

讓王

堯以天下讓許由許由不受又讓於子州支父子州支父曰以我爲天子猶之可也雖然我適有幽憂之病方且治之未暇治天下也夫天下至重也而不以害其生又況他物乎唯無以天下爲者可以託天下也舜讓天下於子州支伯子州支伯曰予適有幽憂之病方且治之未暇治天下也故天下大器也而不以易生此有道者之所以異乎俗者也舜以天下讓善卷善卷曰予立於宇宙之中冬日衣皮毛夏日衣葛絺春耕種形足以勞動秋收斂身足以休食日出

而作日入而息逍遥於天地之間而心意自得吾何以天下爲哉悲夫子之不知予也遂不受於是去而入深山莫知其處舜以天下讓其友石戶之農石戶之農曰捲捲乎后之爲人葆力之士也以舜之德爲未至也於是夫負妻戴攜子以入於海終身不反也大王亶父居邠狄人攻之事之以皮帛而不受事之以犬馬而不受事之以珠玉而不受狄人之所求者土地也大王亶父曰與人之兄居而殺其弟與人之父居而殺其子吾不忍也予皆勉居矣爲吾臣與爲狄人臣奚以異且吾聞之不以所用養害所養因杖

策而去之民相連而從之遂成國於岐山之下夫大王亶父可謂能尊生矣能尊生者雖富貴不以養傷身雖貧賤不以利累形今世之人居高官尊爵者皆重失之見利輕亡其身豈不惑哉越人三世弒其君王子搜患之逃乎丹穴而越國無君求王子搜不得從之丹穴王子搜不肯出越人薰之以艾乘以王輿王子搜援綏登車仰天而呼曰君乎君乎獨不可以舍我乎王子搜非惡爲君也惡爲君之患也若王子搜者可謂不以國傷生矣此固越人之所欲得爲君也韓魏相與爭侵地子華子見昭僖侯昭僖侯有憂

色子華子曰今使天下書銘於君之前書之言曰左手攫之則右手廢右手攫之則左手廢然而攫之者必有天下君能攫之乎昭僖侯曰寡人不攫也子華子曰甚善自是觀之兩臂重於天下也身亦重於兩臂韓之輕於天下亦遠矣今之所爭者其輕於韓又遠君固愁身傷生以憂戚不得也僖侯曰善哉教寡人者眾矣未嘗得聞此言也子華子可謂知輕重矣

魯君聞顏闔得道之人也使人以幣先焉顏闔守陋閭苴布之衣而自飯牛魯君之使者至顏闔自對之使者曰此顏闔之家與顏闔對曰此闔之家也使者

致幣顏闔對曰恐聽者謬而遺使者罪不若審之使者還反審之復來求之則不得已故若顏闔者眞惡富貴也故曰道之眞以治身其緒餘以爲國家其土苴以治天下由此觀之帝王之功聖人之餘事也非所以完身養生也今世俗之君子多危身弃生以殉物豈不悲哉凡聖人之動作也必察其所以之與其所以爲今且有人於此以隨侯之珠彈千仞之雀世必笑之是何也則其所用者重而所要者輕也夫生者豈特隨侯之重哉子列子窮容貌有饑色客有言之於鄭子陽者曰列禦寇葢有道之士也居君之國

而窮君無乃爲不好士乎鄭子陽卽令官遺之粟子列子見使者再拜而辭使者去子列子入其妻望之而拊心曰妾聞爲有道者之妻子皆得佚樂今有饑色君過而遺先生食先生不受豈不命邪子列子笑謂之曰君非自知我也以人之言而遺我粟至其罪我也又且以人之言此吾所以不受也其卒民果作難而殺子陽楚昭王失國屠羊說走而從於昭王昭王反國將賞從者及屠羊說屠羊說曰大王失國說失屠羊大王反國說亦反屠羊臣之爵祿已復矣又何賞之言王曰強之屠羊說曰大王失國非臣之罪

故不敢伏其誅大王反國非臣之功故不敢當其賞

王曰見之屠羊說曰楚國之法必有重賞大功而後得見今臣之知不足以存國而勇不足以死寇吳軍入郢說畏難而避寇非故隨大王也今大王欲廢法毀約而見說此非臣之所以聞於天下也王謂司馬子綦曰屠羊說居處卑賤而陳義甚高子其爲我延之以三旌之位屠羊說曰夫三旌之位吾知其貴於屠羊之肆也萬鍾之祿吾知其富於屠羊之利也然豈可以貪爵祿而使吾君有妄施之名乎說不敢當願復反吾屠羊之肆遂不受也原憲居魯環堵之室

茨以生草蓬戶不完桑以爲樞而甕牖二室褐以爲塞上漏下濕匡坐而弦子貢乘大馬中紺而表素軒車不容巷往見原憲原憲華冠縰履杖藜而應門子貢曰嘻先生何病原憲應之曰憲聞之無財謂之貧學而不能行謂之病今憲貧也非病也子貢逡巡而有愧色原憲笑曰夫希世而行比周而友學以爲人教以爲己仁義之慝輿馬之飾憲不忍爲也曾子居衞縕袍無表顏色腫噲手足胼胝三日不舉火十年不製衣正冠而纓絕捉衿而肘見納屨而踵決曳縰而歌商頌聲滿天地若出金石天子不得臣諸侯不

得友故養志者忘形養形者忘利致道者忘心矣孔子謂顏回曰回來家貧居卑胡不仕乎顏回對曰不願仕回有郭外之田五十畝足以給飦粥郭內之田十畝足以爲絲麻鼓琴足以自娛所學夫子之道者足以自樂也回不願仕孔子愀然變容曰善哉回之意丘聞之知足者不以利自累也審自得者失之而不懼行脩於內者無位而不怍丘誦之久矣今於回而後見之是丘之得也中山公子牟謂瞻子曰身在江海之上心居乎魏闕之下奈何瞻子曰重生重生則利輕中山公子牟曰雖知之未能自勝也瞻子曰

不能自勝則從神無惡乎不能自勝而强不從者此之謂重傷重傷之人無壽類矣魏牟萬乘之公子也其隱巖穴也難爲於布衣之士雖未至乎道可謂有其意矣孔子窮於陳蔡之間七日不火食藜羹不糝顏色甚憊而弦歌於室顏回擇菜子路子貢相與言曰夫子再逐於魯削迹於衞伐樹於宋窮於商周圍於陳蔡殺夫子者無罪藉夫子者無禁弦歌鼓琴未嘗絕音君子之無恥也若此乎顏回無以應入告孔子孔子推琴喟然而歎曰由與賜細人也召而來吾語之子路子貢入子路曰如此者可謂窮矣孔子曰

是何言也君子通於道之謂通窮於道之謂窮今丘抱仁義之道以遭亂世之患其何窮之爲故內省而不窮於道臨難而不失其德天寒既至霜雪既降吾是以知松柏之茂也陳蔡之隘於丘其幸乎孔子削然反琴而弦歌子路扢然執干而舞子貢曰吾不知天之高也地之下也古之得道者窮亦樂通亦樂所樂非窮通也道德於此則窮通爲寒暑風雨之序矣故許由娛於潁陽而共伯得乎共首舜以天下讓其友北人無擇北人無擇曰異哉后之爲人也居於畎畝之中而遊堯之門不若是而已又欲以其辱行漫

我吾羞見之因自投清泠之淵湯將伐桀因卞隨而謀卞隨曰非吾事也湯曰孰可曰吾不知也湯又因瞀光而謀瞀光曰非吾事也湯曰孰可曰吾不知也湯曰伊尹何如曰强力忍垢吾不知其他也湯遂與伊尹謀伐桀尅之以讓卞隨卞隨辭曰后之伐桀也謀乎我必以我爲賊也勝桀而讓我必以我爲貪也吾生乎亂世而無道之人再來漫我以其辱行吾不忍數聞也乃自投椆水而死湯又讓瞀光曰知者謀之武者遂之仁者居之古之道也吾子胡不立乎瞀光辭曰廢上非義也殺民非仁也人犯其難我享其

利非廉也吾聞之曰非其義者不受其祿無道之世不踐其土況尊我乎吾不忍久見也乃負石而自沈於廬水昔周之興有士二人處於孤竹曰伯夷叔齊二人相謂曰吾聞西方有人似有道者試往觀焉至於岐陽武王聞之使叔旦往見之與之盟曰加富二等就官一列血牲而埋之二人相視而笑曰嘻異哉此非吾所謂道也昔者神農之有天下也時祀盡敬而不祈喜其於人也忠信盡治而無求焉樂與政爲政樂與治爲治不以人之壞自成也不以人之卑自高也不以遭時自利也今周見殷之亂而遽爲政上

謀而下行貨阻兵而保威割牲而盟以爲信揚行以說衆殺伐以要利是推亂以易暴也吾聞古之士遭治世不避其任遇亂世不爲苟存今天下闇周德衰其竝乎周以塗吾身也不如避之以絜吾行二子北至於首陽之山遂餓而死焉若伯夷叔齊者其於富貴也苟可得已則必不賴高節戾行獨樂其志不事於世此二士之節也

盜跖

孔子與柳下季爲友柳下季之弟名曰盜跖盜跖從卒九千人橫行天下侵暴諸侯穴室樞戶驅人牛馬取人婦女貪得忘親不顧父母兄弟不祭先祖所過之邑大國守城小國入保萬民苦之孔子謂柳下季曰夫爲人父者必能詔其子爲人兄者必能教其弟若父不能詔其子兄不能教其弟則無貴父子兄弟之親矣今先生世之才士也弟爲盜跖爲天下害而弗能教也丘竊爲先生羞之丘請爲先生往說之柳下季曰先生言爲人父者必能詔其子爲人兄者必

能教其弟若子不聽父之詔弟不受兄之教雖今先
生之辯將奈之何哉且跖之爲人也心如涌泉意如
飄風强足以拒敵辯足以飾非順其心則喜逆其心
則怒易辱人以言先生必無往孔子不聽顔回爲馭
子貢爲右往見盜跖盜跖乃方休卒徒太山之陽膾
人肝而餔之孔子下車而前見謁者曰魯人孔丘聞
將軍高義敬再拜謁者謁者入通盜跖聞之大怒目
如明星髮上指冠曰此夫魯國之巧僞人孔丘非邪
爲我告之爾作言造語妄稱文武冠枝木之冠帶死
牛之脅多辭謬說不耕而食不織而衣搖脣鼓舌擅

生是非以迷天下之主使天下學士不反其本妄作孝弟而儌倖於封侯富貴者也子之罪大極重疾走歸不然我將以子肝益晝餔之膳孔子復通曰丘得幸於季願望履幕下謁者復通盜跖曰使來前孔子趨而進避席反走再拜盜跖盜跖大怒兩展其足案劍瞋目聲如乳虎曰丘來前若所言順吾意則生逆吾心則死孔子曰丘聞之凡天下有三德生而長大美好無雙少長貴賤見而皆說之此上德也知維天地能辯諸物此中德也勇悍果敢聚衆率兵此下德也凡人有此一德者足以南面稱孤矣今將軍兼此

三者身長八尺二寸面目有光脣如激丹齒如齊貝音中黃鍾而名曰盜跖丘竊爲將軍恥不取焉將軍有意聽臣臣請南使吳越北使齊魯東使宋衛西使晉楚使爲將軍造大城數百里立數十萬戶之邑尊將軍爲諸侯與天下更始罷兵休卒收養昆弟共祭先祖此聖人才士之行而天下之願也盜跖大怒曰丘來前夫可規以利而可諫以言者皆愚陋恆民之謂耳今長大美好人見而說之者此吾父母之遺德也丘雖不吾譽吾獨不自知邪且吾聞之好面譽人者亦好背而毀之今丘告我以大城衆民是欲規我

以利而恆民畜我也安可長久也城之大者莫大乎天下矣堯舜有天下子孫無置錐之地湯武立為天子而後世絕滅非以其利大故邪且吾聞之古者禽獸多而人民少於是民皆巢居以避之晝拾橡栗暮棲木上故命之曰有巢氏之民古者民不知衣服夏多積薪冬則煬之故命之曰知生之民神農之世臥則居居起則于于民知其母不知其父與麋鹿共處耕而食織而衣無有相害之心此至德之隆也然而黃帝不能致德與蚩尤戰於涿鹿之野流血百里堯舜作立羣臣湯放其主武王殺紂自是之後以強陵

弱以衆暴寡湯武以來皆亂人之徒也今子脩文武之道掌天下之辯以教後世縫衣淺帶矯言僞行以迷惑天下之主而欲求富貴焉盜莫大於子天下何故不謂子爲盜丘而乃謂我爲盜跖子以甘辭說子路而使從之使子路去其危冠解其長劍而受教於子天下皆曰孔丘能止暴禁非其卒之也子路欲殺衛君而事不成身菹於衛東門之上是子教之不至也子自謂才士聖人邪則再逐於魯削迹於衛窮於齊圍於陳蔡不容身於天下子教子路菹此患上無以爲身下無以爲人子之道豈足貴邪世之所高莫

若黃帝黃帝尚不能全德而戰涿鹿之野流血百里堯不慈舜不孝禹偏枯湯放其主武王伐紂文王拘羑里此六子者世之所高也孰論之皆以利惑其眞而強反其情性其行乃甚可羞也世之所謂賢士伯夷叔齊辭孤竹之君而餓死於首陽之山骨肉不葬鮑焦飾行非世抱木而死申徒狄諫而不聽負石自投於河爲魚鼈所食介子推至忠也自割其股以食文公文公後背之子推怒而去抱木而燔死尾生與女子期於梁下女子不來水至不去抱梁柱而死此四者無異於磔犬流豕操瓢而乞者皆離名輕死不

念本養壽命者也世之所謂忠臣者莫若王子比干伍子胥子胥沈江比干剖心此二子者世謂忠臣也然卒爲天下笑自上觀之至於子胥比干皆不足貴也丘之所以說我者若告我以鬼事則我不能知也若告我以人事者不過此矣皆吾所聞知也今吾告子以人之情目欲視色耳欲聽聲口欲察味志氣欲盈人上壽百歲中壽八十下壽六十除病瘦死喪憂患其中開口而笑者一月之中不過四五日而已矣天與地無窮人死者有時操有時之具而託於無窮之間忽然無異騏驥之馳過隙也不能說其志意養

其壽命者皆非通道者也丘之所言皆吾之所棄也亟去走歸無復言之子之道狂狂汲汲詐巧虛僞事也非可以全眞也奚足論哉孔子再拜趨走出門上車執轡三失目芒然無見色若死灰據軾低頭不能出氣歸到魯東門外適遇柳下季柳下季曰今者闕然數日不見車馬有行色得微往見跖邪孔子仰天而歎曰然柳下季曰跖得無逆女意若前乎孔子曰然丘所謂無病而自灸也疾走料虎頭編虎須幾不免虎口哉子張問於滿苟得曰盍不爲行無行則不信不信則不任不任則不利故觀之名計之利而義

眞是也若弃名利反之於心則夫士之爲行不可一日不爲乎滿苟得曰無恥者富多信者顯夫名利之大者幾在無恥而信故觀之名計之利而信眞是也若弃名利反之於心則夫士之爲行抱其天乎子張曰昔者桀紂貴爲天子富有天下今謂臧聚曰女行如桀紂則有怍色有不服之心者小人所賤也仲尼墨翟窮爲匹夫今謂宰相曰子行如仲尼墨翟則變容易色稱不足者士誠貴也故勢爲天子未必貴也窮爲匹夫未必賤也貴賤之分在行之美惡滿苟得曰小盜者拘大盜者爲諸侯諸侯之門義士存焉昔

者桓公小白殺兄入嫂而管仲爲臣田成子常殺君竊國而孔子受幣論則賤之行則下之則是言行之情悖戰於胸中也不亦拂乎故書曰孰惡孰美成者爲首不成者爲尾子張曰子不爲行卽將疏戚無倫貴賤無義長幼無序五紀六位將何以爲別乎滿苟得曰堯殺長子舜流母弟疏戚有倫乎湯放桀武王伐紂貴賤有義乎王季爲適周公殺兄長幼有序乎儒者僞辭墨者兼愛五紀六位將有別乎且子正爲名我正爲利名利之實不順於理不監於道吾日與子訟於無約曰小人殉財君子殉名其所以變其情

易其性則異矣乃至於弃其所爲而殉其所不爲則一也故曰無爲小人反殉而天無爲君子從天之理若枉若直相而天極面觀四方與時消息若是若非執而圓機獨成而意與道徘徊無轉而行無成而義將失而所爲無赴而富無殉而成將弃而天比干剖心子胥抉眼忠之禍也直躬證父尾生溺死信之患也鮑子立乾勝子不自理廉之害也孔子不見母匡子不見父義之失也此上世之所傳下世之所語以爲士者正其言必其行故服其殃離其患也無是問於知和曰人卒未有不興名就利者彼富則人歸之

歸則下之下則貴之夫見下貴者所以長生安體樂意之道也今子獨無意焉知不足邪意知而力不能行邪故推正不忘邪知和曰今夫此人以爲與已同時而生同鄉而處者以爲夫絕俗過世之士焉是專無主正所以覽古今之時是非之分也與俗化世去至重弃至尊以爲其所爲也此其所以論長生安體樂意之道不亦遠乎慘怛之疾恬愉之安不監於體怵惕之恐忻懽之喜不監於心知爲爲而不知所以爲是以貴爲天子富有天下而不免於患也無足曰夫富之於人無所不利窮美究勢至人之所不得逮

聖人之所不能及俠人之勇力而以爲威强秉人之知謀以爲明察因人之德以爲賢良非亯國而嚴若君父且夫聲色滋味權勢之於人心不待學而樂之體不待象而安之夫欲惡避就固不待師此人之性也天下雖非我孰能辭之知和曰知者之爲故動以百姓不違其度是以足而不爭無以爲故不求不足故求之爭四處而不自以爲貪有餘故辭之弃天下而不自以爲廉廉貪之實非以迫外也反監之度勢爲天子而不以貴驕人富有天下而不以財戲人計其患慮其反以爲害於性故辭而不受也非以要名

譽也堯舜爲帝而雍非仁天下也不以美害生也善
卷許由得帝而不受非虛辭讓也不以事害己也此
皆就其利辭其害而天下稱賢焉則可以有之彼非
以興名譽也無足曰必持其名苦體絕甘約養以持
生則亦久病長阨而不死者也知和曰平爲福有餘
爲害者物莫不然而財其甚者也今富人耳營鐘鼓
管籥之聲口嗛於芻豢醪醴之味以感其意遺忘其
業可謂亂矣侅溺於馮氣若負重行而上也可謂苦
矣貪財而取慰貪權而取竭靜居則溺體澤則馮可
謂疾矣爲欲富就利故滿若堵耳而不知避且馮而

不舍可謂辱矣財積而無用服膺而不舍滿心戚醮求益而不止可謂憂矣內則疑劫請之賊外則畏寇盜之害內周樓疏外不敢獨行可謂畏矣此六者天下之至害也皆遺忘而不知察及其患至求盡性竭財單以反一日之無故而不可得也故觀之名則不見求之利則不得繚意絕體而爭此不亦惑乎

說劍

昔趙文王喜劍劍士夾門而客三千餘人日夜相擊於前死傷者歲百餘人好之不厭如是三年國衰諸侯謀之太子悝患之募左右曰孰能說王之意止劍士者賜之千金左右曰莊子當能太子乃使人以千金奉莊子莊子弗受與使者俱往見太子曰太子何以教周賜周千金太子曰聞夫子明聖謹奉千金以幣從者夫子弗受悝尚何敢言莊子曰聞太子所欲用周者欲絕王之喜好也使臣上說大王而逆王意下不當太子則身刑而死周尚安所事金乎使臣上

說大王下當太子趙國何求而不得也太子曰然吾
王所見唯劍士也莊子曰諾周善爲劍太子曰然吾
王所見劍士皆蓬頭突鬢垂冠曼胡之纓短後之衣
瞋目而語難王乃說之今夫子必儒服而見王事必
大逆莊子曰請治劍服治劍服三日乃見太子太子
乃與見王王脫白刃待之莊子入殿門不趨見王不
拜王曰子欲何以教寡人使太子先曰臣聞大王喜
劍故以劍見王王曰子之劍何能禁制曰臣之劍十
步一人千里不留行王大說曰天下無敵矣莊子曰
夫爲劍者示之以虛開之以利後之以發先之以至

願得試之王曰夫子休就舍待命令設戲請夫子王乃校劍士七日死傷者六十餘人得五六人使奉劍於殿下乃召莊子王曰今日試使士敦劍莊子曰望之久矣王曰夫子所御杖長短何如曰臣之所奉皆可然臣有三劍唯王所用請先言而後試王曰願聞三劍曰有天子劍有諸侯劍有庶人劍王曰天子之劍何如曰天子之劍以燕谿石城爲鋒齊岱爲鍔晉魏爲脊周宋爲鐔韓魏爲鋏包以四夷裹以四時繞以渤海帶以常山制以五行論以刑德開以陰陽持以春夏行以秋冬此劍直之無前舉之無上案之無

下運之無旁上決浮雲下絕地紀此劍一用匡諸侯天下服矣此天子之劍也文王芒然自失曰諸侯之劍何如曰諸侯之劍以知勇士爲鋒以淸廉士爲鍔以賢良士爲脊以忠聖士爲鐔以豪傑士爲鋏此劍直之亦無前舉之亦無上案之亦無下運之亦無旁上法圓天以順三光下法方地以順四時中和民意以安四鄉此劍一用如雷霆之震也四封之內無不賓服而聽從君命者矣此諸侯之劍也王曰庶人之劍何如曰庶人之劍蓬頭突鬢垂冠曼胡之纓短後之衣瞋目而語難相擊於前上斬頸領下決肺肝此

庶人之劍無異於鬬雞一旦命已絕矣無所用於國事今大王有天子之位而好庶人之劍臣竊爲大王薄之王乃牽而上殿宰人上食王三環之莊子曰大王安坐定氣劍事已畢奏矣於是文王不出宮三月劍士皆服斃其處也

漁父

孔子遊乎緇帷之林休坐乎杏壇之上弟子讀書孔子絃歌鼓琴奏曲未半有漁父者下船而來鬚眉交白被髮揄袂行原以上距陸而止左手據膝右手持頤以聽曲終而招子貢子路二人俱對客指孔子曰彼何爲者也子路對曰魯之君子也客問其族子路對曰族孔氏客曰孔氏者何治也子路未應子貢對曰孔氏者性服忠信身行仁義飾禮樂選人倫上以忠於世主下以化於齊民將以利天下此孔氏之所治也又問曰有土之君與子貢曰非也侯王之佐與

子貢曰非也客乃笑而還行言曰仁則仁矣恐不免其身苦心勞形以危其眞嗚呼遠哉其分於道也子貢還報孔子孔子推琴而起曰其聖人與乃下求之至於澤畔方將杖拏而引其船顧見孔子還鄉而立孔子反走再拜而進客曰子將何求孔子曰曩者先生有緒言而去丘不肖未知所謂竊待於下風幸聞咳唾之音以卒相丘也客曰嘻甚矣子之好學也孔子再拜而起曰丘少而脩學以至於今六十九歲矣無所得聞至敎敢不虛心客曰同類相從同聲相應固天之理也吾請釋吾之所有而經子之所以子之

所以者人事也天子諸侯大夫庶人此四者自正治之美也四者離位而亂莫大焉官治其職人憂其事乃無所陵故田荒室露衣食不足徵賦不屬妻妾不和長少無序庶人之憂也能不勝任官事不治行不清白羣下荒怠功美不有爵祿不持大夫之憂也廷無忠臣國家昏亂工技不巧貢職不美春秋後倫不順天子諸侯之憂也陰陽不和寒暑不時以傷庶物諸侯暴亂擅相攘伐以殘民人禮樂不節財用窮匱人倫不飭百姓淫亂天子有司之憂也今子既上無君侯有司之勢而下無大臣職事之官而擅飾禮樂

選人倫以化齊民不泰多事乎且人有八疵事有四患不可不察也非其事而事之謂之總莫之顧而進之謂之佞希意道言謂之諂不擇是非而言謂之諛好言人之惡謂之讒析交離親謂之賊稱譽詐僞以敗惡人謂之慝不擇善否兩容頰適偷拔其所欲謂之險此八疵者外以亂人內以傷身君子不友明君不臣所謂四患者好經大事變更易常以挂功名謂之叨專知擅事侵人自用謂之貪見過不更聞諫愈甚謂之狠人同於己則可不同於己雖善不善謂之矜此四患也能去八疵無行四患而始可教已孔子

愀然而歎再拜而起曰丘再逐於魯削迹於衞伐樹於宋圍於陳蔡丘不知所失而離此四謗者何也客悽然變容曰甚矣子之難悟也人有畏影惡迹而去之走者舉足愈數而迹愈多走愈疾而影不離身自以爲尚遲疾走不休絕力而死不知處陰以休影處靜以息迹愚亦甚矣子審仁義之間察同異之際觀動靜之變適受與之度理好惡之情和喜怒之節而幾於不免矣謹脩而身愼守其眞還以物與人則無所累矣今不脩之身而求之人不亦外乎孔子愀然曰請問何謂眞客曰眞者精誠之至也不精不誠不

能動人故強哭者雖悲不哀強怒者雖嚴不威強親者雖笑不和眞悲無聲而哀眞怒未發而威眞親未笑而和眞在內者神動於外是所以貴眞也其用於人理也事親則慈孝事君則忠貞飲酒則懽樂處喪則悲哀忠貞以功爲主飲酒以樂爲主處喪以哀爲主事親以適爲主功成之美無一其迹矣事親以適不論所以矣飲酒以樂不選其具矣處喪以哀無問其禮矣禮者世俗之所爲也眞者所以受於天也自然不可易也故聖人法天貴眞不拘於俗愚者反此不能法天而恤於人不知貴眞祿祿而受變於俗故

不足惜哉子之早湛於人僞而晚聞大道也孔子又再拜而起曰今者丘得遇也若天幸然先生不羞而比之服役而身教之敢問舍所在請因受業而卒學大道客曰吾聞之可與往者與之至於妙道不可與往者不知其道慎勿與之身乃無咎子勉之吾去子矣吾去子矣乃刺船而去延緣葦間顏淵還車子路授綏孔子不顧待水波定不聞拏音而後敢乘子路旁車而問曰由得爲役久矣未嘗見夫子遇人如此其威也萬乘之主千乘之君見夫子未嘗不分庭伉禮夫子猶有倨傲之容今漁父杖拏逆立而夫子曲

要磬折言拜而應得無太甚乎門人皆怪夫子矣漁父何以得此乎孔子伏軾而歎曰甚矣由之難化也湛於禮義有閒矣而樸鄙之心至今未去進吾語女夫遇長不敬失禮也見賢不尊不仁也彼非至仁不能下人下人不精不得其眞故長傷身惜哉不仁之於人也禍莫大焉而由獨擅之且道者萬物之所由也庶物失之者死得之者生爲事逆之則敗順之則成故道之所在聖人尊之今漁父之於道可謂有矣吾敢不敬乎

南華眞經正義終

吳縣黃興元校

南華真經識餘

三種

怡顏齋梓

莊子爲道家言篇中人名地名以及鳥獸草木半屬寓言必欲切求故實轉嫌穿鑿雖然不可名者道也而道寄於文人地物事又爲文者之所寄也於其所寄者略爲攷覈以便循覽倘亦因文見道之一助乎

南華眞經識餘

釋文補

宛平陳壽昌輯

內篇

逍遙遊篇

北冥有魚其名爲鯤

陸德明釋文北冥北海也東方朔十洲記云水黑色謂之冥海無風洪波百丈鯤大魚名崔譔云鯤當作鯨按列子殷湯篇有魚焉其廣數千里其長稱焉其名爲鯤又爾雅釋魚鯤魚子註凡魚之子名鯤與此不合姑備一解

其名爲鵬

釋文崔云鵬卽古鳳字非來儀之鳳也說文云朋及鵬皆古文鳳字也按玉篇鵬大鵬鳥也又太平

御覽載崑崙層期國出大鵬鳥飛則蔽日能食駱駝人拾得其羽截以爲水桶

摶扶搖而上者九萬里

釋文司馬彪云上行風謂之扶搖爾雅云扶搖謂之飈郭璞云暴風從下上也

覆杯水於坳堂之上

釋文坳堂崔云堂道謂之坳司馬云塗地令平也按廣韻坳音凹窊下也坳堂當是堂之凹處

蜩與學鳩笑之

釋文司馬云蜩蟬也學鳩小鳩也學又作鷽崔云學讀爲滑滑鳩一名滑雕唐釋成元英疏鷽鳩鶻鳩也即班鳩也或云山鵲之似鳩者

朝菌不知晦朔蟪蛄不知春秋

釋文司馬云朝菌大芝也天陰生糞上見日則死說文云地蕈也按爾雅釋草疏大曰中馗小曰菌

菌生以朝翫計故曰朝菌又高郵王氏讀書雜志餘編謂淮南道應篇引此朝菌作朝秀高誘註曰朝秀朝生暮死之蟲生水上狀似蠶蛾一名孳母據此則朝秀與蟪蛄皆蟲名也朝秀朝菌特語之轉耳且上文云之二蟲又何知此云不知晦朔亦必蟲也蟲者微有知之物故以知不知言之若草木本屬無知之物又何待言說亦通蟪蛄成疏夏蟬也生於麥梗亦謂之麥節按蟪蛄蟬類有二楚辭招隱士歲暮兮不自聊蟪蛄鳴兮啾啾寒螿也此則當是生在夏間小而青紫者

楚之南有冥靈者以五百歲爲春五百歲爲秋上古有大椿者以八千歲爲春八千歲爲秋

釋文李頤云冥靈木名司馬云大椿木一名櫄櫄木槿也又宋羅勉道云冥靈者冥海之靈龜也龜列四靈之中故謂之靈冥靈大椿與上文朝菌蟪蛄皆以一植一動對舉則冥靈非植物明矣以五百歲爲春爲秋者史記龜千歲合二五百恰符千歲之數大椿以八千歲爲春爲秋者析椿字爲二

八百乘之以十則二八千之數也滑稽杜撰偶然出此殆亦亥字二首六身之類

而彭祖乃今以久特聞

釋文李云彭祖名鏗堯臣封於彭城歷虞夏至商年七百歲世本云姓籛名鏗在商爲守藏史在周爲柱下史年八百歲籛音翦一云即老子也按楚辭天問彭鏗斟雉王逸注引神仙傳曰彭祖帝顓頊之元孫善養性能調鼎進雉羹於堯堯封於彭城歷夏經殷至周年七百六十七歲而不衰又云彭祖至八百歲猶自悔不壽恨枕高而唾遠也

湯之問棘也是已

釋文李云棘湯時賢人又云是棘子按列子湯問篇作問於夏革張湛注曰革莊子音棘殷敬順釋文曰夏棘字子棘湯賢大夫

斥鴳笑之曰

釋文司馬云斥小澤也本亦作尺鷃亦作鴳按禽經鷃上有赤赤通尺謂鴳之上飛僅能尺也或謂尺亦作斥

而宋榮子猶然笑之

釋文榮子司馬云宋國人崔云賢者也成疏姓榮氏子者有德之稱按皇甫謐高士傳稱榮啟期鹿裘帶索鼓琴而歌孔子游於泰山見而問之曰先生何樂也期告以三樂且曰貧者士之常死者民之終居常以待終何不樂也是眞有德者也此所謂榮子者殆其人歟德清俞氏人名攷謂宋榮子卽宋鈃則是以宋爲姓氏矣

夫列子御風而行

釋文李云列子名御寇鄭人也與鄭穆公同時按列子師於壺邱子林著書八卷得風仙之道後鄭穆公百年非同時也柳宗元辨之甚詳釋文蓋沿劉向之誤

而御六氣之辯

釋文六氣司馬云陰陽風雨晦明也李云平旦爲朝霞日中爲正陽日入爲飛泉夜半爲沆瀣天玄地黃爲六氣王逸註楚辭云陵陽子明經言春食朝霞朝霞者日欲出時黃氣也秋食淪陰淪陰者日没已後赤黃氣也冬食沆瀣沆瀣者北方夜半氣也夏食正陽正陽者南方日中氣也并天玄地黃之氣是爲六氣支遁云天地四時之氣也

堯讓天下於許由

釋文許由隱人也隱於箕山司馬云潁川陽城人梁簡文帝云陽城槐里人李云字仲武按高士傳載許由不受堯禪遁耕於中岳潁水之陽箕山之下堯又召爲九州長由不欲聞洗耳於潁水之陽

偃鼠飲河

釋文李云鼷鼠也說文鼷鼠一曰偃鼠成疏偃鼠形大如牛赤黑色獐腳腳有三甲耳似象耳尾端

白按偃鼠好偃河而飲水故名偃亦作鼴

肩吾問於連叔曰吾聞言於接輿

釋文肩吾李云賢人也司馬云神名又見大宗師篇司馬云山神不死至孔子時連叔李云懐道人也接輿楚人成疏姓陸名通字接輿佯狂不仕楚王遣使以黄金百鎰車二駟聘之不應

藐姑射之山

釋文藐姑射山名在北海中藐列子天瑞篇作列案姑射山山海經凡兩見其載在東山經者别是一山海内北經列姑射在海河洲中郭璞註謂卽指此

越人斷髮文身無所用之

按史記集解吳太伯世家應邵注云常在水中故斷其髮文其身以象龍子故不見傷害又淮南子原道訓九疑之南陸事寡而水事衆於是民人披髮文身以像鱗蟲

往見四子藐姑射之山汾水之陽

釋文四子司馬及李云王倪齧缺被衣許由也藐姑射據江都秦氏列子盧注校刻本補釋甚詳引莊子以爲上文所稱者在海中此則臨汾之姑射見於東山經者卽今平陽府西之九孔山也並引隋書地理志爲證案莊子稱姑射以喻神居一篇之中豈容强分二處秦氏蓋未明下文汾水之陽句指堯旣歸時言故不得不曲爲之說至弇山畢氏校刊山海經並謂海內北經所載姑射亦在山西則尤誤矣汾水之陽成疏汾水出自太原西入於河水北曰陽按堯都平陽在汾水北故城在今山西平陽府臨汾縣界所謂汾水之陽卽以帝都言也故上旣云往此則不言歸而其義自見也

惠子謂莊子曰魏王貽我大瓠之種

釋文司馬云惠子姓惠名施爲梁相魏王梁惠王也按惠王名罃武侯之子未徙大梁時國號魏瓠成疏匏類按瓠卽壺也詩豳風八月斷壺注壺瓠也

何不慮以爲大樽

釋文司馬云樽如酒器縛之於身浮於江湖可以自渡慮猶結綴也所謂瓠舟者是按樽猶壺也儀禮燕禮注禮法有以壺爲樽者左傳昭公十四年樽以魯壺皆同物異名之證而用以盛酒醴用以渡江湖其實一也鶡冠子所謂中流失船一壺千金也

子獨不見狸狌乎

成疏狸狌野貓也按狸同貍其類非一食蟲鼠者名虎貍善竊雞鴨者名貓貍狌亦作鼪鼠狼也

今夫斄牛

成疏猶旄牛也按山海經北山經潘侯之山有獸焉其狀如牛而四節生毛名曰旄牛又中山經荊山其中多犛牛注旄牛屬也黑色出西南徼外

齊物論篇

南郭子綦隱几而坐

釋文司馬云居南郭因以爲號成疏楚昭王之庶弟莊王時爲司馬字子綦古人淳質多以居處爲號亦猶市南宜僚東郭順子之類也按又見人間世篇作南伯子綦徐無鬼同大宗師篇作南伯子葵寓言篇作東郭子綦又俞氏人名攷云列子仲尼篇子列子與南郭子連牆二十年不相請謁即其人也

顏成子游立侍乎前

釋文李云姓顏名偃謚成字子游子綦弟子也按又見徐無鬼篇作顏成子

似枅似圈似臼似注者似污者激者謞者叱者吸者叫者譹者宎者咬者前者唱于而隨者唱喁

釋文枅字林云柱上方木簡文云欂櫨也圈郭音權杯圈也徐其阮反言如羊豕之闌圈也注者污

者司馬云若洼曲若汙下也激者如水激也司馬云聲若激噭也謞者叱者吸者叫者譹者司馬云若譁謞聲若叱咄聲若噓吸聲若叫呼聲若譹哭聲也宎者司馬云深者也若深宎宎然咬者司馬云聲哀切咬咬然也于喁李云聲之相和也按說文枅屋櫨也徐鍇曰柱上橫木承棟者橫之似笄也圈養獸之閑也臼作臼舂也古者掘地爲臼其後穿木石象形中米也又集韻圈與棬同屈木所爲巵匜之屬又羅勉道云枅則相累積有空缺圈則圓而中空臼則中宎皆取象於物者水聚牛跡曰洼水渟宎下之所曰污二者取象於地激如水激聲謞如箭去聲譹如號哭聲宎室東南隅如深室中聲咬如鳥咬咬聲唱于于竽通韓非曰竽爲五聲之長故曰唱于喁者衆竅如魚口之噞喁也

其留如詛盟

按周禮春官詛祝掌盟詛詛註盟詛主於要誓大事曰盟小事曰詛疏盟者盟將來詛者詛往過

百骸九竅六藏

人身有三百六十骨節總言百以賅之成疏九竅謂眼耳鼻舌口及下二漏也六謂六腑大腸小腸膀胱三焦也藏謂五臟心肝脾肺腎也

狙公賦芧

釋文司馬云狙公典狙官也崔云養猨狙者也李云老狙也廣雅云狙獼猴也按列子黃帝篇亦載此詳其辭義狙公當是宋人以養狙而得名者芧成疏橡子也似栗而小按橡子卽栩實也

昭文之鼓琴也師曠之枝策也

釋文司馬云昭文古善琴者按列子湯問篇載鄭師文從師襄鼓琴事註曰師文鄭國樂師俞氏人名攷謂稱師者以官言稱昭者以氏言師文疑卽昭文也師曠按又見騈拇篇釋文司馬云晉賢大夫善音律能致鬼神史記云冀州南和人生而無目成疏曠字子野爲晉平公樂師

故以堅白之昧終

釋文司馬云堅白謂堅石白馬之辯也又云公孫龍有淬劍之法謂之堅白或曰設矛伐之說爲堅辯白馬之名爲白成疏堅持其白馬之說故曰堅白又今本公孫龍子有堅白論堅以石之質言白以石之色言皆主石以立說也按堅白爲辭辯之名相傳已久似非創自公孫龍輩觀孔子不曰堅乎不曰白乎之語亦謂當時有是說也循名攷義當是堅則無以屈白則無以污皆善於口辯以禦人者亦猶鬼谷子所謂縱横捭闔之類是也

昔者十日並出

按山海經海外東經陽谷上有扶桑十日所浴又淮南子本經訓堯時十日並出使羿射落其九

齧缺問乎王倪

釋文齧缺未詳按淮南子齊俗篇高誘註齧缺被衣皆堯時老人王倪釋文引高士傳云堯時賢人也按漢書古今人表作王兒

民食芻豢麋鹿食薦蝍蛆甘帶

釋文司馬云牛羊曰芻犬豕曰豢以所食得名也按禮月令疏食草曰芻食穀曰豢薦說文獸所食草也蝍蛆廣雅蜈蚣也又爾雅釋蟲註似蝗大腹長角能食蛇腦帶釋文崔云蛇也

猨猵狙以爲雌

釋文司馬云狙一名獦牂似猨而狗頭憙與雌猨交也崔云猵狙一名獦牂其雄憙與猨雌爲牝牡向秀云猵狙以猨爲雌也

毛嬙麗姬

釋文司馬云毛嬙古美人麗姬晉獻公之嬖以爲夫人一云毛嬙越王之美姬也

瞿鵲子問乎長梧子

釋文瞿鵲子未詳證以下文當是孔子弟子長梧子李云居長梧下因以爲名簡文云長梧封人也

按戰國策秦策有梧下先生高誘註先生長者有德者稱家有大梧因以爲號李云居長梧下倘即其人歟

見彈而求鴞炙

釋文司馬云鴞小鳩可炙毛詩草木疏云大如班鳩綠色其肉甚美按爾雅釋鳥梟鴟疏可爲羹臛又可爲炙卽青鴞也

女以妄聽之奚

宋王應麟云張文潛銘商瑤曰造物則奚句法本此

艾封人之子也

釋文艾地未詳據左傳晉獻公伐驪戎以驪姬歸則艾地當在驪戎境內今陝西臨潼縣東有驪戎故城

養生主篇

庖丁爲文惠君解牛

釋文崔云庖丁庖人丁其名也按呂氏春秋精通篇載宋之庖丁好解牛用刀十九年若新鄭研㨿此則庖丁當爲宋人淮南子齊俗篇載庖丁用刀十九年而刀如新剖硎高誘注庖丁齊屠伯也則又當爲齊人此云爲文惠君解牛文惠君司馬云梁惠王也則又當爲梁人夫以庖丁一人而籍隸三國理所必無而以三國之庖人皆以丁名亦事所罕有大抵庖丁者卽園丁畬丁畦丁之類丁猶人也必古有是人而以善解牛聞故競舉之以誇美也

老聃死

成疏老聃卽老子也姓李名耳字伯陽按法輪經老子在天皇時爲通玄天師地皇時爲有古先生人皇時爲盤古先生伏羲時爲鬱華子神農時爲大成子祝融時爲廣壽子黃帝時爲廣成子帝嚳

時爲錄圖子帝堯時爲務成子帝舜時爲尹壽子夏禹時爲眞行子商湯時爲錫則子後以商王陽甲十八年降胎至武丁九年生在周西伯時爲藏史號燮邑子武王時爲柱下史號育成子成王時爲經成子康王時爲郭叔子又按葛洪神仙傳老子者或云上三皇時爲元中法師下三皇時爲金闕帝君神農時爲九靈老子顓頊時爲赤精子文王時爲文邑先生以後未詳餘與法輪經同

人間世篇

死者以國量乎澤若蕉

釋文向云蕉草芥也按乎當作平謂塡平其澤如草芥之多也淮南子氾論篇道路死人以溝量可爲以國量絶句之證

術暴人之前者

術通述按禮祭義結諸心形諸色而術省之註術當爲述

禹攻有扈

釋文司馬云有扈國名在始平郡郎今京兆鄠縣也按鄠縣今屬陝西西安府

獸死不擇音

郭註意急情盡則和聲不至按左傳文公十七年鹿死不擇音杜註音與蔭通謂鋌而走險不暇更擇庇蔭之所也

顏闔

釋文顏闔魯之賢人隱者案顏闔事見讓王篇又漢書楊雄傳或鑿坏以遁應劭曰魯君聞顏闔賢欲以爲相使者往聘因鑿後垣而亡

以蜄盛溺

成疏蜄大蛤也按蜄灰泥之器周禮春官鬯人掌四方山川用蜃器

至於曲轅

釋文曲轅司馬云曲道也崔云道名成疏地名也其道屈曲如嵩山之西有轘轅之道即斯類也

匠伯不顧

釋文伯匠石字也崔本亦作石俞氏人名攷謂前後皆言匠石中間忽言匠伯疑是字之誤陸氏以爲匠石之字蓋臆說也按說文伯長也匠伯當是諸匠中之長亦猶今之稱匠頭也

匠石覺而診其夢

釋文診向及司馬並云占夢也高郵王氏謂診當讀爲畛爾雅畛告也郭註引曲禮曰畛於鬼神畛與診古字通此蓋謂匠伯覺而告其夢於弟子非謂占夢也

南伯子綦游乎商之邱

釋文李云南伯即南郭也伯長也按大宗師篇又作南伯子葵李云葵當爲綦聲之誤也商之邱司

馬云今梁國睢陽縣是也按睢陽在今河南歸德府商邱縣界

求高名之麗者斬之

釋文司馬云麗小船也又屋欂也按麗同欐欐楝名列子湯問篇薙門鬻歌餘音遶梁欐三日不絕

故解之以牛之白顙者

解祭祀解禳也按漢書郊祀志古者天子春有解祠一云解巫祝書名

支離疏者

釋文司馬云形體支離不全貌疏其名也按疏亦藉寓脫略之義又至樂篇有支離叔列禦寇篇有支離益皆以解心忘形寓妙理於姓氏間也

迷陽迷陽

郭註迷陽猶亡陽也釋文司馬云迷陽伏陽也言詐狂按迷陽棘草也詩召南言采其薇注薇似蕨

而差小有芒而味苦山間人食之謂之
迷蕨胡氏云郎莊子所謂迷陽者是

德充符篇

雄入於九軍

釋文崔李云天子六軍諸侯三軍通爲九軍簡文云兵書以攻九天收九地故謂之九軍

同師於伯昏無人

釋文無人雜篇作瞀人按列子黃帝篇與此同殷敬順釋文無莫侯切蓋仍讀無爲瞀成疏伯長也昏闇也德居物長韜光若闇洞忘物我故曰伯昏無人蓋寄名也

遊於羿之彀中

郭注羿古之善射者按羿堯時人也夏初有窮之君慕其能亦以羿名

不以翣

釋文翣扇也武王所造朱均云武飾也按禮檀弓飾棺牆置翣註翣以布衣木如攝與疏鄭註喪大記云漢禮翣以木爲筐廣三尺高二尺四寸方兩角高衣以白布畫雲氣柄長五尺

大宗師篇

若狐不偕務光伯夷叔齊箕子胥餘紀他申徒狄

釋文司馬云狐不偕古賢人也皇甫謐云務光黃帝時人耳長七寸按史記伯夷列傳及漢書古今人表皆謂務光爲殷湯時人務或作瞀又淮南子精神訓務光不以生害義故自投於淵伯夷叔齊孤竹君之二子按伯夷名元字公信叔齊名致字公達姓墨胎氏胥餘司馬云箕子名見尸子又云尸子曰箕子胥餘漆身爲厲披髮佯狂按與今本同箕子紂諸父封箕子爵也今山西遼州榆社縣有箕城一云箕子名胥餘比干名胥餘紀他成疏姓紀名他湯時逸人聞湯讓務光恐及乎已遂將弟子陷於窾水而死按與申徒狄事同見外物篇申徒狄釋文云殷時人負石自沈於河崔本作司

徒狄俞氏人名攷據史記留侯世家良爲韓申徒徐廣註謂申徒卽司徒也但語音訛轉故字亦隨改按司徒之職命自虞廷爵顯位尊載筆者豈容隨聲更易左傳載宋以武公廢司空因以司城名之易司爲申此必有故特歷年久遠無可稽耳至謂申徒之賜氏其先必有官司徒者則不誤也

狶韋氏得之以挈天地伏羲氏得之以襲氣母維斗得之終古不忒日月得之終古不息堪坏得之以襲崑崙馮夷得之以遊大川肩吾得之以處大山黃帝得之以登雲天顓頊得之以處玄宮禺强得之立乎北極西王母得之坐乎少廣莫知其始莫知其終彭祖得之上及有虞下及五伯傅說得之以相武丁奄有天下乘東維騎箕尾而比於列星

釋文司馬云狶韋氏上古帝王名狶李音豕按殷之豕韋爲五霸之一或卽其後維斗李云北斗所以爲天之綱維堪坏司馬云神名人面獸形淮南作欽負按今本淮南子齊俗篇作鉗且武進莊氏校本謂字形近故誤耳崑崙山名成疏在北海之北按水經注山在西北去嵩高萬里地之中也馮夷司馬云清泠傳曰馮夷華陰潼鄉隄首人也服八石得水仙是爲河伯按山海經海內北經從極之淵深三百仞惟冰夷恆都焉郭璞註冰夷馮夷也肩吾解見逍遙遊篇黃帝成疏帝採首山之銅鑄鼎於荊山之下鼎成有龍垂於鼎以迎黃帝遂將羣臣後宮七十二人乘雲上升按事載史記封禪書顓頊黃帝之孫成疏帝在位六十七年採羽山之銅爲鼎能召四海之神得道爲北方之帝按郎禮月令所稱其帝顓頊是也禺强簡文云北海神也亦云禺京按山海經海外北經北海之渚有神人面鳥身珥兩青蛇踐兩赤蛇名曰禺强西王母成疏太陰之精按山海經西山經西王母狀如人豹尾虎齒善嘯蓬髮戴勝是司天之厲及五殘又據紹興王氏仙史西王母卽金母也生於神洲

厥姓緱氏諱回字婉妗位配西方母養羣品周穆王八駿西巡親謁見之漢元封元年與上元夫人同降帝廷少廣司馬云穴名崔云山名彭祖解見逍遙遊篇五伯成疏昆吾爲夏伯大彭豕韋爲殷伯齊桓晉文爲周伯成疏說殷相武丁殷高宗也按經星二十八宿分列於四維東方七宿箕尾二星與焉而傳說一星旁臨乎其上若控御者然故曰乘東維騎箕尾也

子祀子輿子犁子來

釋文崔云子祀淮南子作子永行年五十有四而病傴僂按今本精神訓篇訛作子求高誘註楚人也又抱朴子博喻篇亦云子永歎天倫之偉子輿子犁子來釋文未詳但云子輿本又作輿

我且必爲鏌鎁

成疏昔吳人干將爲吳王鑄劍妻名鏌鎁劍成因名雄劍爲干將雌劍爲鏌鎁按吳越春秋鏌邪者干將之妻名干將作劍採五山之精合六金之英候天伺地陰陽同光金鐵之穎未肯淪流干將夫

妻乃斷髮翦指投之鑪中使童子二百鼓槖裝炭金鐵乃濡遂以成劍陽曰干將而作龜文陰曰鏌邪而作漫理又列女傳楚王夫人於夏納涼抱鐵柱心有所感遂懷孕產一鐵楚王命鏌邪鑄爲雙劍

子桑戶孟子反子琴張

釋文未詳按楚辭九章桑扈臝行洪興祖註謂桑扈即桑戶又按山木篇作子桑雽一云三人即子桑伯子孟之反琴子張也

應帝王篇

行以告蒲衣子

釋文尸子云蒲衣八歲舜讓以天下崔云即被衣王倪之師也淮南子曰齧缺問道於被衣按漢書古今人表作被衣師古註被音披淮南子俶眞篇高誘註方回善卷被衣皆堯時隱士

有虞氏不及泰氏

釋文司馬云泰氏上古帝王也李云大庭氏成疏即太昊伏羲也俞氏人名攷云帝王世紀天皇大帝曜魄寶地皇爲天一人皇爲太一此泰氏疑即謂人皇太一也

天根遊於殷陽至蓼水之上

釋文李云殷山名陽山之陽也崔云殷陽地名司馬云殷衆也言向南遊也或作殷湯成疏蓼水名在趙國界內按趙國在今直隸廣平府境

陽子居

釋文李云居名也子男子通稱成疏姓陽名朱字子居按又見寓言篇釋文云姓陽名戎字子居

鄭有神巫曰季咸

釋文李云女曰巫男曰覡季咸名成疏姓季名咸俞氏人名攷云在男曰覡在女曰巫說本國語楚

語然韋昭註云周禮男亦曰巫張湛註列子亦引顏師古曰巫覡通稱玉篇則云神降男爲巫女爲覡按周禮春官家宗人凡以神仕者疏男子陽有兩稱曰巫曰覡女子陰不變直名巫無覡稱

淵有九名

按列子黃帝篇鯢旋之潘爲淵止水之潘爲淵流水之潘爲淵濫水之潘爲淵沃水之潘爲淵氿水之潘爲淵雍水之潘爲淵汧水之潘爲淵肥水之潘爲淵是爲九淵焉

因以爲波流

釋文波流崔本作波隨高郵王氏云蛇何靡隨爲韻作波隨者是也蛇古音徒禾反靡古音摩隨古音徒何反

南華眞經識餘

釋文補

外篇

駢拇篇

　　　　　　　　　　　　　　　　苑平陳壽昌輯

亂五聲淫六律金石絲竹黃鐘大呂之聲非乎

五聲成疏宮商角徵羽也六律漢書律歷志云律有十二陽六爲律陰六爲呂按六律黃鐘大簇姑洗蕤賓夷則無射也大呂陰律之一按漢志大呂旅也言陰大呂助黃鐘宣氣而牙物也

擢德塞性

高郵王氏云塞與擢義不相類塞當爲搴擢搴皆謂拔取之也淮南俶眞篇曰俗世之學擢德攓性內愁五藏外勞耳目乃始招蟯振繾物之豪芒搖消掉捎仁義禮樂暴行越智於天下以招號名聲

於世又曰今萬物之來擢拔吾性攓取吾情皆其證也隸書手字或作扌故搴字或作攓形與搴相似因譌為搴矣

纍瓦結繩竄句

釋文司馬云竄句謂邪說微隱穿鑿文句也句一音鉤按周禮冬官考工記廬人句兵欲無彈註句兵戈戟屬句音鉤竄句作竄鉤解始與纍瓦結繩相類竄猶遁也蓋喻詞辯之善遁也

臧與穀二人

釋文崔云好書曰臧方言齊之北鄙燕之北郊凡民男而壻婢謂之臧女而婦奴謂之獲張揖云婿婢之子謂之臧婦奴之子謂之獲穀成疏良家子也

則博塞以遊

釋文塞博之類也漢書吾丘壽王以善格五待詔謂博塞也按說文博局戲六箸十二碁也說苑行

碁相塞謂之塞又鮑宏塞經白行五道而投瓊曰博不投瓊曰塞瓊即今骰子之類

伯夷死名於首陽之下盜跖死利於東陵之上

釋文首陽山名在河東蒲坂縣按蒲坂在今山西蒲州府界盜跖釋文引李奇註漢書云跖秦之大盜按史記伯夷傳正義云一云蹠者黃帝時大盜之名東陵李云謂太山也一云陵名今名東平陵屬濟南郡按濟南郡今山東濟南府境

雖通如俞兒

釋文俞兒司馬云古之善識味人也崔云尸子曰膳俞兒和之以薑桂為人主上食淮南云俞兒狄牙嘗淄澠之水而別之一云俞兒黃帝時人狄牙即易牙齊桓公時識味人也一云俞兒亦齊人淮南子一本作申兒疑申當為臾按今本淮南子氾論訓臾兒易牙淄澠之水合者嘗一哈水而甘苦知矣高誘註臾兒易牙皆齊之知味者

馬蹏篇

翹足而陸

釋文司馬云陸跳也按陸通踛郭璞騊駼贊曰分背翹陸作陸又江賦夔䖏翹踛於夕陽作踛

雖有義臺路寢

釋文義臺一本作羲臺崔云猶靈臺也路寢正室也又羅勉道云鄭司農謂故書儀但爲義羲臺儀門之臺也

及至伯樂

釋文伯樂姓孫名陽善馭馬石氏星經伯樂天星名主典天馬孫陽善馭故以爲名成疏伯樂秦穆公時人

夫赫胥氏之時

釋文司馬云赫胥氏上古帝王也一云有赫然之德使民胥附故曰赫胥蓋炎帝也按漢書古今人表有赫胥氏又有炎帝神農氏

胠篋篇

治邑屋州閭鄉曲者

按周禮地官小司徒四井爲邑杜氏通典晦百爲夫夫三爲屋又周禮地官大司徒五黨爲州五比爲閭五州爲鄉州二千五百家閭二十五家鄉萬二千五百家

然而田成子一旦殺齊君

成疏田成子齊大夫陳恆也是敬仲七世孫齊君簡公名王悼公之子

十二世有齊國

釋文自敬仲至莊子九世知齊政自太公和至威王三世爲齊侯故曰十二世

萇弘胣子胥靡

釋文司馬云萇弘周靈王賢臣也案史記封禪書云萇弘以方事周靈王諸侯莫朝周周力少萇弘乃明鬼神事設射貍首貍首者諸侯之不來者依物怪欲以致諸侯諸侯不從而晉人執殺萇弘皇覽云晉以城成周之役忌弘弘以忠見害後人談方怪者託弘名爲高君子貴焉又按左傳周人殺萇弘時在敬王二十八年敬王靈王孫也又淮南子氾論訓云萇弘執數天地之氣日月之行風雨之變律歷之數無所不通車裂而死胣裂也一云刳腸曰胣子胥姓伍名員忠於吳王夫差夫差疑之賜之屬鏤以死因以鴟夷革盛其尸而投之江事載史記本傳鴟夷革應劭曰取馬革爲鴟夷鴟夷榼形又按呂氏春秋贊能篇魯君許桓公之請生授管仲於齊乃使吏鞹其拳膠其目盛之以鴟夷置之車中所謂鴟夷當即以馬革爲之者蓋其形象榼其大固非榼比也

魯酒薄而邯鄲圍

釋文楚宣王朝諸侯魯恭公後至而酒薄宣王怒欲辱之恭公不受命不辭而返宣王乃約齊攻魯梁惠王常欲擊趙而畏楚救楚以魯爲事故梁得圍邯鄲又據許愼注淮南云楚會諸侯魯趙俱獻酒於楚王魯酒薄而趙酒厚楚之主酒吏求酒於趙趙不與吏怒乃以趙厚酒易魯薄酒奏之楚王以趙酒薄故圍邯鄲邯鄲趙都

按在今直隸廣平府邯鄲縣界

攦工倕之指

釋文倕堯時巧人也按倕通垂書舜典帝曰俞咨垂汝共工當即其人

昔者容成氏大庭氏伯皇氏中央氏栗陸氏驪畜氏軒轅氏赫胥氏尊盧氏祝融氏伏羲氏神農氏

釋文司馬云此十二氏皆上古帝王按與古今人表帝王世紀所載稍異敘次亦不同然古帝號每多重疊如伏羲又稱庖犧神農又稱連山烈山荒遠難稽原未可泥於一說至莊子隨意援引更無

容膠執也

夫弓弩畢弋機變之知多

按說文弓有臂者曰弩釋文李云兔網曰畢繳射曰弋弩牙曰機成疏畢小網其柄形似畢星故名

鉤餌罔罟罾笱之知多

釋文鉤鉤也餌魚餌也廣雅云罟謂之罔罾魚網也成疏笱曲梁也按笱爲取魚之竹器

削格羅落罝罘之知多

釋文李云削格所以施網羅者明陳懿典云木栅也捕兔鹿者用之按削音峭格用以格獸者其形峭立故曰削格格落蕃籬也用以居獸者如漢書鼂錯傳所稱虎落者是羅落謂森然羅列以竹篾相遮落也罝爾雅釋器註猶遮也罘玉篇同罟罝罘異名而同用皆兔罝也一云罘通罦今覆車也

知詐漸毒頡滑堅白解垢同異之變多

釋文漸毒李云漸漬之毒不覺深也崔云猶深害也頡滑謂難料理也崔云纏屈也李滑音骨滑稽也一云頡滑不正之語也解垢司馬云隔角也崔同或云詭曲之辭又羅勉道云知詐漸毒頡滑堅白解垢同異以上文例之亦當爲三事知詐漸毒者以知相詐積漸成毒也堅白者堅執爲白同異者合異爲同皆公孫之書有此語頡相競爲高也滑猶走弄不定也彼堅執以爲白而辨之者與之相頡使之走弄不定解散也垢身之塵垢也解垢同異者解散其同如垢之脫也上一句說知下二句說辯按羅說頗有見地惟解下二句尚嫌迂曲竊謂頡者如羽之騰滑者如轂之炙解者如縷之分垢者如污之合一以狀論堅白者之便利足給一以明辨同異者之闢闔無常也

在宥篇

從容無爲而萬物炊累焉

釋文炊累司馬云猶動升也向郭云如埃塵之自動也又羅勉道曰萬物炊累謂萬物皆囿吾生育

之中如炊氣積累而熟按淮南子俶眞訓篇抱德煬和而萬物雜累焉高誘註雜累言成熟也

堯於是放驩兜於崇山投三苗於三峗流共工於幽都

釋文崇山南裔也堯六十年放讙兜於崇山三苗者縉雲氏之子卽饕餮也三峗本亦作三危西裔之山也今屬天水堯六十六年竄三苗於三危共工官名卽窮奇也幽都李云卽幽州也北裔也堯六十四年流共工於幽州成疏讙兜卽帝鴻氏之子混沌也按讙兜堯時司徒崇山在今湖南澧州永定縣東三苗國名吳起曰三苗之國左洞庭而右彭蠡是也卽今湖南溪峝諸苗其種不一故唐虞時卽號三苗三危山名在今陝西安西府敦煌縣南三峯聳峙如危欲墮故名共工古之世官族也鄭樵曰共工氏自伏羲之後子孫承傳以至堯舜之世幽都今順天府密雲縣東北有共城括地志舜流共工於此

聞廣成子在於空同之上

釋文廣成子或云卽老子也按葛洪神仙傳云老子於黃帝時爲廣成子又蘇軾云按山經廣成子治太易屯蒙二卦運行日月蓋古之眞人黃帝師也空同司馬云當北斗下山也爾雅云北戴斗極爲空同一云在梁國虞城東三十里按虞城今縣屬河南歸德府又史記正義五帝本紀引括地志云空桐山在肅州祿福縣東南抱樸子云黃帝過空桐從廣成子受自然之經卽此山括地志又云笄頭山一名崆峒山在原州平高縣西百里輿地志云或卽雞頭山也水經注云大隴山異名也莊子云廣成子學道於崆峒山黃帝問道於廣成子蓋此二處崆峒皆云黃帝登之未詳孰是按祿福在今甘肅肅州界平高在今甘肅平涼府固原州界

雲將東遊過扶搖之枝而適遭鴻蒙

釋文李云雲將雲主帥也扶搖神木也生東海一云風也鴻蒙司馬云自然元氣也一云海上氣也

按雲將喩雲鴻蒙
喩天皆寄名也

天地篇

記曰通於一而萬事畢

成疏語見西昇經莊子引以爲證按西昇經蓋老子告尹喜之言

夫子

釋文司馬云夫子莊子也成疏老子也宋陳景元據陶隱居眞誥序錄曰莊子受長桑公微言撰內篇七卷謂夫子爲長桑公俞氏人名攷云此篇兩稱夫子下文夫子問於老聃釋文曰夫子仲尼也然則此云夫子亦仲尼矣按外雜篇非南華手訂之書皆門人所記載尊之曰夫子亦猶魯論之稱子曰耳至下文夫子問於老聃陸氏以夫子爲仲尼蓋因老子稱名以告信而有徵故援以爲釋然亦當是門人述莊子之所述故亦以尊其師者尊之若必合異爲同謂道啟尼山淵源有自此特援

莊入儒之說
非解人也

堯觀乎華

釋文司馬云華地名成疏華州也按華州在今陜
西西安府華州界

伯成子高

釋文通變經云老子從此天地開闢以來吾身一
千二百變後世得道伯成子高是也按伯成子高
不以一毫利物舍國而
隱耕見列子楊朱篇

離堅白若縣寓

按公孫龍堅白論有云於石一也堅白二也而在
於石故有知焉有不知焉有見焉有不見焉故知
與不知相與離見與不見相與藏藏故孰謂之不
離又曰石其無有惡取堅白石乎故離也又曰白
以目以火見而火不見則火與目不見而神見神
不見而見離堅以手而手以捶是捶與手知而不

知而神與不知神乎是之謂離焉離也者天下故獨而正大旨謂堅白石三者本不相離然堅屬石之質以手捫而知白屬石之色以目視而見手目合用則能知能見手目分用則有不見有不知其不知不見處即藏也藏故離也若夫未有此石堅白將何所屬其離而不合更可知矣且所謂手捫而知目視而見者是純從石之質色辨論未能遇以神也若並不藉手目之用而神明之存乎其人是眞離乎質與色通天下之堅而無不知通天下之白而無不見也當時辯士所謂離堅白者其義如此

將閭葂見季徹釋文將一本作蔣葂字亦作莬音免又音晚蔣閭葂人姓名也一云姓蔣閭名葂或云姓蔣名閭葂也季徹人姓名也蓋季氏之族

危其觀臺

按觀臺臺上搆屋可以遠觀者也見左傳僖五年公既視朔遂登觀臺注

過漢陰

成疏漢水之陰按漢水出今陝西漢中府甯羌州嶓冢山至湖北之漢陽入於江

吾聞之夫子事求可功求成用力少而見功多者聖人之道

按莊子中凡引孔子之言皆所謂重言特假之以取重耳三山林氏雲銘註謂若求可求成則將無所不爲豈夫子而有是說誠迂論也惟此言聖人之道下文又言神全者聖人之道也詞旣重複義亦不貫按魯論有云聖人吾不得而見之矣得見君子者斯可矣又天下篇兆於變化謂之聖人藁然慈仁謂之君子每以聖人君子交弟而言以別差等據此下文明明以聖人之道推尊丈人則此句聖人二字當是君子之譌

諳芒將東之大壑適遇苑風於東海之濱

釋文李云望之諳諳察之芒芒故曰諳芒一云姓名也或云霧氣也大壑李云東海也苑風本亦作宛李云小貌一云扶搖大風也又明朱得之云諳芒者多言而渺茫無心之言也風出於苑有限之用也或云苑文貌詩秦風蒙伐有苑讀平聲風風化也以喻觀文成化者也按白虎通云苑囿所以在東方謂養萬物東方物所生也據此則苑風當是東方之風假借名字蓋喻收養之義故其邂逅在東海而特惓惓於橫目之民也

門無鬼與赤張滿稽

釋文司馬本無鬼作無畏門姓無畏字也滿稽一本滿作蒲李云赤張氏也滿稽名也

以二缶鍾惑

釋文以二缶鍾缶應作垂鍾應作踵言垂腳空中必不得有之適也司馬本作二垂鍾云鍾注意也

按周禮黃鍾作鍾鍾漢書律歷志作鐘詩鐘鼓亦作鍾鐘鍾古字通用以二缶鍾惑蓋謂鐘鳴而以二缶之音亂之則鐘聲不可辨也

厲之人

之字古人每如此用如齊物論篇麗姬稱麗之姬呂氏春秋直諫篇楚丹姬稱丹之姬曹子建樂府桂樹稱桂之樹

而虎豹在於囊檻

檻圈也按淮南子主術訓養虎豹犀象者爲之圈檻蓋居獸以檻如囊之盛物故曰囊檻又宋玉風賦盛怒於土囊之口註土囊大穴也以囊爲土橐亦通

天道篇

於是繙十二經

釋文十二經說者曰詩書禮樂易春秋六經又加六緯合爲十二經也一說云易上下經并十翼爲十二又一云春秋十二公經也

鼠壤有餘蔬而棄妹不仁也

釋文棄妹一本作妹妹之者不仁釋名云妹末也謂末學之徒須慈誘之乃見棄薄不仁之甚也又宋林希逸云食蔬之餘棄於鼠壤闇昧之地是不愛物故以爲不仁褚伯秀云取蔬之本而棄其末是不惜物近於不仁明焦竑云妹氏棄蔬於鼠壤老氏主於儉嗇故責其暴殄而疏棄之三山林氏云食有餘而不養其妹故爲不仁按廣雅釋親妹者末也又妹喜見國語晉語荀子作末喜妹末二字古通用鼠壤有餘蔬而棄妹者蓋言於微物皆有以養於末學則倦於教是愛人反不如愛物故以不仁譏之也

巫咸袑曰

釋文袑郭音條又音紹李云巫咸殷相也袑寄名
也句曲宣氏穎曰袑招字之譌謂招之來而語之
也按集韻袑紹音義並同禮禮器禮有擯詔註詔
或作紹則袑紹詔三字古皆通用袑曰猶詔曰也
巫咸殷相古之知天
者故假之以立言也

天有六極五常

釋文司馬云六極四方上下也明陳治安云三才
各兼陰陽故有六極分布爲金木水火土故有五
常明陸長庚云六極五常即內經所謂
五運六氣所以佐元宰而成歲功者也

夫南行者至於郢北面而不見冥山

釋文郢楚都也在江陵北按江陵今縣屬湖北荆
州府冥山司馬云北海山名

故伐樹於宋削迹於衛

按史記孔子世家孔子去曹適宋與弟子習禮大樹下宋司馬桓魋欲殺孔子拔其樹集解徐廣曰年表哀公三年孔子過宋又按史記孔子凡三適衞皆以道不行而去削迹猶絕迹也又家語載孔子適衞過蒲會公叔氏以蒲叛衞而止之弟子公良孺賢長有勇力以私車五乘從挺劍合眾將與之戰蒲人懼曰苟無適衞吾則出子乃盟孔子而出之東門孔子遂適衞一說削迹卽指適衞時言謂自削其跡以防追也蒲衞邑在今直隸大名府長垣縣界

圍於陳蔡之間

按史記孔子世家哀公四年在陳蔡之間將應楚聘陳蔡大夫合謀發徒役圍孔子於野不得行楚昭王興師來迎然後得免又據婺源江氏孔子年譜陳卽今河南陳州府蔡與陳相近間者兩地相接之處夫子去陳適楚道故出此至蔡昭侯所遷之州來在今安徽鳳陽府壽州北與陳相距數百里不得言陳蔡之間也

其里之富人見之堅閉門而不出貧人見之挈妻子而去之走

按莊子之文半屬寓言人物皆隨意援引時地亦不必盡合然其說事理處則娓娓動聽所謂其書雖瓌瑋而連犿無傷也若謂鄉里之間偶見一醜婦人則富者閉門貧者移居天下斷無是事所云去之走者特去而不顧耳意正與閉門者同惟假貧富以立論則詞義殊覺牽強富人當是婦人之訛貧人當是丈夫之訛富婦同音既訛婦人爲富人故下句不得不改爲貧人試思挈妻子而去之走非謂丈夫而何屬之貧人義亦不類帝虎魯魚別風淮雨古書傳寫之譌往往如是

乃南之沛

釋文司馬云老子陳國相人相今屬苦縣與沛相近按漢沛郡相縣皆在今安徽鳳陽府宿州界

夫白鶂之相視眸子不運而風化

釋文三蒼云白鵠鶴鵠也司馬云鳥子也按集韻鵠水鳥名風化司馬云相待風氣而化生也成疏不待合而生子故曰風化按左傳僖公四年唯是風馬牛不相及也賈逵疏牝牡相誘曰風風化者當卽相誘化生之義蓋眸子之相注與下文蟲鳴之相應皆相誘也

類自爲雌雄故風化

釋文引山海經亶爰之山有獸焉其狀如狸而有髮其名曰師類帶山有鳥其狀如鳳五采文其名曰奇類皆自牝牡也按郭註一類作物類解謂物類各自爲雌雄也若謂牝牡以一身爲之則與相誘之義不合

刻意篇

故曰聖人休休焉則平易矣

俞氏諸子平議休焉二字傳寫誤倒此本作聖人休焉休則平易矣天道篇故帝王聖人休焉休則

虛與此文法相似可據訂正

夫有干越之劍者

釋文司馬云干吳也吳越出善劍也李云干溪越山出名劍又案吳有谿名干谿越有山名若邪並出善鐵鑄爲名劍也

繕性篇

古之存身者

存身或作行身按上文古之所謂隱士者下文古之所謂得志者皆緊承上句說下則此句自當作存身方與上下文句法合

秋水篇

於是焉河伯欣然自喜

釋文河伯姓馮名夷一名冰夷一名馮遲已見大宗師篇一云姓呂名公子馮夷是公子之妻又竹書紀年帝芬十六年洛伯用與河伯馮夷鬬又泄十六年殷侯以河伯之師伐易據此則河爲國名伯伯爵也錄之以備一解

井鼃不可語於海者

高郵王氏云鼃當作魚太平御覽時序部七鱗介部七蟲豸部一引此並云井魚不可以語於海則舊本作魚可知又鴻烈原道篇夫井魚不可與語大拘於隘也梁張綰文井魚之不識巨海夏蟲之不見冬冰皆用莊子之文則莊子之作井魚益明矣

尾閭洩之

釋文尾閭崔云東海川名司馬云泄海水出外者也成疏在碧海之東其處有石闊四萬里厚四萬里居百川之下尾而爲閭族故曰尾閭海水沃著卽焦亦名沃焦也

之噲讓而絕

成疏子之燕相噲燕王名也子之卽蘇秦之壻秦弟蘇代從齊使燕燕以堯讓許由故事說燕王噲令讓位於子之子之受之國人恨其受讓皆不服三年國亂齊宣王用蘇代計興兵伐燕於是殺燕王噲於郊斬子之於朝以絕燕國

白公爭而滅

成疏白公名勝楚平王之孫太子建之子也平王用費無忌之言納秦女而疏太子太子奔鄭娶鄭女而生勝太傅伍奢被殺子胥奔吳勝從奔吳與胥耕於野楚令尹子西迎勝歸國封於白邑僭號稱公勝以鄭人殺父請兵復讎頻請不許遂起兵反楚遺葉公子高伐而滅之按事載左傳哀公十六年

鴟鵂夜撮蚤

高郵王氏云鴒字涉釋文內鴒鷁而衍釋文鴟尺夷反崔云鴟鴒鷁而不爲鴒字作音則正文內本無鴒字明矣淮南主術篇亦云鴟夜撮蚤

夔憐蚿

釋文李云黃帝在位時諸侯於東海流山得奇獸其狀如牛蒼色無角一足能走出入水即風雨目光如日月其音如雷名曰夔黃帝殺之取皮以冒鼓聲聞五百里成疏夔一足之獸山海經云東海之內有流波之山其山有獸狀如牛聲音如雷名之曰夔蚿司馬云馬蚿蟲也成疏百足蟲也按本草馬蚿形如蚿蚓紫黑色觸之卽側臥如環故又名刀環

鰌我亦勝我

釋文鰌音秋本亦作[足+酋]李云藉也按荀子强國篇大燕鰌吾後楊倞註鰌踧也如蹴踏於後也

孔子遊於匡宋人圍之

釋文司馬云宋當作衛匡衛邑也衛人誤圍孔子以爲陽虎虎嘗暴於匡人又孔子弟子顏剋時與虎俱後剋爲孔子御至匡匡人共識剋又孔子容貌與虎相似故匡人圍之按史記孔子世家事在魯定公十四年匡衛地在今直隸大名府長垣縣界

公孫龍問於魏牟

釋文司馬云公孫龍趙人按史記孟子荀卿列傳云趙有公孫龍爲堅白異同之辨蓋與孔子昆孫孔穿辨臧三耳者索隱謂卽孔子弟子誤據史記公孫龍有二其載在孔子弟子列傳中者別是一人非居趙而以善辨稱者也魏牟司馬云牟魏之公子按呂氏春秋審爲篇中山公子牟高誘註子牟魏公子也著書四篇又漢書藝文志道家有子牟四篇註曰魏之公子也

且子獨不聞夫壽陵餘子之學行於邯鄲與

釋文司馬云壽陵邑名未應丁夫爲餘子成疏壽陵燕邑也俞氏人名攷謂餘子爲官名引左傳宣

公二年又宦其餘子亦為餘子為證按凡適子之同母弟曰餘子傳所云亦為餘子者蓋謂於餘子中擇賢者而宦之以教餘子非謂餘子為官名也俞氏又引呂氏春秋離俗覽有平阿之餘子高誘註餘子官氏也按氏者所以別子孫所自出釋餘子為官氏亦謂其官出於餘子耳非官名餘子也左傳疏云餘子之官不見周禮其以此與

莊子釣於濮水

釋文濮水陳地水也成疏屬東郡按陳地當是衛地之訛說文濮水出東郡濮陽在今直隸大名府開州南古衛地也

遊於濠梁之上

按水經注濠水出若邪山東北之溪若邪山在今安徽鳳陽府城東

至樂篇

俄而柳生其左肘

宋呂吉甫曰柳瘍也柳多臃腫故以爲瘍瘤之喻羅勉道曰柳者障柩之柳檀弓周人牆置翣註牆柳衣也支離叔與滑介叔觀於墟墓之間意想所致倏有障柩之柳出於左手所肘處不祥之徵也釋文云司馬本肘作胕胕足上也

昔者海鳥止於魯郊

釋文司馬云國語曰海鳥爰居也止魯東門之外三日臧文仲使國人祭之又云魯侯也爰居一名雜縣舉頭高八尺樊光註爾雅云形似鳳皇

得水土之際則爲鼃蠙之衣生於陵屯則爲陵舄

釋文司馬云言物根在水土際布在水中就水上視不見抄之可得如張緜在水中楚人謂之鼃蠙之衣按鼃青蛙蠙蚓之別名衣謂青苔也生於水則爲水舄詩魏風所謂言采其藚者是也屯司馬

云阜也按大阜曰陵山之無石者曰阜陵舄卽水舄之生於陸者司馬云言物因水成而陸產生於陵屯化爲車前改名陵舄也按詩周南註芣苢一物而有水陸之異者卽此

烏足之根爲蠐螬

釋文司馬本作蠐螬云蝎也成疏蠐蟲也詩衞風所謂領如蝤蠐是也

斯彌爲食醯

釋文司馬云食醯若酒上蠓蠛也

瞀芮生乎腐蠸羊奚比乎不箰久竹生青寍青寍生程程生馬馬生人

釋文腐蠸司馬云亦蟲名爾雅云一名守瓜一云蚡鼠成疏腐蠸螢火蟲也羊奚司馬云草名根似蕪菁按卽羊蹄草也青寍司馬云蟲名羅勉道云萬載縣有老人曾見一蟲長五寸後尚有寸許是

竹根未化得非所謂青寗者乎程成疏亦蟲名陸長庚云程豹之別名筆談言近洲人至今呼虎豹爲程是也青寗生程程生馬馬生人世問自有此事如史言長沙武陵蠻生於畜狗元始祖胎於狼鹿之類不可以耳目所限而斷其必無也又會稽徐氏廷槐云秦孝公時馬生人晉建興二年蒲子亦馬生人又一解云馬爲齒莧人爲人參故作混語以弄奇也

達生篇

子列子問關尹

釋文李云關尹關令尹喜也成疏姓尹名喜字公度爲函谷關令俞氏人名攷云漢書道家有關尹子九篇注云名喜爲關吏或以尹喜爲姓名失之又引呂氏春秋不二篇關尹貴清高誘注關尹關正也名喜作道書九篇據此則令尹葢以吏言唐崔曙詩云關門令尹誰能識亦一證也

吾嘗濟乎觴深之淵

成疏鶬深淵名在宋國其狀似梧因以爲名按宋國在今河南歸德府界

田開之見周威公

釋文周威公崔本作周威公竈按史記周本記威公桓公之子

死得於豚楯之上聚僂之中則爲之

釋文司馬云豚猶篆也楯猶案也聚僂器名也今冢壙中註爲之一云聚僂棺槨也一云聚當作菆僂當作蔞謂殯於菆塗蔞翣之中也按禮記檀弓篇天子之殯也菆塗龍輴以椁疏云菆叢也謂用木叢棺而四面塗之故云菆塗龍輴殯時用輴車載柩而畫轅爲龍也以椁者題湊菆木象椁之形也又云設蔞翣註棺之牆飾蔞音柳又儀禮既夕禮註輴有四周輁軸則無輴一作楯據此則豚楯卽塗畫之輴喪車也聚僂卽菆木象椁飾棺之牆者皆用以榮死之具也

況有履竈有髻戶內之煩壤雷霆處之東北方之下

者倍阿鮭蠪躍之西北方之下者則泆陽處之水有罔象邱有峷山有夔野有彷徨澤有委蛇

釋文沈有履司馬本作沈沈有漏云沈沈水汙泥也漏神名髻竈神著赤衣狀如美女倍阿神名鮭蠪狀如小兒長一尺四寸黑衣赤幘大冠帶劍持戟泆陽豹頭馬尾一作狗頭一云神名也罔象司馬本作無傷云狀如小兒赤黑色赤爪大耳長臂一云水神名峷狀如狗有角文身五采夔狀如鼓而一足方皇狀如蛇兩頭五采文按司馬本惟雷霆無說成疏門戶內糞壤之中其間有鬼名曰雷霆又藥地炮莊註引李軌曰髻竈神名赤衣如美女卽陰就傳注之郭禪也阮堅之曰竈額謂之髻諾皋太陰雷赫太陽戶向陽故屬之耳倍阿培阿也鮭蠪卽白澤所云門室精謂之傒龍也彪曰蠪赤駮蛘蟒也西北尤爲陰方故曰泆陽說文夔神魖也如龍一足國語木石之怪夔蝄蜽孔叢子水石之怪龍罔象郝楚望曰罔兩罔寘罔象方相皆一聲之轉徬徨往來卽白澤所謂慶忌也管子言俞兒

見者霸即委蛇也山有峷亦可安知峷非傳訛而韻會收之邪莊子隨意安名不必苦辯

紀渻子爲王養鬬雞

釋文司馬云王齊王也按列子黃帝篇云紀渻子爲周宣王養鬬雞

孔子觀於呂梁

釋文司馬云呂梁河水有石絕處也今西河離石西有此縣絕世謂之黃梁按離石在今山西汾州府永寧州境一云蒲州二百里有龍門河水所經瀑布而下亦名呂梁又廣輿記徐州城東南呂梁山下有呂梁洪注稱謝玄破符堅堰呂梁之水以通運道即此

梓慶

釋文李云梓慶魯大匠也梓官名慶其名也按左傳襄公四年定姒薨匠慶謂季文子曰子爲正卿而小君之喪不成不終君也杜註匠慶魯大匠俞氏人名攷謂即此梓慶也

東野稷以御見莊公

釋文東野稷司馬云孫卿作東野畢莊公李云魯莊公也按荀子哀公篇亦載此事莊公作定公下文顏闔作顏淵

山木篇

殺鴈而亨之

高郵王氏曰亨當讀爲享享與饗通呂氏春秋必己篇作令豎子爲殺鴈饗之是其證也古書享字作亨烹字亦作亨釋文葢誤以原文亨字爲烹故曰普彭反若原文本作烹何須音釋而今本遂徑改亨爲烹矣

市南宜僚

釋文司馬云熊宜僚也居市南因以爲號李云姓熊名宜僚按宜僚楚人白公勝將作亂見而說之

彊之助已宜僚不從事載左傳哀公
十六年又宜僚弄丸解見徐無鬼篇

孔子問子桑雽曰吾再逐於魯

釋文雽音戶本又作雩李云桑姓雽其名隱人也
或云姓桑雽名隱按雽戶同音俞氏人名攷謂即
大宗師篇之子桑戶也再逐於魯按史記孔子世
家孔子周流列國凡三次返魯六十六歲以後遂
不復出此云再逐當據年三十五昭公奔齊魯亂
孔子適齊年五十六桓子受齊女樂三日不聽政
郊又不致膰俎孔
子遂行言之也

子獨不聞假人之亡與林回棄千金之璧負赤子而
趨

釋文李云假國名司馬云林回殷之逃民之姓名
成疏假國名晉下邑也林回姓林名回假之賢人
也假遭晉滅回
故負子而逃

眞泠禹曰

釋文眞司馬本作直泠音零曉也謂以眞道曉語眞禹也泠或爲命又作令令猶敎也又明楊愼云眞泠卽丁甯也一云是其命二字之誤高郵王氏云甯是乃命二字乃籀文作逌形似直故司馬本譌作直也按淮南脩務訓精神曉泠高誘註曉明也泠猶了也據此則訓泠爲曉義甚碻又宋史契丹傳有我朝定眞泠語長洲汪氏琬云眞泠猶華言死也按汪說未詳所據豈見是篇上文有將死二字故援以臆斷與

三月不庭

釋文三月一本作三日按下文藺且從而問之夫子何爲頃間甚不庭乎若至三月之久何以云頃間則三月當是三日之訛不庭司馬云不出坐庭中證以甚不庭句義亦未愜按詩小雅旣庭且碩疏云庭條直也傳云直也凡物氣伸則直不庭猶言氣不伸也蓋旣逐物忘眞又致虞人之辱故鬱

鬱馬有此不
庭之狀也

田子方篇

田子方侍坐於魏文侯數稱谿工

釋文李云田子方魏文侯師也名無擇谿工賢人也司馬本作雞工成疏文侯畢萬七世孫武侯之父也按文侯名斯

是求馬於唐肆也

釋文郭云唐肆非停馬處也李同又云唐亭也司馬本作廣肆云廣庭也求馬於市肆廣庭非其所也又會稽徐氏云不壁之屋曰唐肆馬市也日中則馬聚少頃則虛矣按唐虛也唐肆卽虛肆也妙法蓮華經福不唐捐

故飯牛而牛肥

按百里奚嘗以養牛干周王子穨語載史記秦本紀

宋元君將畫圖

釋文李云元君元公也按元公名佐平公子又見徐無鬼篇

文王觀於臧

釋文李云臧地名成疏臧近渭水按渭水出今陝西臨洮府渭源縣西

先君王也

按君王尊稱也如禮云君王其終撫諸傳云與君王哉君王其謂午懷安乎國語今君王不察等句甚多其或稱先君或稱先王載在經傳者尤不可枚舉惟先君王之稱爲罕見於此義亦費解證以下文王字當是命字之譌與左傳鄧曼所云先君其知之矣語意略同成疏直謂先君王卽指見夢之良人而言實誤解也

楚王與凡君坐

釋文司馬云凡國名在汲郡共縣按左傳凡爲周公之胤今河南衛輝府輝縣有故凡城

知北遊篇

舜問乎丞

釋文李云丞舜師也一云古有四輔前疑後丞蓋官名按列子天瑞篇亦載此丞作烝

正獲之問於監市

釋文李云正亭卒也獲其名也監市市魁也成疏正官號也則今之市令也獲名也監市市魁也則今之屠卒也又羅勉道云大射有司正司獲見儀禮

弇堈弔聞之

釋文李云弇堈體道人弔其名成疏姓弇名堈隱者也據成說則是因弔老龍吉之死而聞神農之

言也

臣有守也

高郵王氏云凡九經及諸子中用韻之文道字皆讀若守守即道字也達生篇子巧乎有道邪曰我有道也是其明證又秦會稽刻石文追道高明史記秦始皇紀道作首首與守同音亦一證也

[illegible]

南華眞經識餘

釋文補　　　　宛平陳壽昌輯

雜篇

庚桑楚篇

有庚桑楚者

釋文司馬云楚名庚庚桑姓也太史公書作亢桑按庚桑又作亢倉列子仲尼篇老聃之弟子有亢倉子者張湛註曰音庚桑

以北居畏壘之山

釋文李云畏壘山名也成疏山在魯國又焦竑云郎禹貢之羽山見洞靈經按羽山在今山東沂州府近南一百里接郯城縣及江南淮安府海州贛榆縣界

南榮趎

釋文李云南榮趎庚桑弟子也成疏姓南榮名趎漢書古今人物表作南榮疇或作儔又作壽淮南作南榮疇亦作疇按今本淮南修務訓作南榮疇高誘註南姓榮疇字蓋魯人也

能無卜筮而知吉凶乎

高郵王氏云吉凶當作凶吉吉與上二句一失爲韻下三句止已已爲韻管子心術篇能專乎能一乎能無卜筮而知凶吉乎是其證

公族也昭景也

成疏昭屈景楚之公族三姓昔屈原爲三閭大夫掌三族三姓卽斯是也此中文略故直言昭景耳按屈原掌王族三姓曰昭屈景語見王逸離騷章句諸解多以昭景及下文甲氏爲三族誤

是故湯以庖人籠伊尹秦穆公以五羊之皮籠百里

奚

釋文伊尹好廚故湯用爲庖人百里奚好秦而拘於宛故秦穆公以五羊皮贖之於楚也或云百里好五色皮裘故因其所好也按史記殷本紀阿衡欲奸湯而無由乃爲有莘氏媵臣負鼎俎以滋味說湯致于王道又秦本紀奚奚爲虞臣晉滅虞虜以爲秦穆夫人媵臣奚亡秦走宛楚人執之穆公以五股羊皮贖之授以國政號五羖大夫

徐無鬼篇

徐無鬼因女商見魏武侯

釋文徐無鬼緡山人魏之隱士司馬本作緡山人徐無鬼成疏女商魏之宰臣武侯文侯之子按武侯名擊

則以金版六弢

釋文司馬崔云金版六弢皆周書篇名或曰祕識也本又作六韜謂太公六韜文武虎豹龍犬也

黃帝將見大隗乎具茨之山

釋文大隗司馬崔本作泰隗或云神名也具茨司馬云山名也在滎陽密縣東今名泰隗山按密縣今屬河南開封府

至於襄城之野

釋文李云地名按今河南許州有襄城縣

郢人堊漫其鼻若蠅翼使匠石斲之

釋文郢楚都也郢人漢書音義作獿人服虔註獿人古之善塗墍者施廣領大袖以仰塗而領袖不污有小飛泥誤著其鼻因令匠石揮斤而斲之按郢在今湖北荊州府江陵縣界獿人見漢書揚雄傳

田禾一覲我

釋文田禾齊君也俞氏人名攷云卽田齊之大公和也

市南宜僚弄丸而兩家之難解孫叔敖甘寢秉羽而郢人投兵

按淮南子主訓篇昔孫叔敖恬臥而郢人無所害其鋒市南宜僚弄丸而兩家之難無所關其辭高誘註云楚平王太子建爲費無忌所逐奔鄭鄭人殺之其子勝在吳令尹子西召之以爲白公請伐鄭以報讐子西許之而未出師晉人伐鄭子西救之勝怒曰鄭人在此讐不遠矣欲殺子西其臣石乞曰市南熊宜僚得之可以當五百人乃往覩之告其故不從舉之以劍而不動而弄丸不輟心志不懼曰不能從子爲亂亦不泄子之事白公遂殺子西故兩家雖有難不怨宜僚故曰無所關其辭也此與哀公十六年左傳所載略同惟添入弄丸不輟數語據此則所謂兩家之難解者特謂宜僚

不與兩家之難耳又焦竑云宜僚善弄丸鈴常八丸在空一丸在手楚與宋戰宜僚披胸受刃於軍前弄丸鈴一軍停戰遂勝之未知所據又按孫叔敖在孔子前熊宜僚在孔子後莊子隨意援引皆寓言也

適當渠公之街

釋文或云渠公齊之富室一云渠公屠者成疏齊富室之爲街正者

句踐也以甲楯三千人棲於會稽唯種也能知亡之所以存唯種也不知身之所以愁

成疏句踐越王也會稽山名按在今浙江紹興府境種越大夫名釋文引吳越春秋云姒文字少禽按史記越王句踐世家越王旣敗於夫椒乃以餘兵五千保棲於會稽吳王追而圍之越使大夫種卑詞厚禮請成於吳後又賂吳幸臣太宰嚭乃得歸國旣歸苦身焦思不忘會稽之恥使范蠡治國

政蠡對曰兵甲之事種不如蠡鎮撫國家親附百姓蠡不如種乃舉國政屬之大夫種遂得平吳稱霸於時范蠡隱去自齊遺種書曰蜚鳥盡良弓藏狡兔死走狗烹越王爲人長頸鳥喙可與共患難不可與共樂子何不去種見書稱病不朝人或讒種且作亂越王乃賜之劍種遂自殺

則陽篇

則陽游於楚

釋文司馬云名則陽字彭陽也一云姓彭名則陽周初人也

湯得其司御門尹登恆

釋文向云門尹官名登恆人名按司御門尹登恆皆寓名也

容成氏

釋文老子師也按下文除日無歲語當是黃帝時作歷者至胠篋篇所稱則又古帝王號非人名也

魏罃與田侯牟約

釋文司馬云魏罃魏惠王也田侯齊威王也名牟桓公子約誓在惠王二十六年按史記威王名因不名牟成疏田侯即齊威王田桓之後故曰田侯其盟在齊威二十六年魏惠八年按嘉定錢氏建元表齊威二十六年魏惠之十八年也

犀首聞而恥之

釋文犀首魏官名也司馬云若今虎牙將軍公孫衍爲此官元嘉本作鹵首按公孫衍魏之陰晉人史記國策皆稱犀首犀首其官也

忌也出走

釋文忌畏而走或言圍之也元嘉本忌作亡成疏姓田名忌齊將也按忌事威王爲將宣王二年魏伐趙帥師救之破魏於馬陵係太子申禽龐涓蓋齊之善將兵者

於魏中有梁

按魏本都河東爲秦所逼徙都於梁在今河南開封府境

長梧封人問子牢曰

釋文長梧地名封人守封疆之人據齊物論篇釋文簡文說即長梧子也子牢司馬云孔子弟子名琴

卜葬於沙丘

釋文沙丘地名成疏在盟津河北按今直隸順德府平鄉縣有沙丘臺爲紂所築史稱秦始皇崩於此當即其地

季眞之莫爲接子之或使

釋文季眞接子李云二賢人成疏並齊之賢人俱游稷下俞氏人名攷云史記孟荀列傳有接子索

隱云古著書人之名號

外物篇

萇弘死於蜀藏其血三年化爲碧

成疏萇弘遭譖被放歸蜀刳腸而死蜀人感之以匱藏其血三年而化爲碧玉林希逸說同又左太沖蜀都賦有碧出萇弘之血句按蜀古國名在禹貢梁州之域秦時始隸中國謂之蜀郡其地距周甚遠據左傳周敬王二十八年周人殺萇弘則死於周非死於蜀可知又史記封禪書集解皇覽云萇弘冢在河南洛陽東北山上其確證也又按呂氏春秋必已篇引此段全文獨無於蜀二字則以萇弘死爲句確有明徵於蜀屬下藏其血三字讀義亦順蜀祭器名見管子形勢篇抱蜀不言註又太平寰宇記載南陽縣城西三十里有蜀山按南陽今縣屬河南南陽府春秋時於成周爲近邑死於蜀或指是山而言例以上文流於江句一水一山文義洽合雖無確證亦足補舊解之所未及故

並錄之

故孝已憂而曾子悲

按帝王世紀高宗有賢子孝已其母早卒高宗惑後妻之言放而死天下哀之又家語曾參後母遇之無恩其妻蒸藜不熟出之

故往貸粟於監河侯

釋文監河侯說苑作魏文侯按文侯名斯

任公子

釋文李云任國名按唐書世系考黃帝少子禹陽受封於任因以爲姓

自淛河以東蒼梧以北

按淛河今浙江蒼梧山名在今廣西梧州府界

老萊子

釋文楚人也按老萊子耕於蒙山楚王知其賢親造其廬將使爲相其妻曰妾聞之可食以酒肉者可隨而鞭捶可擬以官祿者可隨而鈇鉞妾不能爲人所制投畚而去老萊子遂與偕行至江南而止著書十五篇言道家之用莫知所終事載高士傳

予自宰路之淵予爲清江使河伯之所魚者余且得予

釋文李云宰路淵名何曲宣氏云宰主也路淵淵名清江舊解未詳按清江一名夷江在今湖南施南府恩施縣界余且釋文姓余名且會稽徐氏云史記龜策傳作豫且

草木之到植者過半

釋文司馬云鋤拔反之更生者曰到植按到通倒淮南子原道訓倒生挫傷高誘註草木首地而生

故曰倒生到植

當卽倒生也

背烕可以休老

背烕養生之術按眞誥云時以手按四背令見光明是檢眼神之道久爲之見百靈

帥弟子而踆於窾水

釋文司馬云窾水水名按窾空也當是水旁有空隙處故蹲身於此也

寓言篇

吾及親仕三釜而心樂後仕三千鍾不洎吾心悲

按韓詩外傳曾子曰吾嘗仕爲吏祿不過鍾釜尙猶欣欣而喜者非以爲多也樂道養親也親歿之後吾嘗南遊於越得尊官堂高九仞榱題三尺轂轂百乘然猶北向而泣者非爲賤也悲不見吾親也

列禦寇篇

鄭人緩也呻吟裘氏之地

釋文裘氏地名案水經渠水注沙水又東逕陳留縣裘氏鄉裘氏亭西陳留風俗傳曰陳留縣裘氏鄉有澹臺子羽冢陳留今縣屬河南開封府又鄭氏通志載裘氏衛大夫食采於裘因氏焉據此則裘氏當是衛邑以禮檀弓篇證之說亦合鄭衛於春秋時本屬鄰境緩或鄭人而學於衛者與

朱泙漫學屠龍支離益

釋文司馬云朱泙漫支離益皆人姓名一云泙當作汗又廣韻朱字註云莊子有朱泙漫郭象註云朱泙姓也按今本郭註無此句

天下篇

墨翟禽滑釐

釋文墨翟宋大夫尙儉素爲滑釐墨翟弟子也成疏姓禽字滑釐按禽滑釐見墨子公輸篇至孟子註滑釐愼子名蓋別一人也

相里勤

釋文司馬云姓相里名勤按韓非子顯學篇自墨子死而有相里氏之墨有鄧陵氏之墨

苦獲已齒鄧陵子之屬

釋文苦獲已齒二人姓氏也鄧陵子俞氏人名攷謂即韓非子所云鄧陵氏之墨也

以巨子爲聖人

釋文巨子向崔本作鉅向云墨家號其道理成者爲鉅子若儒家之碩儒也按巨當作鉅呂氏春秋去私篇墨者有鉅子腹䵍居秦高誘註鉅姓子通稱腹䵍字也又墨者孟勝將死陽城君之難特屬鉅子於宋之田襄子以傳墨教事載上德篇

宋鈃尹文

釋文宋鈃未詳尹文崔云齊宣王時人著書一篇成疏宋子名鈃尹子名文並齊宣王時人同游稷下宋著書一篇尹著書二篇咸師於黔而爲之名也按荀子天論篇宋子有見於少無見於多楊倞註宋子名鈃宋人也與孟子同時又漢書藝文志尹文子一篇在名家師古曰劉向云與宋鈃同遊稷下俞氏人名攷云列子周穆王篇老成子學幻於尹文先生疑即其人也

彭蒙田駢愼到

釋文彭蒙愼到未詳田駢齊人著書十五篇愼子云名廣成疏三人皆齊之隱士俱遊稷下各著書數篇按漢書藝文志道家田子二十五篇名駢齊人遊稷下號天口呂氏春秋不二篇陳駢貴齊即田駢也史記孟荀列傳愼到趙人著十二論漢書藝文志法家有愼子四十二篇名到

曰黃繚

釋文李云賢人也又會稽徐氏云戰國策載魏王使惠子於楚楚中善辯如黃繚輩爭爲詰難據此則黃繚

楚人也

吳縣黃興元校

莊列之旨一也精言微義往往互見惟字句間間有詳略之別是編標其篇目而詳其異同俾參觀對鏡不使副墨之子孤立而無援亦讀莊者之一樂也至全書之要皆本於老子其引用各語亦爲之附錄於後庶幾洛誦之孫不致數典而忘祖歟

南華眞經識餘

莊列異同

宛平陳壽昌輯

楚之南有冥靈者以五百歲爲春五百歲爲秋上古有大椿者以八千歲爲春八千歲爲秋內篇逍遙遊篇

列子湯問篇楚之南作荆之南餘同

湯之問棘也是已窮髮之北有冥海者天池也有魚焉其廣數千里未有知其修者其名爲鯤有鳥焉其名爲鵬背若泰山翼若垂天之雲上同

列子湯問篇湯之問棘也是已作殷湯問於夏革窮髮之北作終髮北之北北未有知其修者作其長稱焉其名爲鵬下少背若泰山句餘同

曰藐姑射之山有神人居焉肌膚若冰雪淖約若處
子不食五穀吸風飲露乘雲氣御飛龍而遊乎四海
之外其神凝使物不疵癘而年穀熟同上

列子黃帝篇列姑射山在海河洲中山上有神人
焉吸風飲露不食五穀心如淵泉形如處女不偎
不愛仙聖爲之臣不畏不怒愿慤爲之使不施不
惠而物自足不聚不斂而已無愆陰陽常調日月
常明四時常若風雨常均字育常時年穀常豐
而土無札傷人無夭惡物無疵厲鬼無靈響焉

狙公賦芧曰朝三而暮四衆狙皆怒曰然則朝四而
暮三衆狙皆悅名實未虧而喜怒爲用齊物論篇

列子黃帝篇宋有狙公者愛狙養之成羣能解狙
之意狙亦得公之心損其家口充狙之欲俄而匱
焉將限其食恐衆狙之不馴於己也先誑之曰與
若芧朝三而暮四足乎衆狙皆起而怒俄而曰與

若芧朝四而暮三足乎衆狙皆伏而喜物之以能
鄙相籠皆猶此也聖人以智籠羣愚亦猶狙公之
以智籠衆狙也名實
不虧使其喜怒哉

女不知夫養虎者乎不敢以生物與之爲其殺之之怒也不敢以全物與之爲其決之之怒也時其饑飽達其怒心虎之與人異類而媚養已者順也故其殺者逆也人間世篇

列子黃帝篇女不知夫養虎者乎作夫食虎者爲
其決之之怒也作爲其碎之之怒也故其殺者逆
也作故其殺
之逆也餘同

古之眞人其寢不夢其覺無憂大宗師篇

列子周穆王篇古之眞人其覺自忘其寢不夢

鄭有神巫曰季咸知人之死生存亡禍福壽夭期以歲月旬日若神鄭人見之皆棄而走列子見之而心醉歸以告壺子曰始吾以夫子之道爲至矣則又有至焉者矣壺子曰吾與女旣其文未旣其實而固得道與衆雌而無雄而又奚卵焉而以道與世亢必信夫故使人得而相女嘗試與來以余示之明日列子與之見壺子出而謂列子曰嘻子之先生死矣弗活矣不以旬數矣吾見怪焉見溼灰焉列子入泣涕沾襟以告壺子壺子曰鄉吾示之以地文萌乎不震不正是殆見吾杜德機也嘗又與來明日又與之見壺

子出而謂列子曰幸矣子之先生遇我也有瘳矣全然有生矣吾見其杜權矣列子入以告壺子壺子曰鄉吾示之以天壤名實不入而機發於踵是殆見吾善者機也嘗又與來明日又與之見壺子出而謂列子曰子之先生不齊吾無得而相焉試齊且復相之列子入以告壺子壺子曰吾鄉示之以太沖莫勝是殆見吾衡氣機也鯢桓之審爲淵止水之審爲淵流水之審爲淵淵有九名此處三焉嘗又與來明日又與之見壺子立未定自失而走壺子曰追之列子追之不及反以報壺子曰已滅矣已失矣吾弗及已壺

子曰鄉吾示之以未始出吾宗吾與之虛而委蛇不知其誰何因以爲弟靡因以爲波流故逃也然後列子自以爲未始學而歸三年不出爲其妻爨食豕如食人於事無與親雕琢復朴塊然獨以形立紛而封戎一以是終應帝王篇

列子黃帝篇有神巫自齊來楚於鄭命曰季咸知人死生存亡禍福壽夭期以歲月旬日如神鄭人見之皆避而走列子見之而心醉而歸以告壺邱子曰始吾以夫子之道爲至矣則又有至焉者矣壺子曰吾與女無其文未既其實而固得道與衆雌而無雄而又奚卵焉而以道與世抗必信矣夫故使人得而相女嘗試與來以予示之明日列子與之見壺子出而謂列子曰譆子之先生死矣弗活矣不可以旬數矣吾見怪焉見濕灰焉列子入涕泣沾衿以告壺子壺子曰向吾示之以地文罪

乎不誕不止是殆見吾杜德幾也嘗又與來明日又與之見壺子出而謂列子曰幸矣子之先生遇我也有瘳矣灰然有生矣吾見杜權矣列子入告壺子壺子曰向吾示之以天壤名實不入而機發於踵此爲杜權是殆見吾善者幾也嘗又與來明日又與之見壺子出而謂列子曰子之先生坐不齋吾無得而相焉試齋將且復相之列子入告壺子壺子曰向吾示之以太沖莫朕是殆見吾衡氣幾也鯢旋之潘爲淵止水之潘爲淵流水之潘爲淵濫水之潘爲淵沃水之潘爲淵沈水之潘爲淵雍水之潘爲淵汧水之潘爲淵肥水之潘爲淵是爲九淵焉嘗又與來明日又與之見壺子立未定自失而走壺子曰追之列子追之而不及反以報壺子曰已滅矣已失矣吾不及也壺子曰向吾示之以未始出吾宗吾與之虛而猗移不知其誰何因以爲茅靡因以爲波流故逃也然後列子自以爲未始學而歸三年不出爲其妻爨食豨如食人於事無親雕琢復朴塊然獨以其形立紛然而封戎壹以是終

故伐樹於宋削迹於衛窮於商周○圍於陳蔡之間外篇天運篇○按四句又見山木篇列子楊朱篇上三句同圍於陳蔡句下無之間二字

列子行食於道從見百歲髑髏攓蓬而指之曰唯予與女知而未嘗死未嘗生也若果養乎予果歡乎種有幾得水則爲㡭得水土之際則爲鼃蠙之衣生於陵屯則爲陵舄陵舄得鬱棲則爲烏足烏足之根爲蠐螬其葉爲胡蝶胡蝶胥也化而爲蟲生於竈下其狀若脫其名爲鴝掇鴝掇千日爲鳥其名爲乾餘骨乾餘骨之沫爲斯彌斯彌爲食醯頤輅生乎食醯黃

軦生乎九猷瞀芮生乎腐蠸羊奚比乎不箰久竹生青寧青寧生程程生馬馬生人人又反入於機萬物皆出於機皆入於機至樂篇

列子天瑞篇子列子適衞食於道從者見百歲髑髏攓蓬而指顧謂弟子百豐曰唯予與彼知而未嘗生未嘗死也此過養乎此過歡乎種有幾若鼃爲鶉得水爲𢇍得水土之際則爲鼃蠙之衣生於陵屯則爲陵舃陵舃得鬱栖則爲烏足烏足之根爲蠐螬其葉爲胡蝶胡蝶胥也化而爲蟲生竈下其狀若脫其名曰鴝掇鴝掇千日化而爲鳥其名曰乾餘骨乾餘骨之沫爲斯彌斯彌爲食醯頤輅食醯頤輅生乎食醯黃軦食醯黃軦生乎九猷九猷生乎瞀芮瞀芮生乎腐蠸羊肝化爲地皋馬血之爲轉鄰也人血之爲野火也鷂之爲鸇鸇之爲布穀布穀久復爲鷂也燕之爲蛤也田鼠之爲鶉也朽瓜之爲魚也老韭之爲莧也老羭之爲猨也魚卵之爲蟲亶爰之獸自孕而生曰類河澤之鳥

祝而生曰鶂純雌其名大腰純雄其名穉蜂思士不妻而感思女不夫而孕后稷生乎巨跡伊尹生乎空桑厥昭生乎濕醯雞生乎酒羊奚比乎不筍久竹生青寧青寧生程程生馬馬生人人久入於機萬物皆出於機皆入於機

子列子問關尹曰至人潛行不窒蹈火不熱行乎萬物之上而不慄請問何以至於此關尹曰是純氣之守也非知巧果敢之列居予語女凡有貌象聲色者皆物也物與物何以相遠夫奚足以至乎先是色而已則物之造乎不形而止乎無所化夫得是而窮之者物焉得而止焉彼將處乎不淫之度而藏乎無端之紀遊乎萬物之所終始壹其性養其氣合其德以

通乎物之所造夫若是者其天守全其神無郤物奚自入焉夫醉者之墜車雖疾不死骨節與人同而犯害與人異其神全也乘亦不知也墜亦不知也死生驚懼不入乎其胸中是故遻物而不慴彼得全於酒而猶若是而況得全於天乎聖人藏於天故莫之能傷也達生篇

列子黃帝篇子列子問關尹曰作列子問關尹曰至人潛行不窒作至人潛行不空居予語女作姬魚語女物與物何以相遠作物與物何以相遠也物焉得而止焉作焉得爲正焉彼將處乎不淫之度作彼將處乎不深之度合其德作含其德夫醉者之墜車作夫醉者之墜於車也乘亦不知也墜亦不知也死生驚懼不入乎其胸中作乘亦弗知也墜亦弗知也死生驚懼不入乎其胸故莫之能

傷也作故物莫之能傷也餘同

仲尼適楚出於林中見痀僂者承蜩猶掇之也仲尼曰子巧乎有道邪曰我有道也五六月累丸二而不墜則失者錙銖累三而不墜則失者十一累五而不墜猶掇之也吾處身也若橛株拘吾執臂也若槁木之枝雖天地之大萬物之多而唯蜩翼之知吾不反不側不以萬物易蜩之翼何為而不得孔子顧謂弟子曰用志不分乃凝於神其痀僂丈人之謂乎同上

列子黃帝篇五六月累丸二而不墜作五六月累垸二而不墜吾處身也若橛株拘作吾處也若橛株駒吾執臂也若槁木之枝作吾執臂若槁木之枝乃凝於神作乃疑於神餘同

顏淵問仲尼曰吾嘗濟乎觴深之淵津人操舟若神吾問焉曰操舟可學邪曰可善遊者數能若乃夫沒人則未嘗見舟而便操之也吾問焉而不吾告敢問何謂也仲尼曰善遊者數能忘水也若乃夫沒人之未嘗見舟而便操之也彼視淵若陵視舟之覆猶其車郤也覆郤萬方陳乎前而不得入其舍惡往而不暇以瓦注者巧以鉤注者憚以黃金注者殙其巧一也而有所矜則重外也凡外重者內拙同上

列子黃帝篇顏回問乎仲尼曰吾嘗濟乎觴深之淵矣津人操舟若神吾問焉曰操舟可學邪曰可能遊者可教也善遊者數能乃若夫沒人則未嘗見舟而謖操之者也吾問焉而不告敢問何謂也

仲尼曰譆吾與若玩其文也久矣而未達其實而固且道與能遊者可教也輕水也善遊者之數能也忘水也乃若夫沒人之未嘗見舟也而謖操之也彼視淵若陵視舟之覆猶其車卻也覆卻萬物方陳乎前而不得入其舍惡往而不暇以瓦摳者巧以鉤摳者憚以黃金摳者惛巧一也而有所矜則重外也凡重外者拙內

紀渻子為王養鬬雞十日而問雞已乎曰未也方虛憍而恃氣十日又問曰未也猶應嚮景十日又問曰未也猶疾視而盛氣十日又問曰幾矣雞雖有鳴者已無變矣望之似木雞矣其德全矣異雞無敢應者反走矣同上

列子黃帝篇紀渻子為王養鬬雞十日作紀渻子為周宣王養鬬雞十日而問雞已乎作而問雞可

鬭已乎猶應嚮景作猶應影嚮反走矣作反走耳餘同

孔子觀於呂梁縣水三十仞流沫四十里黿鼉魚鼈之所不能游也見一丈夫游之以爲有苦而欲死也使弟子並流而拯之數百步而出被髮行歌而游於塘下孔子從而問焉曰吾以子爲鬼察子則人也請問蹈水有道乎曰亡吾無道吾始乎故長乎性成乎命與齊俱入與汨偕出從水之道而不爲私焉此吾所以蹈之也孔子曰何謂始乎故長乎性成乎命曰吾生於陵而安於陵故也長於水而安於水性也不知吾所以然而然命也同上

列子黃帝篇孔子觀於呂梁懸水三十仞流沫三十里黿鼉魚鼈之所不能游也見一丈夫游之以爲有苦而欲死者也使弟子並流而承之數百步而出被髮行歌而游於棠行孔子從而問之曰呂梁懸水三十仞流沫三十里黿鼉魚鼈所不能游向吾見子道之以爲有苦而欲死者使弟子並流將承子子出而被髮行歌吾以子爲鬼也察子則人也請問蹈水有道乎曰亡吾無道吾始乎故長乎性成乎命與齎俱入與汨偕出從水之道而不爲私焉此吾所以道之也孔子曰何謂始乎故長乎性成乎命也曰吾生於陵而安於陵故也長於水而安於水性也不知吾所以然而然命也

陽子之宋宿於逆旅逆旅人有妾二人其一人美其一人惡惡者貴而美者賤陽子問其故逆旅小子對曰其美者自美吾不知其美也其惡者自惡吾不知其惡也陽子曰弟子記之行賢而去自賢之行安往

而不愛哉山木篇

列子黃帝篇陽子之朱宿於逆旅作楊朱過宋東之於逆旅陽子曰作楊子曰餘同

列御寇爲伯昏無人射引之盈貫措杯水其肘上發之適矢復沓方矢復寓當是時猶象人也伯昏無人曰是射之射非不射之射也嘗與女登高山履危石臨百仞之淵若能射乎於是無人遂登高山履危石臨百仞之淵背逡巡足二分垂在外揖御寇而進之御寇伏地汗流至踵伯昏無人曰夫至人者上闚青天下潛黃泉揮斥八極神氣不變今女怵然有恂目之志爾於中也殆矣夫田子方篇

列子黃帝篇適矢作鏑矢當是時猶象人也作當是時也猶象人也嘗與女登高山作當與女登高山餘同

舜問乎丞曰道可得而有乎曰女身非女有也女何得有夫道舜曰吾身非吾有也孰有之哉曰是天地之委形也生非女有是天地之委和也性命非女有是天地之委順也孫子非女有是天地之委蛻也故行不知所往處不知所持食不知所味天地之彊陽氣也又胡可得而有邪知北遊篇

列子天瑞篇舜問乎丞曰作舜問乎烝曰舜曰吾身非吾有也作舜曰吾身非吾有食不知所味作食不知所以天地之彊陽氣也作天地強陽氣也餘同

至言去言至爲去爲同上

列子說符篇故至言去言至爲無爲

天下馬有成材若卹若失若喪其一若是者超軼絕塵不知其所雜篇徐無鬼篇

列子說符篇天下之馬者若滅若沒若亡若失若此者絕塵弭轍

管仲有病桓公問之曰仲父之病病矣可不謂云至於大病則寡人惡乎屬國而可管仲曰公誰欲與公曰鮑叔牙曰不可其爲人潔廉善士也其於不已若者不比之又一聞人之過終身不忘使之治國上且鉤乎君下且逆乎民其得罪於君也將弗久矣公曰

然則孰可對曰勿已則隰朋可其爲人也上忘而下畔愧不若黃帝而哀不己若者以德分人謂之聖以財分人謂之賢以賢臨人未有得人者也以賢下人未有不得人者也其於國有不聞也其於家有不見也勿已則隰朋可同上

列子力命篇及管夷吾有病小白問之曰仲父之病疾矣可不諱云至於大病則寡人惡乎屬國而可夷吾曰公誰欲歟小白曰鮑叔牙可曰不可其爲人潔廉善士也其於不己若者不比之人一聞人之過終身不忘使之理國上且鉤乎君下且逆乎民其得罪於君也將弗久矣小白曰然則孰可對曰勿已則隰朋可其爲人也上忘而下不畔愧其不若黃帝而哀不已若者以德分人謂之聖人以財分人謂之賢人以賢臨人未有得人者也以賢下人者未有不得人者也其於國有不聞也其

於家有不見也勿已則隱朋可

陽子居南之沛老聃西遊於秦邀於郊至於梁而遇老子老子中道仰天而歎曰始以女為可教今不可也陽子居不答至舍進盥漱巾櫛脫屨戶外膝行而前曰向者弟子欲請夫子夫子行不閒是以不敢今閒矣請問其故老子曰而睢睢盱盱而誰與居大白若辱盛德若不足陽子居蹵然變容曰敬聞命矣其往也舍者迎將其家公執席妻執巾櫛舍者避席煬者避竈其反也舍者與之爭席矣寓言篇

列子黃帝篇楊朱南之沛老聃西遊於秦邀於郊至梁而遇老子老子中道仰天而歎曰始以女為

可教今不可教也楊朱不答至舍進涫漱巾櫛脫履戶外膝行而前曰向者夫子仰天而歎曰始以女爲可教今不可教弟子欲請夫子辭行不閒是以不敢今夫子閒矣請問其過老子曰而睢睢而盱盱而誰與居大白若辱盛德若不足楊朱蹵然變容曰敬聞命矣其往也舍者迎將家公執席妻執巾櫛舍者避席煬者避竈其反也舍者與之爭席矣

列御寇之齊中道而反遇伯昏瞀人伯昏瞀人曰奚方而反曰吾驚焉曰惡乎驚曰吾嘗食於十饗而五饗先饋伯昏瞀人曰若是則女何爲驚已曰夫內誠不解形諜成光以外鎮人心使人輕乎貴老而韲其所患夫饗人特爲食羹之貨多餘之贏其爲利也薄其爲權也輕而猶若是而況於萬乘之主乎身勞於

國而知盡於事彼將任我以事而效我以功吾是以驚伯昏瞀人曰善哉觀乎女處已人將保女矣無幾何而往則戶外之屨滿矣伯昏瞀人北面而立敦杖蹙之乎頤立有間不言而出賓者以告列子列子提屨跣而走暨乎門曰先生既來曾不發藥乎曰已矣吾固告女曰人將保女果保女矣非女能使人保女而女不能使人無保女也而焉用之感豫出異也必且有感搖而本性又無謂也與女遊者又莫女告也彼所小言盡人毒也莫覺莫悟何相孰也列御寇篇

列子黃帝篇列御寇之齊作子列子之齊曰吾嘗食於十饗作吾食於十漿多餘之巘作無多餘之

羸而況於萬乘之主乎作而況萬乘之主列子提屨跣而走作列子提屨徒跣而走曰先生既來曾不發藥乎作問曰先生既來曾不廢藥乎而焉用之感豫出異也作而焉用之感也感豫出異必且有感搖而本性作且必有感也搖而本身與女遊者又莫女告也作與女遊者莫女告也餘同

附錄引老子語

魚不可脫於淵國之利器不可以示人

胠篋篇句本老子微明第三十六章

絶聖棄知

胠篋篇句本老子還淳第十九章

大巧若拙

胠篋篇句本老子洪德第四十五章

民結繩而用之甘其食美其服樂其俗安其居鄰國相望雞狗之音相聞民至老死而不相往來

胠篋篇句本老子獨立第八十章

故貴以身於爲天下則可以託天下愛以身於爲天下則可以寄天下

在宥篇句本老子厭恥第十三章

爲而不恃長而不宰

達生篇句本老子養德第五十一章

既以與人己愈有

田子方篇句本老子顯質第八十一章

夫知者不言言者不知故聖人行不言之教

知北遊篇上兩句本老子元德第五十六章末句本老子徧用第四十三章

故曰失道而後德失德而後仁失仁而後義失義而

後禮禮者道之華而亂之首也故曰爲道者日損損之又損之以至於無爲無爲而無不爲也

知北遊篇上五句本老子論德第三十八章下三句本老子忘知第四十八章

終日視之而不見聽之而不聞搏之而不得也

知北遊篇句本老子贊元第十四章

兒子終日嘷而嗌不嗄和之至也

庚桑楚篇句本老子元符第五十五章

大白若辱盛德若不足

寓言篇句本老子同異第四十一章

知其雄守其雌爲天下谿知其白守其辱爲天下谷

天下篇句本老子反朴第二十八章

吳縣黃興元校

古無韻書而矢口成文無心自合是編於莊子全書中字句合音處一一標識且以羣書證之蓋以示天籟之自然亦冀世之但聞地籟但聞人籟者於此更進一解耳

南華眞經識餘

古韻攷　　　　宛平陳壽昌輯

內篇

逍遥遊篇

摶扶搖而上者九萬里去以六月息者也

里息韻據段氏六書音均表同部

惠子謂莊子曰吾有大樹人謂之樗其大本擁腫而不中繩墨其小枝卷曲而不中規矩立之塗匠者不顧今子之言大而無用衆所同去也莊子曰子獨不見狸狌乎卑身而伏以候遨者東西跳梁不避高下

中於機辟死於罔罟今夫斄牛其大若垂天之雲此能爲大矣而不能執鼠今子有大樹患其無用何不樹之於無何有之鄉廣莫之野彷徨乎無爲其側逍遙乎寢臥其下不夭斤斧物無害者無所可用安所困苦哉

樗矩顧去者下罟鼠野斧苦韻樗讀若楮史記樗里子索隱作楮里疾顧果五反詩魏風三歲貫女莫我肯顧老子其名不去以閱眾甫詩陳風駕我乘馬稅於株野野上與反易巽在牀下喪其資斧詩唐風采苦采苦首陽之下下後五反

齊物論篇

似洼者似污者激者謞者叱者吸者叫者譹者宎者

咬者前者唱于而隨者唱喁

注污韻激謞韻叱吸韻叫譹宎咬韻按說文叫丩聲于喁韻

而獨不見之調調之刁刁乎

調刁韻

大知閑閑小知閒閒大言炎炎小言詹詹

閑閒韻炎詹韻

與接爲構日以心鬬

構鬬韻

小恐惴惴大恐縵縵

惴縵韻據段氏同部

日夜相代乎前而莫知其所萌已乎已乎旦暮得此其所由以生乎

萌生韻

無益損乎其眞一受其成形不亡以待盡

眞盡韻據段氏同部

彼是莫得其偶謂之道樞樞始得其環中以應無窮是亦一無窮非亦一無窮也故曰莫若以明

偶樞韻按說文偶禺聲樞區聲中窮明韻易林曰出阜東山蔽其明

其好之也欲以明之彼非所明而明之故以堅白之昧終而其子又以文之綸終終身無成

明終成韻蔡邕九疑山碑泰階以平人以有終

爲是不用而寓諸庸此之謂以明

庸明韻

見卵而求時夜見彈而求鴞炙

夜炙韻

置其滑涽以隸相尊衆人役役聖人愚芚參萬歲而一成純萬物盡然而以是相藴

涽尊芚純藴韻藴平聲

養生主篇

爲善無近名爲惡無近刑緣督以爲經可以保身可

以全生可以養親可以盡年

名刑經身生親年韻楚辭卜居正言不諱以危身乎將從俗富貴以媮生乎管子正篇愛之生之養之成之利民不德天下親之楚辭哀時命邪氣襲余之形體兮疾憯怛而萌生願一見陽春之白日兮恐不終乎永年

手之所觸肩之所倚足之所履膝之所踦

倚踦韻

良庖歲更刀割也族庖月更刀折也

割折韻據段氏同部

人間世篇

德蕩乎名知出乎爭

名爭韻

而目將熒之而色將平之口將營之容將形之心且成之

熒平營形成韻

入則鳴不入則止無門無毒一宅而寓於不得已則幾矣

止已矣韻

凡溢之類妄妄則其信之也莫莫則傳言者殃故法言曰傳其常情無傳其溢言則幾乎全

妄殃韻據段氏同部言全韻

故法言曰無遷令無勸成

令成韻管子輕重已篇凡在趣耕而不耕民以不令呂氏春秋貴信篇處官不信則少不畏長貴賤相輕賞罰不信則民易犯法不可使令

美成在久惡成不及改

久改韻老子獨立而不改周行而不殆可以為天下母又有國之母可以長久

且為顛為滅為崩為蹶心和而出且為聲為名為妖為孽彼且為嬰兒亦與之為嬰兒彼且為無町畦亦與之為無町畦彼且為無崖亦與之為無崖達之入於無疵

滅蹶孽韻兒畦崖疵韻

大枝折小枝泄

折泄韻

鳳兮鳳兮何如德之衰也來世不可待往世不可追也天下有道聖人成焉天下無道聖人生焉方今之時僅免刑焉福輕乎羽莫之知載禍重乎地莫之知避己乎已乎臨人以德殆乎殆乎畫地而趨迷陽迷陽無傷吾行吾行郤曲無傷吾足

衰追韻成生刑韻羽載韻載子利反詩小雅受言載之下叶喜地避韻已殆韻孫子謀攻知彼知己百戰不殆陽行韻曲足韻

桂可食故伐之漆可用故割之

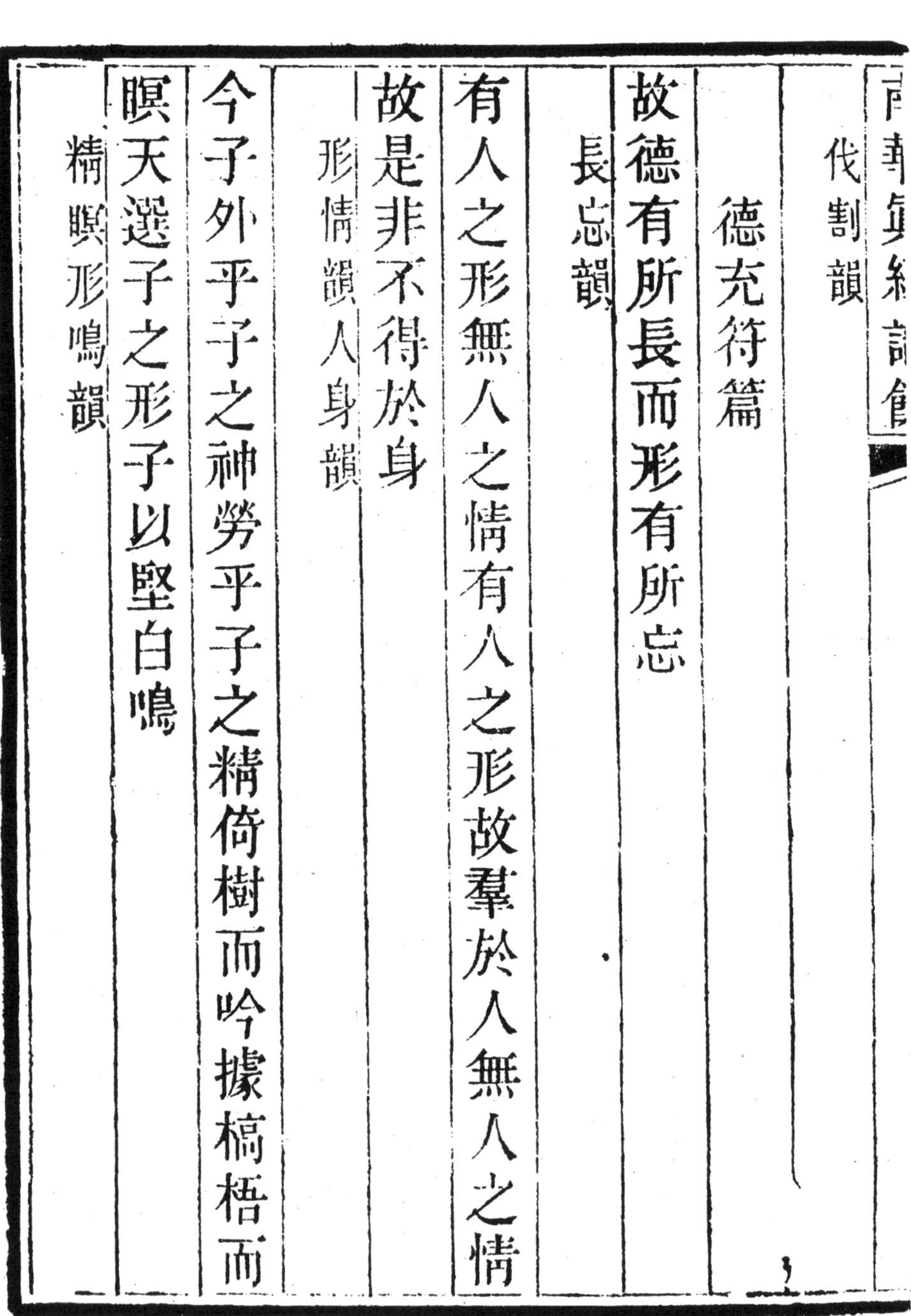

伐割韻

德充符篇

故德有所長而形有所忘

長忘韻

有人之形無人之情有人之形故羣於人無人之情

故是非不得於身

形情韻人身韻

今子外乎子之神勞乎子之精倚樹而吟據槁梧而

瞑天選子之形子以堅白鳴

精瞑形鳴韻

大宗師篇

古之眞人其狀義而不朋若不足而不承

朋承韻

邴邴乎其似喜乎崔乎其不得已乎滀乎進我色也

與乎止我德也厲乎其似世乎警乎其未可制也

喜已韻色德韻世制韻

自本自根未有天地自古以固存

根存韻

維斗得之終古不忒日月得之終古不息堪坏得之

以襲崑崙馮夷得之以遊大川肩吾得之以處泰山

黃帝得之以登雲天顓頊得之以處玄宮禺强得之立乎北極西王母得之坐乎少廣莫知其始莫知其終彭祖得之上及有虞下及五伯傅說得之以相武丁奄有天下乘東維騎箕尾而比於列星

弌息韻川天韻宮終韻虞伯韻據段氏同部丁星韻

生生者不生其爲物無不將也無不迎也無不毀也無不成也其名爲攖寧

生迎成寧韻

予因以求時夜浸假而化予之右臂以爲彈予因以求鴞炙

夜炙韻

而已反其眞而我猶爲人

眞人韻

且汝夢爲烏而厲乎天夢爲魚而沒於淵

天淵韻

顏回曰墮肢體黜聰明離形去知同於大通

明通韻

父邪母邪天乎人乎

邪乎韻邪詳徐切詩邶風其虛其邪下叶且

應帝王篇

泰氏其臥徐徐其覺于于

徐于韻

功蓋天下而似不自己化貸萬物而民弗恃有莫舉名使物自喜立乎不測而遊於無有者也

已恃喜有韻老子生而不有爲而不恃詩小雅終善且有註有羽已反上叶喜畝等字

吾與之虛而委蛇不知其誰何因以爲弟靡因以爲波隨

蛇何靡隨韻

紛而封戎一以是終

戎終韻

無爲名尸無爲謀府無爲事任無爲知主

府主韻

至人之用心若鏡不將不迎應物而不藏故能勝物而不傷

鏡迎韻藏傷韻

南華眞經識餘

古韻攷　　　　　宛平陳壽昌輯

外篇

駢拇篇

故古今不二不可虧也則仁義又奚連連如膠漆纆索而遊乎道德之間爲哉

虧爲韻

馬蹄篇

織而衣耕而食是謂同德一而不黨命曰天放故至德之世其行塡塡其視顚顚

食德韻黨放韻塡顚韻

山無蹊隧澤無舟梁萬物羣生連屬其鄉禽獸成羣

草木遂長

梁鄉長韻

同乎無知其德不離同乎無欲是謂素朴

知離韻欲朴韻

夫加之以衡扼齊之以月題而馬知介倪

題倪韻

胠篋篇

彼竊鉤者誅竊國者爲諸侯

誅侯韻侯洪姑反詩鄭風羔裘如濡洵直且侯史記朝鮮傳贊荀彘爭勞與遂皆誅兩軍俱辱將帥莫侯

故絕聖棄知大盜乃止擿玉毀珠小盜不起

止起韻

在宥篇

使人喜怒失位居處無常思慮不自得中道不成章

常章韻

下有桀跖上有曾史而儒墨畢起於是乎喜怒相疑愚知相欺善否相非誕信相譏而天下衰矣

史起韻疑欺非譏衰韻

於是乎釿鋸制焉繩墨殺焉椎鑿決焉

制殺決韻

至道之精窈窈冥冥至道之極昏昏默默無視無聽

抱神以靜形將自正必靜必淸無勞女形無搖女精

乃可以長生

精冥韻極默韻聽靜正韻淸形精生韻

女神將守形形乃長生愼女內閉女外多知爲敗

形生韻內外敗韻

天地有官陰陽有藏愼守女身物將自壯我守其一

以處其和故我修身千二百歲矣吾形未嘗衰

藏壯韻晉伏滔望濤賦宏濤於是鬱起重流於是電驤起沙亭而迅邁觸橫門而克壯和衰韻衰讀若詩大雅何衰何笠之衰

彼其物無窮而人皆以爲終彼其物無測而人皆以爲極

窮終韻測極韻

今夫百昌皆生於土而反於土故余將去女入無窮之門以遊無極之野吾與日月參光吾與天地爲常當我緡乎遠我昏乎人其盡死而我獨存乎

土女野韻野上與切詩邶風遠送于野上叶羽下叶雨光常韻湣昏存韻

天氣不和地氣鬱結六氣不調四時不節今我願合

六氣之精以育羣生

結節韻精生韻

浮遊不知所求猖狂不知所往遊者鞅掌以觀無妄

遊求韻狂往掌妄韻據段氏同部

亂天之經逆物之情玄天弗成解獸之羣而鳥皆夜鳴災及草木禍及昆蟲

經情成鳴蟲韻

吾遇天難願聞一言

難言韻魏文帝燕歌行別日何易會日難山川悠遠路漫漫鬱陶思君未敢言

墮爾形體吐爾聰明倫與物忘大同乎涬溟解心釋

神莫然無魂萬物云云各復其根各復其根而不知渾渾沌沌終身不離若彼知之乃是離之無問其名無闚其情物故自生雲將曰天降朕以德示朕以默躬身求之乃今也得

明滇韻神魂云根韻知離之韻名情生韻德默得韻

大同而無己無己惡乎得有有覩有者昔之君子覩無者天地之友

己有子友韻

天地篇

故曰古之畜天下者無欲而天下足無為而萬物化

淵靜而百姓定記曰通於一而萬事畢無心得而鬼神服

欲足韻爲化韻靜定韻一畢韻得服韻

則韜乎其事心之大也沛乎其爲萬物逝也若然者藏金於山藏珠於淵

大逝韻山淵韻按漢魏樂府豫章行燕歌行暨唐杜韓彭衙行剝啄行各章先刪韻皆通用

夫道淵乎其居也漻乎其清也金石不得無以鳴故金石有聲不考不鳴萬物孰能定之夫王德之人素逝而恥通於事立之本原而知通於神

清鳴聲定韻定唐丁切音庭詩小雅亂靡有定式月斯生逝事韻原神韻

故形非道不生生非德不明

生明韻

視乎冥冥聽乎無聲

冥聲韻

雖然有族有祖可以爲衆父而不可以爲衆父父

祖父韻

夫聖人鶉居而鷇食鳥行而無彰天下有道則與物皆昌天下無道則修德就閒千歲厭世去而上僊乘彼白雲至於帝鄉三患莫至身常無殃

彰昌韻閒僊韻鄉殃韻

泰初有無無有無名一之所起有一而未形

名形韻

其合緡緡若愚若昏

緡昏韻

執狸之狗成思猨狙之便自山林來

思來韻來陵之切詩王風牛羊下來下叶思

其動止也其死生也其廢起也此又非其所以也

止起以韻

子貢卑陬失色頊頊然不自得

色得韻

若夫人者非其志不之非其心不爲

之爲韻

飲食取足而不知其所從此謂德人之容

從容韻

曰上神乘光與形滅亡此謂照曠致命盡情天地樂而萬事銷亡萬物復情此之謂混冥

光亡曠情冥韻光亡曠據段氏同部情與陽韻通見韓昌黎此日足可惜詩冥見史記龜策傳風雨晦冥下叶黃

一曰五色亂目使目不明二曰五聲亂耳使耳不聰三曰五臭薰鼻困惾中顙四曰五味濁口使口厲爽

五曰趣舍滑心使性飛揚

明聰顙爽揚韻詩齊風匪東方則明注讀郎切下叶光陳琳柳賦穆穆天子亶聖聰兮德音允塞民所望兮易林元鬣黑顙東歸高鄉詩小雅其德不爽注師莊切下叶忘

天道篇

君子不仁則不成不義則不生

成生韻

天運篇

天其運乎地其處乎日月其爭於所乎孰主張是孰維綱是孰居無事而推行是意者其有機緘而不得已邪意者其運轉而不能自止邪

處所韻張綱行韻已止韻

風起北方一西一東有上彷徨孰噓吸是孰居無事而披拂是

方徨韻吸拂韻

復問之怠卒聞之而惑蕩蕩默默乃不自得

惑默得韻

四時迭起萬物循生一盛一衰文武倫經一淸一濁陰陽調和流光其聲蟄蟲始作吾驚之以雷霆

生經聲霆韻

吾又奏之以陰陽之和燭之以日月之明其聲能短

能長能柔能剛變化齊一不主故常在谷滿谷在阬滿阬塗郤守神以物爲量其聲揮綽其名高明是故鬼神守其幽日月星辰行其紀吾止之於有窮流之於無止

明長剛常阬量明韻紀止韻

吾又奏之以無怠之聲調之以自然之命故若混逐叢生林樂而無形布揮而不曳幽昏而無聲動於無方居於窈冥或謂之死或謂之生或謂之實或謂之榮

聲命生形冥榮韻命彌并切太玄勞有恩勤有諸情也彌角之吾不得命也

刻意篇

不爲福先不爲禍始感而後應迫而後動不得已而後起去知與故循天之理

始起理韻

其生若浮其死若休不思慮不豫謀光矣而不耀信矣而不期

浮休韻謀期韻詩衞風來卽我謀註謨悲切下叶期

水之性不雜則清莫動則平

清平韻

純素之道惟神是守守而勿失與神爲一

道守韻詩衛風不可道也註道徒厚切下叶醜失一韻

衆人重利廉士重名賢人尚志聖人貴精

名精韻

純也者謂其不虧其神也能體純素謂之眞人

神人韻

繕性篇

陰陽和靜鬼神不擾四時得節萬物不傷羣生不夭

擾天韻

秋水篇

於是焉河伯欣然自喜以天下之美爲盡在已順流

而東行至於北海東面而視不見水端於是焉河伯始旋其面目望洋向若而歎曰野語有之曰聞道百以爲莫己若者

喜己海韻端歎韻百若韻

今爾出於涯涘觀於大海乃知爾醜爾將可與語大理矣

涘海理韻

河伯曰若物之外若物之內惡至而倪貴賤惡至而倪小大

外內大韻

昔者堯舜讓而帝之噲讓而絕湯武爭而王白公爭而滅

絕滅韻

差其時逆其俗者謂之篡夫當其時順其俗者謂之義之徒默默乎河伯女惡知貴賤之門小大之家河伯曰然則我何爲乎何不爲乎吾辭受趣舍吾終奈何

夫徒家韻家攻乎切詩豳風予口卒瘏曰予未有室家爲何韻楚辭大司命篇孰離合兮可爲上叶何

何貴何賤是謂反衍無拘而志與道大蹇何少何多

是謂謝施無一而行與道參差嚴乎若國之有君其無私德繇繇乎若祭之有社其無私福泛泛乎若四方之無窮其無所畛域兼懷萬物其孰承翼是謂無方萬物一齊孰短孰長道無終始物有死生不恃其成一虛一滿不位乎其形年不可舉時不可止消息盈虛終則有始是所以語大義之方論萬物之理也物之生也若驟若馳無動而不變無時而不移何爲乎何不爲乎夫固將自化

衍蹇韻施差韻德福域翼韻方長韻生成形韻止始理韻馳移爲化韻化胡隈切逸周書酆保解一蒿其農時不移二費其土慮不化

本乎天位乎得躑躅而屈伸反要而語極

得極韻

故曰無以人滅天無以故滅命無以得殉名謹守而勿失是謂反其眞

天命名眞韻天廣韻入一先眞先古通詩王風悠悠蒼天此何人哉命彌并反詩鄘風不知命也上與姻信叶名楚辭九章哀郢篇被以不慈之僞名上與天叶

無南無北奭然四解淪於不測無西無東始於玄冥反於大通

北測韻東通韻

至樂篇

今奚爲奚據奚避奚處奚就奚去奚樂奚惡

據處去惡韻老子物或惡之故有道者不處也

故曰忠諫不聽蹲循勿爭故夫子胥爭之以殘其形不爭名亦不成

聽爭形成韻

芒乎芴乎而無從出乎芴乎芒乎而無有象乎萬物職職皆從無爲殖

芴出韻芒象韻老子執大象天下往職殖韻

支離叔與滑介叔觀於冥伯之丘崑崙之虛黃帝之所休俄而柳生其左肘

上休肘韻據段氏同部

達生篇

達生之情者不務生之所無以為達命之情者不務知之所無奈何

為何韻

子列子問關尹曰至人潛行不窒蹈火不熱行乎萬物之上而不慄

窒熱慄韻

不厭其天不忽於人民幾乎以其眞

天人眞韻

吾執臂也若槁木之枝雖天地之大萬物之多而唯蜩翼之知吾不反不側不以萬物易蜩之翼何爲而不得

（枝多知韻多章移反詩魯頌是饗是宜降福既多側翼得韻）

仲尼曰無入而藏無出而陽柴立其中央三者若得其名必極

（藏陽央韻得極韻）

山木篇

無譽無訾一龍一蛇與時俱化而無肯專爲一上一下以和爲量浮游乎萬物之祖

蛇爲韻下祖韻

其民愚而樸少私而寡欲知作而不知藏與而不求其報不知義之所適不知禮之所將猖狂妄行乃蹈乎大方其生可樂其死可葬吾願君去國捐俗與道相輔而行

樸欲韻藏將方葬行韻葬叶平聲荀子賦篇生者以壽死者以葬城郭以固三軍以彊

市南子曰君無形倨無留居以爲君車君曰彼其道幽遠而無人吾誰與爲鄰吾無糧我無食安得而至焉市南子曰少君之費寡君之欲雖無糧而乃足

倨居車韻人鄰韻食至韻欲足韻

侗乎其無識儻乎其怠疑萃乎芒乎其送往而迎來

疑來韻來陵之反詩邶風惠然肯來下叶思

功成者墮名成者虧孰能去功與名而還與衆人

墮虧韻名人韻楚辭遠游篇野寂寞其無人上叶榮

純純常常乃比於狂削迹捐勢不爲功名

常狂名韻

莊周曰吾守形而忘身觀於濁水而迷於淸淵

身淵韻淵一均反詩邶風其心塞淵下叶身

今吾遊於雕陵而忘吾身異鵲感吾顙遊於栗林而忘眞

身眞韻

田子方篇

進退一成規一成矩從容一若龍一若虎其諫我也似子其道我也似父

矩虎父韻

向者先生形體掘若槁木似遺物離人而立於獨也

木獨韻

兩者交通成和而物生焉或爲之紀而莫見其形消息滿虛一晦一明日改月化日有所爲而莫見其功生有所乎萌死有所乎歸始終相反乎無端而莫知

乎其所窮非是也且孰為之宗

生形韻明功萌窮宗韻古孝經緯寒泉任萌滋物歸中

知北遊篇

道不可致德不可至仁可為也義可虧也禮相偽也

致至韻為虧偽韻按說文偽為聲

六合為巨未離其內秋毫為小待之成體天下莫不沈浮終身不故陰陽四時運行各得其序惛然若亡而存油然不形而神萬物畜而不知此之謂本根

內體韻據段氏同部故序韻存神根韻

若正女形一女視天和將至

視至韻

曰形若槁骸心若死灰眞其實知不以故自持媒媒晦晦無心而不可與謀彼何人哉

骸灰持謀哉韻

夫昭昭生於冥冥有倫生於無形精神生於道形本生於精而萬物以形相生

冥形精生韻

無門無房四達之皇皇也邀於此者四枝彊思慮恂達耳目聰明其用心不勞其應物無方天不得不高地不得不廣日月不得不行萬物不得不昌

房皇彊明方廣行昌韻文子上德篇地道方廣故
能久長
果蓏有理人倫雖難所以相齒
理齒韻
明見無值辯不若默道不可聞聞不若塞此之謂大
得
值默塞得韻
吾已往來焉而不知其所終彷徨乎馮閎大知入焉
而不知其所窮
終窮韻
視之無形聽之無聲於人之論者謂之冥冥

形聲冥韻

若是者外不觀乎宇宙內不知乎太初是以不過乎崑崙不遊乎太虛

初虛韻

無有所將無有所迎

將迎韻

安化安不化安與之相靡必與之莫多

化靡多韻素問六節藏象論天地之運陰陽之化其於萬物孰少孰多

南華眞經識餘

古韻攷　　宛平陳壽昌輯

雜篇

庚桑楚篇

夫春氣發而百草生正得秋而萬寶成

生成韻

庚桑子曰全女形抱女生無使女思慮營營

形生營韻

南榮趎曰不知乎人謂我朱愚知乎反愁我軀不仁則害人仁則反愁我身不義則傷彼義則反愁我已

愚軀韻人身韻彼已韻

能抱一乎能勿失乎能無卜筮而知凶吉乎能止乎

能已乎能舍諸人而求諸己乎

一失吉韻止已己韻

行不知所之居不知所為與物委蛇而同其波

為蛇波韻

兒子動不知所為行不知所之身若槁木之枝而心

若死灰若是者禍亦不至福亦不來禍福無有惡有

人災也

之枝灰來災韻

徐無鬼篇

若䘏若失若喪其一

失一韻

昆閽滑稽後車至於襄城之野七聖皆迷無所問塗

車塗韻

吾與之乘天地之誠而不以物與之相攖吾與之一

委蛇而不與之爲事所宜

誠攖韻蛇宜韻

有暖姝者有濡需者有卷婁者

姝需婁韻

故三徙成都至鄧之墟而十有萬家

都墟家韻

若然者其平也繩其變也循古之眞人以天待之不以人入天古之眞人

循人天韻按眞先古韻通

則陽篇

故或不言而飲人以和與人並立而使人化父子之宜彼其乎歸居而一閒其所施

和宜施韻吳子料敵篇諸侯未會君臣未和溝壘未成禁令未施

容成氏曰除日無歲無內無外

域外韻

時相與爭地而戰伏尸數萬逐北旬有五日而後反

戰萬反韻反孚絢反詩衞風信誓旦旦不思其反

萬物有乎生而莫見其根有乎出而莫見其門

根門韻

曰不馮其子靈公奪而里

子里韻

禍福湻湻至有所拂者而有所宜自殉殊面有所正者有所差比於大澤百材皆度觀乎大山木石同壇

宜差韻澤度韻山壇韻

少知曰四方之內六合之裏萬物之所生惡起

裏起韻

欲惡去就於是橋起雌雄片合於是庸有安危相易禍福相生緩急相摩聚散以成

起有韻生成韻

隨序之相理橋運之相使窮則反終則始

使始韻

不隨其所廢不原其所起此議之所止少知曰季眞之莫爲接子之或使二家之議孰正於其情孰偏於其理

起止使理韻

或使則實莫爲則虛有名有實是物之居無名無實在物之虛可言可意言而愈疏未生不可忌已死不可徂死生非遠也理不可覩或之使莫之爲疑之所假

虛居疏徂韻覩假韻

無窮無止言之無也與物同理或使莫爲言之本也與物終始

止理始韻

道之爲名所假而行或使莫爲在物一曲夫胡爲於

大方

名行方韻名讀陽切韓昌黎曹成王碑子父易封

三王守名延延百載以有成王

道物之極言默不足以載非言非默

極載默韻

外物篇

慰暋沉屯利害相摩生火甚多眾人焚和

摩多和韻

小儒曰未解裙襦口中有珠

襦珠韻

青青之麥生於陵陂生不布施死何含珠為

陂施爲韻

修上而趨下末僂而後耳視若營四海不知其誰氏之子

耳海子韻

寓言篇

萬物皆種也以不同形相禪始卒若環

禪環韻

列御寇篇

與女遊者又莫女告也彼所小言盡人毒也莫覺莫悟何相孰也巧者勞而知者憂無能者無所求飽食

而遨遊汎若不繫之舟

告毒孰韻憂求遊舟韻

水流乎無形發泄乎太清悲哉乎女爲知在毫毛而不知太寍

形清寍韻

有堅而縵有緩而釬

縵釬韻

正考父一命而傴再命而僂三命而俯循牆而走

傴僂俯走韻走子與切韓子䏺大於股難以趣走

一命而呂鉅再命而於車上儛三命而名諸父孰協

唐許

鉅儁父許韻

天下篇

多以裘褐爲衣以跂蹻爲服日夜不休以自苦爲極

服極韻

是故愼到棄知去已而緣不得已泠汰於物以爲道理

已已理韻

椎拍輐斷與物宛轉舍是與非苟可以免

斷轉免韻

以本爲精以物爲粗以有積爲不足澹然獨與神明居

粗居韻

建之以常無有主之以太一以濡弱謙下爲表以空虛不毀萬物爲實關尹曰在已無居形物自著

一實韻居著韻居斤御反詩唐風自我人居居下叶故易雜卦屯見而不失其居蒙雜而著

人皆取先己獨取後曰受天下之垢人皆取實己獨取虛無藏也故有餘

後垢韻虛餘韻

彼其充實不可以已上與造物者遊而下與外死生

無終始者爲友其於本也弘大而闢深閎而肆其於
宗也可謂稠適而上遂矣

已友韻肆遂韻

其理不竭其來不蛻

竭蛻韻

國家圖書館出版品預行編目資料

南華真經正義／（清）陳壽昌輯著. -- 初版. -- 新北市：華夏出版有限公司, 2024.06
面； 公分. --（傳世經典；011）
ISBN 978-626-7393-38-3（平裝）
1.CST：莊子 2.CST：注釋

121.331 113001070

傳世經典 011
南華真經正義

輯 著 （清）陳壽昌
出 版 華夏出版有限公司
220 新北市板橋區縣民大道 3 段 93 巷 30 弄 25 號 1 樓
電話：02-32343788 傳真：02-22234544
E-mail：pftwsdom@ms7.hinet.net
印 刷 百通科技股份有限公司
電話：02-86926066 傳真：02-86926016
總 經 銷 貿騰發賣股份有限公司
新北市 235 中和區立德街 136 號 6 樓
電話：02-82275988 傳真：02-82275989
網址：www.namode.com
版 次 2024 年 6 月初版一刷
特 價 新台幣 1080 元（缺頁或破損的書，請寄回更換）

ISBN-13：978-626-7393-38-3